DE MARSEILLE
A
SHANGHAÏ ET YEDO

RÉCITS D'UNE PARISIENNE

PAR

Mme **LAURE DURAND-FARDEL**

DEUXIÈME ÉDITION

AVEC UNE CARTE

PARIS
LIBRAIRIE HACHETTE ET Cie
79, BOULEVARD SAINT-GERMAIN, 79

1881

Tous droits réservés

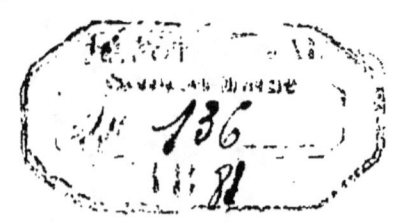

DE MARSEILLE

A

SHANGHAÏ ET YEDO

COULOMMIERS. — TYPOGRAPHIE PAUL BRODARD.

DE MARSEILLE
A
SHANGHAÏ ET YEDO

RÉCITS D'UNE PARISIENNE

PAR

Mme LAURE DURAND-FARDEL

DEUXIÈME ÉDITION

AVEC UNE CARTE

PARIS
LIBRAIRIE HACHETTE ET Cie
79, BOULEVARD SAINT-GERMAIN, 79

1881

Tous droits réservés

PRÉFACE

DE LA PREMIÈRE ÉDITION

Pour un récit qui se recommande si bien de lui-même, une Préface est chose superflue, et je serais inexcusable d'avoir écrit ces lignes, si je n'avais à dire comment ce livre est éclos.

Ce n'est pas une œuvre préparée en vue du public ; c'est une série de lettres, écrites par une Parisienne, d'un esprit tout français, qui, pendant un voyage autour de la moitié du globe, adressait à sa famille, restée en France, ses impressions dans toute leur fraîcheur, dans tout leur naturel, dans toute leur vivacité.

Un de nos médecins les plus distingués, ayant marié la plus jeune de ses filles à un docteur qui réside à Shanghaï, en Chine, partit, dans l'automne de 1875, pour aller, avec sa femme, visiter leur enfant bien-aimée.

Tandis que son mari se livrait à des observations scientifiques et médicales, Mme D. F. racontait ses émotions journalières dans des lettres collectives, adressées aux êtres chéris qu'elle avait laissés derrière elle.

Cette correspondance, qui avait au plus haut point intéressé la famille, fut ensuite communiquée à quelques intimes auprès desquels elle n'obtint pas un moindre succès. La publication en fut vivement sollicitée et non moins vivement refusée. Ce n'est qu'à force d'instances qu'on obtint la permission d'en prendre une copie, dont on n'a retranché que les détails intéressant seulement la famille, tout en respectant avec soin ce style sans recherche, sans apprêt, qui reproduit comme un miroir les impressions de la voyageuse aimable et spirituelle, dans toute leur simplicité, dans toute leur verdeur, dans toute leur vitalité.

Et c'est précisément ce premier jet, cette improvisation, cette négligence élégante, cet abandon, ce charme intime et confidentiel d'un récit écrit au jour le jour, sans préoccupation du lecteur et du critique, qui font que ce livre n'est pas un livre, mais une simple causerie : c'est tout ce je ne sais quoi de gracieusement négligé qui donne leur attrait aux pages qu'on va lire ; c'est aussi ce qui en assurera le prompt et légitime succès.

Prosper BLANCHEMAIN.

Château de Longefont, février 1879.

PRÉFACE

DE LA DEUXIÈME ÉDITION

La première édition de ce charmant petit livre a eu pour introducteur devant le public un ami de Mme Durand-Fardel, compagnon de jeunesse de son mari, un homme de goût dont le nom suffisait à recommander l'ouvrage. Hélas ! notre cher Prosper Blanchemain n'est plus là pour présenter aussi la seconde. La cruelle mort l'a enlevé ; ses amis le pleurent, et, sans essayer de le remplacer, ils font à leur tour l'office amical de la présentation.

Je viens donc présenter au public la seconde édition de cet ouvrage. A vrai dire, elle ne diffère de la première que parce que l'auteur y renonce à l'anonyme sous lequel s'était réfugiée, comme sous un voile, la timidité d'une femme du monde. Cette fois, le voile est levé et l'auteur avoue son nom. C'est Mme Laure Durand-Fardel, femme du docteur Durand-Fardel, si connu des malades reconnaissants comme un éminent médecin des eaux de Vichy.

Quant au reste, il ne pouvait y avoir de changement apporté à une œuvre dont le grand mérite était dans la spontanéité d'une correspondance familière et d'impressions rendues telles qu'elles avaient été ressenties. Quelques corrections, comme il y a toujours lieu d'en faire, quelques souvenirs qu'on avait oubliés, quelques renseignements complétés, voilà tout ce qui a été modifié. Il en est résulté deux lettres de plus, qui ne sont elles-mêmes que le produit de coupures mieux entendues.

Mme Durand-Fardel a bien voulu me demander de faire, en guise de préface, quelques emprunts à un article que j'avais inséré pour annoncer la première édition dans le *Journal des Débats* du 6 septembre 1879. Je me conforme à cette aimable invitation.

Sans le canal de Suez, ce joli volume n'aurait pas vu le jour. Un médecin distingué de nos eaux françaises a marié sa fille à un autre médecin établi pour quelque temps en Chine, à Shanghaï. Il ne disposait que de six mois pour aller voir ses enfants. Grâce à M. de Lesseps, il a pu entreprendre ce voyage, et même y joindre une belle excursion au Japon. La tournée s'est accomplie sur les paquebots, dans des conditions assez douces pour que la femme du docteur ait accompagné son mari ; et, comme Mme Durand-Fardel est douée d'un esprit vif et observateur, elle a écrit en route à sa famille des lettres fort intéressantes, que ceux à qui on les a communiquées ont jugées dignes de l'impression. On les a imprimées en vue des amis seulement ; mais le public, particulièrement friand de ce qu'on n'a pas écrit pour lui, en a pris sa part, et, sans leur faire un succès tapageur auquel elles ne visaient pas, il en a profité pour son amusement, et même pour son instruction.

Le mérite qui nous a d'abord séduit dans ce petit livre, c'est qu'il est entièrement composé d'impressions personnelles. Mme Durand-Fardel n'a pas essayé de le rendre plus complet en ajoutant à ce qu'elle avait vu ce qu'elle aurait pu emprunter à d'autres relations. Chose rare qu'un livre qui n'est pas fait plus ou moins avec d'autres livres ; il acquiert par cela même une grande unité de couleur, et l'auteur trouve la nouveauté sans la chercher, même en décrivant ce que d'autres ont vu avant lui, simplement parce qu'il donne ses propres sensations.

Parmi le petit nombre d'Européennes qui jusqu'ici nous ont transmis leurs impressions de voyage sur la Chine, on a compté quelques grandes dames et peut-être quelques aventurières ; Mme Durand-Fardel est la première bourgeoise lettrée qui ait pénétré dans ce pays. Elle ne s'en fait pas accroire ; elle ne court ni après l'art ni après les effets de style ; elle dit ce qu'elle a vu et ce qu'elle en pense franchement et gaiement, sans faire montre de son esprit aux dépens des coutumes étrangères.

Ce qui domine chez elle, c'est le naturel, le bon sens judicieux et sans apprêt.

Mme Durand-Fardel s'est embarquée à Marseille et nous conte sa vie à bord des paquebots et ses haltes à Port-Saïd, à Aden, à Pointe-de-Galles, à Singapore, à Saïgon dans notre Cochinchine, à Hong-Kong. Elle a séjourné un peu plus longtemps à Canton, et sa description du peuple qui grouille dans les rues de cette ville forme un tableau saisissant. Elle a pénétré dans les appartements intérieurs d'une dame chinoise et passé là une journée curieuse. Mais son principal séjour a été à Shanghaï ; c'est là qu'elle a vu de près les mœurs des indigènes et celles des résidents européens et américains. Ces derniers n'engendrent pas mélancolie et vivent entre eux, avec beaucoup plus d'argent et de dépenses, à la manière de ce qu'on appelle « la colonie » des fonctionnaires dans nos villes de province.

Au voyage en Chine s'ajoute une excursion au Japon, avec haltes à Nagasaki, à Yedo, etc. Nous avons été vivement frappé d'une description du palais d'hiver de Yedo, situé au milieu d'un immense parc. Par suite d'un incendie, il ne reste du palais que les murs, et le parc est abandonné à des légions de corbeaux. Il en résulte un tableau digne des imaginations les plus fantastiques de Gustave Doré.

Un tableau d'un autre genre, mais curieux aussi à sa manière, est la façon dont les dialogues sont organisés dans le théâtre japonais. Tous les acteurs du drame sont assis à terre et rangés en ligne devant la rampe. Le souffleur se tient derrière celui qui parle. Il est tout de noir vêtu, pour signifier qu'on n'est pas censé l'apercevoir, et il court de l'un à l'autre pour leur souffler leur rôle. En même temps, un bougeoir emmanché d'une longue queue sort de la coulisse et s'arrête devant chaque interlocuteur, pour bien l'indiquer aux spectateurs. Cette manière de fixer leur attention n'est assurément pas favorable à l'illusion scénique. Les spectateurs japonais n'en paraissent pourtant pas gênés, tant est grande la part de la convention au théâtre. Pourvu qu'on s'y amuse, tout est sauvé, et tant pis pour le naturalisme.

En sa qualité de femme, Mme Durand-Fardel a joui d'un spectacle qui n'est jamais révélé aux hommes ; elle a vu un petit pied de Chinoise exhibé à nu. Elle n'y est pas parvenue sans mal. Sur tout autre chapitre, les Chinoises n'ont pas de grandes délicatesses de pudeur ; elles laissent apparaître beaucoup de choses dans leur toilette ; mais, quand il s'agit de leur pied nu, elles éprouvent à le montrer une répugnance insurmontable. Mme Durand-Fardel ne put se procurer ce vilain spectacle que grâce à la supérieure française d'un hôpital qui mit à nu d'autorité le pied d'une jeune convertie. Il fallut batailler pour le soulier, pour le bas, pour chacune des bandes qui compriment ce malheureux organe et le réduisent, depuis l'âge de deux ans, à l'état de moignon atrophié, dont l'odorat est encore plus choqué que la vue.

Il paraît que, grâce au contact des Européens, cette mode stupide est en train de se perdre. En supposant que les Chinois aient payé l'abolition des petits pieds par l'introduction de l'opium, on se demande s'ils n'auront pas encore gagné au change.

F. BAUDRY,
De l'Institut.

Paris, 25 mars 1881.

DE MARSEILLE

A

SHANGHAÏ ET YÉDO

LETTRE PREMIÈRE

Marseille. — Préparatifs de voyage et dernières acquisitions. — L'*Hoogly*. — Les adieux et le départ. — Premières émotions.

26 septembre 1875. — Je commence tout de suite à vous écrire, ma chère maman et mes chers enfants, bien que cette lettre ne doive partir que de Naples, qui sera notre première escale. En n'écrivant qu'une seule lettre pour vous tous, je pourrai y mettre plus de suite; vous aurez ainsi toutes mes impressions, et les détails mieux exposés de ce que j'aurai à vous raconter.

Nous voici donc à Marseille. Notre journée se passe en préparatifs, acquisitions de choses oubliées, gilets de flanelle (on dit qu'il faut en être couvert pour passer la mer Rouge), ustensiles de ménage, devant, il nous semble, augmenter le bien-être de notre installation; car jusqu'au dernier moment on cherche, on pense à ce qui pourrait vous être utile. J'ai été au bateau voir notre cabine et en prendre possession. Je crois qu'il y aurait place pour une petite table à écrire, je parcours les magasins et je n'en trouve pas comme je le voudrais; alors je m'en passe; mais je fais provision de citrons. Enfin je crois que j'ai tout.

Je m'étonne du peu d'appréhension que m'inspire ce grand voyage! Je l'entreprends avec la même tranquillité d'esprit que le trajet de Vichy jusqu'ici; c'est sans doute une grâce d'état, puisque je devais le faire.

Cependant une chose nous paraît capitale, à Max et à moi : c'est de connaître un peu l'homme à qui nous allons confier notre existence, celui qui va être l'arbitre de nos destinées, le capitaine du navire! Dans ce but, nous nous enquérons de sa demeure et nous

nous présentons à son hôtel pour lui faire une visite; c'est le commandant Gauvain.

En l'abordant, nous jugeons tout de suite à son aspect d'homme sérieux et de parfait gentleman, que nous plaçons bien notre confiance. Quelques mots de la conversation prennent même un certain tour littéraire qui nous promet des entretiens agréables et intéressants, pendant les longues heures que nous aurons à passer entre le ciel et l'eau. Nous voilà donc entièrement satisfaits de ce côté.

Le docteur Debout, ami de nos enfants, s'est mis à notre disposition de la façon la plus gracieuse et la plus complète; son secours nous est extrêmement utile dans ces derniers moments. Nous allons le rejoindre.

Quelle délicieuse bouillabaisse on mange chez lui! Ceux qui dénigrent ce mets ne se sont certainement pas assis à sa table. Moi, je le proclame une des excellentes choses que la cuisine ait inventées.

Nous couchons à l'hôtel du Louvre et de la Paix : la nuit est bonne; que sera la prochaine?

Voici le jour arrivé; j'ai bien dormi, mais d'un sommeil léger. C'est ce matin que nous quittons, avec la France, tous ceux qui nous sont chers et qui restent attristés de notre départ.

J'avoue que mon cœur se serre! Cependant il faut se secouer et s'occuper de partir. Nos malles sont fermées, je n'ai plus grand'chose à faire. On déjeunera au bateau, car à dix heures il sera en marche.

L'omnibus des Messageries est à la porte du bureau pour vous transporter, vous et vos menus bagages (les gros colis étant embarqués d'hier). On y monte, et, à partir de ce moment, toute espèce de souci doit vous abandonner; vous êtes enregistré; l'administration répond de vous, de vos effets, de votre voyage; vous n'avez plus qu'à vous laisser vivre.

Cependant le départ est laborieux. Nous sommes montés en voiture depuis longtemps. On attend des voyageurs en retard, on regarde, on va partir sans eux. Arrive une bande de jeunes Anglais s'en allant aux Indes; ils ne sont pas au complet, il en manque deux! L'heure avance, ils nous rejoindront au bateau; ensuite un magistrat envoyé à Pondichéry, suivi de son domestique; ils ont de grands voiles de toile blanche attachés sur leur chapeau. On dit encore que c'est indispensable pour passer la mer Rouge.

On attend toujours; je m'impatiente. Enfin les voilà. On part. Adieu Marseille et son orgueilleuse Cannebière!

A la Joliette, nous retrouvons notre bon et aimable docteur, venu là pour nous serrer la main une dernière fois. Il s'agit de gagner le paquebot à travers cette foule se pressant pour l'embarquement, voyageurs, commissionnaires, matelots, bateliers, femmes, enfants, tous affairés, parlant toutes les langues, riant, pleurant, appelant, criant, se poussant. Enfin nous tenons l'escalier; je cours prendre possession de ma cabine, puis je remonte sur le pont pour voir les adieux. Vous étiez déjà loin, je n'en avais plus à faire! D'ailleurs je dois bientôt revenir...

La demi-heure qui précède le départ est

quelque chose qu'on ne peut se représenter, si l'on n'y a jamais assisté. Le pont est encombré de façon à y étouffer, les portes et les escaliers obstrués par les parents, les amis, qui viennent accompagner leur cher monde jusqu'à la dernière minute; puis on voit arriver des gens et des colis en retard, qui se précipitent et vous culbutent au passage; puis les gens de service, qui vous font garer pour se frayer un chemin : on ne sait si l'on vit, ni si l'on rêve!

Enfin l'heure a sonné, on se sépare; le courage ou le désespoir se peint sur les figures. J'ai froid au cœur en pensant au jour où j'avais ainsi quitté ma fille Régine! Mais je vais la revoir!...

Le bateau commence à remuer, la machine ronfle, les derniers de ceux qui ne partent pas ont rejoint les embarcations, les manœuvres commencent, les adieux se font par signes. L'espace s'ouvre devant vous; on va planer sur cette belle mer si bleue et si unie, par un soleil splendide : le voyage sera heureux, car on part sous de bons auspices. La journée se passe admirablement; mais vers le soir le temps grossit, le tonnerre gronde, les éclairs nous donnent une clarté non interrompue. Je me couche sans savoir si je pourrai me lever demain; car chacun me menace du mal de mer, et il est bien probable que je n'y échapperai pas. Dans ce cas, il paraît qu'on doit garder le lit. Je le ferai si c'est nécessaire.

Déjà plusieurs passagères ont disparu; on les dit dans leurs cabines, accaparées par les inconvénients de la situation. Tout le monde est généralement pâle, mais chacun s'efforce de faire contre mauvaise fortune bon cœur. Les enfants, jusqu'à douze ans, ne s'aperçoivent encore de rien, ils continuent leurs jeux; il n'en est pas de même des petites mamans. Mais on nous fait espérer que tout se nivellera dans quelques jours, et l'ensemble de notre personnel me paraît composé de façon à ne pas laisser accès à l'ennui pendant la traversée. Je retrouve ici, en arrivant, une charmante jeune femme, petite fille de Mme Delarue, qui va me faire une agréable société jusqu'à Port-Saïd, où elle doit s'arrêter pour regagner Ismaïlia. Elle est avec son mari et sa fillette, gentille enfant de deux à trois ans, qui me rappelle les nôtres.

Le commandant vient de me faire cadeau d'un éventail japonais, premier objet de la collection que je me dispose à faire.

En fait de monstres marins, nous sommes escortés par des marsouins qui nous accompagnent en cabriolant gaiement autour du navire, ce qui est vraiment joli à voir. Serai-je demain en état de prendre plaisir à les regarder? L'avenir nous le dira.

LETTRE II

En mer. — L'installation à bord. — Naples. — Visite aux églises. — La Chiaïa et la grotte du Pausilippe. — Les femmes du peuple et le marché. — Santa Lucia.

29 septembre 1875. — La nuit a été mauvaise, et je ne suis pas en état d'écrire : l'orage ne cesse pas. Nous devons arriver à Naples demain vers sept heures du matin : je commence à trouver la navigation très dure.

Que de pensées j'ai laissées derrière moi, et combien j'aurais voulu vous les envoyer plus tôt ! mais le moyen ? Il m'a été jusqu'ici impossible de remuer ni bras ni jambes ! J'ai vécu, ces trois derniers jours, allongée dans mon lit ou sur une chaise longue, dans un état de langueur indescriptible. Mon genre de mal de mer est certainement *très propre*, mais il n'en est pas, pour cela, plus agréable. Je ne me livre à aucune manifestation extérieure, mais tout se passe dans ma tête ; j'ai le tournis des moutons, au point de me laisser tomber si je n'ai pas un appui, ou de jeter ma tête sur la table si je suis assise. Du reste, rappelez-vous avoir été étourdis après une ronde ou une valse forcenée, et vous aurez, je crois, une idée à peu près exacte de l'état dans lequel j'ai vécu depuis mon embarquement. Pas de mal de cœur, mais toujours faim ! et jusqu'ici mangeant sans plaisir, mais avec la certitude d'obtenir un grand bien-être au bout de cinq minutes.

En arrivant à bord, je riais de la multiplicité des repas. Aujourd'hui, je vois combien c'est nécessaire. L'air marin fait que l'estomac ne peut rester vide un instant sans donner des signaux de détresse d'une énergie insupportable.

Nous prenons donc : à sept heures du matin, le café ou le thé au lait ; à neuf heures, déjeuner pantagruélique ; à midi, c'est le *tiffin*, mot qui appartient à je ne sais quelle langue et qui, sur toutes ces mers, signifie un *goûter*, composé de plusieurs viandes froides avec des fruits. A cinq heures, dîner très soigné, car on fait bien la cuisine à bord de l'*Hoogly*, et les vins y sont très bons; j'ai remarqué le Marsala. A huit heures, on prend le thé et des gâteaux. Eh bien, on peut avaler tout cela; on y est même obligé si l'on se porte bien, parce qu'on a des faims de loup.

C'est d'aujourd'hui seulement que j'ai pu me mettre à la vie commune. Hier au soir, j'étais furieuse de ma situation. Alors, ce matin, Max m'a fait prendre une douche froide. Est-ce cela qui m'a remise d'aplomb? Je ne sais; mais je me trouve infiniment mieux, et, avant la fin de la journée, j'en profite pour me reporter un peu au milieu de vous, afin de vous conter tous les événements de ma nouvelle existence un peu circonscrite.

Ma première lettre vous a déjà mis au courant de notre embarquement, qui s'est fait par un temps magnifique. Je n'imagine rien de si beau que ces côtes de France, malgré leur aridité, fuyant devant cette grande nappe bleue qui grandit, qui s'étend, éloignant de vous les chers êtres que vous avez quittés ; il semble qu'on ne se consolerait jamais sans l'espoir du retour.

Comme je vous le disais plus haut, le ciel est devenu furieux dès le soir de notre départ, et il a grondé longtemps avant que la mer songeât à s'en émouvoir ; mais, une fois décidée, elle s'en est donné à cœur-joie et nous a tous mis dans l'état pénible que je vous ai décrit. La dernière nuit était tellement noire que nous avons dû nous arrêter pendant deux heures ; et le matin, à déjeuner, le capitaine nous a fait frémir, en frémissant lui-même, du danger où nous avions été de couper en deux un navire italien. Il a évité ce malheur, grâce à une manœuvre d'une promptitude extrême, qu'il n'a pu commander qu'au dernier moment, ce navire n'ayant pas allumé de feux. Celui-ci en aura été quitte pour quelques écorchures, car nous l'avons touché, mais sans beaucoup de dommages.

Enfin, hier, mardi matin, nous arrivions à Naples. Malheureusement, après l'orage de la nuit, la pluie continuait à tomber ; il était sept heures du matin, et nous voyions se dérouler devant nous ce magnifique panorama, couronnant le golfe, que nous ne devions voir s'éclairer par le soleil que pour nous souhaiter un bon voyage au départ.

Cependant notre aimable commandant, au lieu de deux heures de relâche qui nous étaient dues, voulut bien nous en permettre quatre. C'était assez pour descendre à terre et visiter, en voiture, les principales églises et rues de la ville. Du mal de mer, il n'en était plus question. Nous avions pour compagnon de bord un jeune consul, M. de La Barre, qui s'en va occuper le poste de Batavia. Il est prévenant et attentionné pour moi, comme pourrait l'être mon cher fils Raymond, qu'il me rappelle beaucoup ; aussi j'ai une grande sympathie pour lui. Bref, ce jeune homme, connaissant déjà Naples, s'est fait notre cicerone et nous a pilotés.

L'abord du quai était encombré de marchands de figues, de raisin, de piments d'une grosseur énorme et dans lesquels les Italiens mordent comme dans des pommes. J'achetai une grappe de raisin noir pesant bien trois livres, et, après avoir fait prix avec une voiture, nous partions, picotant notre grappe, dont nous avons dû laisser la moitié malgré la bonté du raisin, mais elle était trop grosse ! et pourtant je n'avais pas d'idée que du raisin pût être aussi bon.

En quittant le port, nous avons été tout d'abord prendre le centre de la ville. Je ne puis parler de l'aspect général, car la pluie, qui salit tout, avait donné à toutes ces maisons, faites pour le beau temps, un certain air de décorations de théâtre en carton, dont les peintures, éblouissantes au soleil, semblaient sous cet épais brouillard prêtes à se dissoudre et à tomber en morceaux.

Cependant nous avions à voir de vieux palais : presque tous n'ont plus que la porte d'entrée avec ses armoiries, et sont appropriés aux besoins de la petite bourgeoisie qui les habite. Pourtant le palais San-Sever a conservé un peu de son caractère ; et, quand on a franchi sa vieille et sombre entrée, on retrouve encore, dans sa petite cour carrée, des souvenirs de la grandeur farouche de ses anciens maîtres.

La chapelle des tombeaux renferme trois statues d'une beauté merveilleuse, devant lesquelles j'aurais bien voulu rester longtemps en contemplation.

L'église des Jésuites, dont l'intérieur est entièrement en mosaïque, a ses murailles garnies du haut en bas d'une quantité innombrable de petits trous carrés, servant de châsses à une quantité aussi innombrable de crânes provenant d'autant de saints. Ils sont, soi-disant, authentiques, et ont tous leur nom écrit au-dessous de la petite case qui les renferme. C'est d'un effet original ; mais le sol, les colonnes et les voûtes, tout en mosaïque, forment une décoration bien autrement éblouissante.

De là nous allâmes à la cathédrale, dont le

perron extérieur est en marbre blanc et dont les richesses en statues d'argent, pierres précieuses et œuvres d'orfèvrerie, sont encore immenses. Toujours les mêmes colonnes de mosaïque, égales en hauteur à celles de nos églises françaises. Les plafonds (car ce sont des plafonds) ressemblent à de magnifiques peintures. La crypte a cela de curieux qu'elle est entièrement revêtue de marbres de Carrare, extraits de temples païens, notamment de celui d'Apollon ; tous les bas-reliefs sont des sujets mythologiques, où sont reproduites les scènes les plus étranges et les moins sérieuses, jusqu'à une Vénus à cheval, et à califourchon encore ! Mais ce qu'ils ont de plus précieux, c'est leur fameuse statue en argent de saint Janvier, dont le miracle annuel rapporte à cette église des sommes fabuleuses. Aussi il faut voir de quelles grilles est entourée sa chapelle !

En sortant de la cathédrale, nous sommes vite allés visiter la célèbre promenade de la Chiaïa, nos Champs-Elysées; seulement, bordant la mer au lieu de la Seine. C'est vraiment un coup d'œil splendide ! Cette grande promenade ombreuse, remplie des fleurs les plus belles et les plus rares dans nos pays, avec des statues antiques du plus beau marbre et du mérite le plus incontestable, vous fait envier le sort des gens qui peuvent venir là dépenser dans un délicieux *far niente* les meilleures heures de leur existence ! Comme contraste, et pour vous faire ressouvenir que tout n'est pas roses en ce monde, votre vue peut à volonté se reposer sur les ruines menaçantes et sinistres du redoutable château de l'Œuf, ou de celui non moins terrible de Jeanne la Folle, tous deux se mesurant du regard et semblant surgir de la mer, dont ils défient les flots.

Mais nous étions pressés : il fallait voir la grotte du Pausilippe, cette orgueilleuse et riante colline qui s'avance en folâtrant jusque dans la mer, couverte d'une verdure idéale et semée des plus charmants *buen retiro*. Virgile est là, au sommet, dans un modeste petit tombeau, couvert de plantes luxuriantes dont on va cueillir une branche quand on a le temps de monter jusqu'à lui, ce que nous ne pouvons faire. Nous l'abandonnons donc au bien-être de sa situation pour nous acheminer vers la grotte. Cette grotte est un étroit tunnel taillé dans le roc par les Romains, pour faire communiquer la campagne avec la ville et le bord de la mer, en passant sous la montagne. On y rencontre de place en place de petites chapelles dans des enfoncements, faits sans doute dans le principe pour garer les passants; mais des *brigands napolitains* ont dû s'y cacher plus d'une fois pour surprendre les voyageurs et y faire de mauvais coups; aujourd'hui, on y trouve un prêtre qui moisit au milieu de quelques cierges, en demandant la charité. La présence de ces chapelles donne à ce lieu un aspect lugubre; l'air y est froid et humide, cela sent la mort : on a hâte d'en sortir! Ce tunnel a plus d'un kilomètre, et sa voûte est d'une élévation prodigieuse; deux voitures peuvent s'y croiser.

Le temps nous manquait pour voir la *grotte du Chien;* mais c'est un effet de gaz carbonique que nous connaissons, en sorte que nous y renonçons volontiers. La pluie avait cessé, le ciel était redevenu clair, ce qui nous permit de faire un plus long détour pour retourner par le petit marché, où l'on trouve la vraie physionomie des Lazzaroni et de tout le peuple des pêcheurs, entourant les marmites de macaroni aux tomates. Rien de drôle et d'appétissant comme ces marmites fumantes et ce macaroni filant, dont chaque individu, gamin, femme ou vieillard, vient prendre une part pour la moindre pièce de monnaie. C'est un tohubohu, une vie, une activité! Chacun va, vient, présente son bol, paye, mange, court, saute; après quoi ils iront tous s'allonger sur les dalles des trottoirs et passer là, paresseusement, les plus chaudes heures de la journée.

Ici, les femmes du peuple et les gamines des rues s'encombrent la tête de faux cheveux et se mettent un châle de dentelle noire sur les épaules. Elles se promènent ainsi, avec ou sans parapluies, par le plus mauvais temps. C'était le matin; elles avaient généralement l'aspect malpropre, malgré leurs beaux colliers de corail, bijou favori des Italiennes. Du reste, pas vestige de costume national; il faut sans doute, pour en rencontrer, aller dans la campagne.

Les rues de Naples, dont le pavage est en pierres carrées et posées en losanges, comme dans nos vestibules, sont, à ce qu'il paraît, d'une propreté extrême par le beau temps ; mais aujourd'hui elles sont bien sales. En somme, le soleil doit faire de ce pays un séjour délicieux, et les religieuses qui se sont emparées du château de Capo di Monte, lequel domine toute la montagne qui couronne le golfe, doivent passer là des jours d'une pénitence bien douce.

Pas moyen de voir le musée ! Le bateau nous attend; un mot du docteur Redlish, qui nous avait croisés la veille revenant en France, nous est remis pour nous dire que nous trouverons à Aden des fauteuils de pont que nous envoie Régine pour notre voyage. Nous voici revenus au quai. Ce n'est pas sans regret que je laisse derrière moi tous ces étalages de fleurs et de fruits de toutes sortes, dont nos boutiques parisiennes seraient si fières de pouvoir se parer ; mais on m'assure qu'un abondant approvisionnement vient d'en être fait par l'économe de notre navire. Cela m'est agréable.

Nous reprenons l'embarcation, munis d'un beau bouquet napolitain que nous devons offrir au commandant. En arrivant au paquebot, nous trouvons le pont encombré, comme nous l'avions laissé, de marchands de coraux, de parures de camées en lave, tout cela assez mal monté, mais ayant son cachet italien. Tout le monde achète quelque chose. Je choisis des boucles d'oreilles et un médaillon en mosaïque. Une troupe de musiciens et de chanteurs en canots nous étourdissent de leurs cris, qui ne rappelent en rien la salle Ventadour ; pourtant ils essayent de reproduire l'air de *Santa Lucia*, qui est un des plus jolis que je connaisse, et je leur pardonne en faveur de l'intention. Mais, sur un signe du capitaine, toute cette population s'éloigne et reprend le chemin de Naples, tandis que nous nous remettons à filer nos treize nœuds à l'heure, ce qui fait 24 kilomètres. C'est une jolie marche, et, à ce train-là, nous arriverons !

Le Vésuve ne daigne pas lever son chapeau; nous nous dispensons de le saluer. Cependant il ne pleut plus, mais c'est bien maussade de quitter Naples sans avoir aperçu le cratère.

1ᵉʳ octobre. — Le commandant nous promet Port-Saïd pour demain à huit heures du matin : c'est un peu trop tôt; j'aimerais mieux une heure plus tard, pour être levée et habillée. Hier nous avons côtoyé l'île de Crète, ou plutôt Candie, vu le mont Ida, mais pas le moindre Ménélas. Les habitants sont tous, sans doute, de l'autre côté de l'île, dont l'exposition est meilleure. On dit que l'intérieur est fort riche; mais cette côte paraît bien désolée.

C'est singulier comme, après en avoir souffert, on s'habitue à ce genre de vie. Vous voyez combien je vous écris! Eh bien, je le fais comme si j'étais dans ma chambre... Quant à l'idée de courir un danger quelconque, elle vous abandonne en montant sur le paquebot, absolument comme quand vous montez en chemin de fer; aussi je ne puis m'empêcher de penser à vous tous et de vous regretter comme je pourrais le faire pour une simple partie de plaisir.

Il y a à bord beaucoup de petits enfants fort tourmentants; mais on leur pardonne en pensant au malaise qu'ils doivent éprouver aussi bien que nous, et qu'ils subissent sans en être dédommagés, comme le sont les grandes personnes, par l'attrait d'un voyage utile ou intéressant. Cela n'empêche pas leur tapage d'être insupportable. Combien les nôtres seraient plus jolis à voir jouer sur le pont! Mais il faut n'y pas penser et se résoudre à vous embrasser tous de loin et du fond du cœur.

Hélas! ce n'est qu'à Shanghaï que j'aurai des nouvelles de la fin de vos vacances! Ce sera bien long.

Le commandant vient de me donner à lire un roman de Veuillot : c'est son auteur favori! Je vais m'enfoncer dans cette lecture, et j'oublierai le bruit des enfants. Il est à présumer d'ailleurs que, une fois en pleine mer, nous aurons de longues journées à dépenser, et que les livres fourniront alors une ressource précieuse.

LETTRE III

Les côtes de Sicile et d'Italie. — Le Stromboli. — Charybde et Scylla. — Port-Saïd (2 octobre). — La Ville arabe et le Désert. — La ville nouvelle. — M. de Lesseps.

Déjà huit jours que nous avons pris la mer ! Malgré la difficulté que j'ai eue à m'y accoutumer, il me semble encore que le temps a passé bien vite. Si vous saviez comme on devient paresseux à bord ! On se lève de bonne heure, et cependant on arrive à ne rien faire de sa journée. Il est vrai qu'on a beaucoup à voir en passant, et qu'on se surprend à être resté des heures debout, sa lorgnette à la main, sans avoir pensé à s'en trouver fatigué, tant on est captivé par la vue de ces côtes si belles et si coquettes dans leurs accidents et leurs aspects disparates.

Quand on a salué le Vésuve, qui ne vous le

rend pas, surtout les jours de mauvais temps, qu'on a jeté des regards de regrets sur cette délicieuse campagne où on laisse, sans les avoir visitées, les ruines endormies de Pompéi, on reprend pour quelque temps la pleine mer avant d'arriver au détroit de Messine. C'est alors le Stromboli qui vous fait des signaux pour vous guider et vous attirer à lui. On approche, et l'on voit avec étonnement de petites maisons blanches, éparses et formant de petits villages plantés à sa base, sur des pelouses vertes, et qui ressemblent à des troupeaux de moutons paissant sur la plage. C'est joli, c'est riant, mais bien au soleil. Ce volcan, couronné d'un panache de fumée qui s'élève au-dessus de la mer comme un bouillonnement de lave, est une soufrière dont le sol ne produit guère d'autre végétation que des tapis de gazon et quelques arbustes rabougris. Une coulée de lave est permanente d'un côté de la montagne, et le soufre est exploité par la maigre population dont nous apercevons les demeures.

Nous atteignons ensuite le détroit de Messine, et nous manœuvrons entre les gouffres de Charybde et de Scylla, non sans ressentir une légère secousse dans l'étroit passage qu'ils laissent entre eux. Il arrive souvent que le navire qui le franchit, s'il n'est pas bien sur ses gardes, est entraîné par le courant à faire un virement de *tête à queue* qui produit sur le personnel des voyageurs une impression fort émouvante.

Du côté de Charybde est la plage de Sicile, complètement aride jusqu'à une certaine distance, avec un phare. Du côté de Scylla, c'est la côte d'Italie, où s'élève un immense rocher noirâtre et sinistre, dont la vue seule pouvait inspirer une frayeur superstitieuse et donner lieu à tous les contes fantastiques des premiers âges.

Puis on passe devant la riante Messine, blottie dans son beau nid de verdure, au fond de sa baie azurée, étagée sur une pente rapide, et laissant entrevoir au loin, dans la brume qui la couronne, la cime blanche et nuageuse de l'Etna. Ensuite l'Italie vous rappelle : c'est Reggio qui s'étend à votre gauche, avec ses châteaux, ses maisons de plaisance et ses couvents immenses, dévastés aujourd'hui, mais qui de loin conservent leur aspect imposant et vous font rêver au temps de leur splendeur. Mais une fumée blanche, courant au travers des verdures, des villages, des couvents, des châteaux et des villas, vous ramène au temps présent, où la ligne inflexible du rail-way coupe inexorablement les sentiers tortueux d'autrefois, mettant de côté toute espèce de vergogne à l'endroit de la poésie.

Je ne vous ai pas encore parlé de notre petite installation dans la cabine. Vous ne pouvez vous imaginer comme on s'y trouve bien et quelle quantité de choses on parvient à y caser. Il me semble maintenant que, installés comme nous le sommes, nous pourrions vivre ici bien longtemps. Nos petits lits sont fixés au mur, celui de Max en travers, au-dessous de la fenêtre ou sabord, à 60 centimètres du sol, et le mien à l'autre paroi, en long, les pieds venant aboutir au même angle, mais à la hauteur de l'épaule, en sorte qu'ils sont superposés dans le même coin ; par conséquent, les deux têtes éloignées, ce qui est un grand avantage lorsqu'on a le mal de mer *expansif*, désagrément dont, jusqu'ici, nous sommes exempts l'un et l'autre. Par exemple, c'est haut et difficile à monter ; mais, une fois l'ascension faite, je suis dédommagée de ma peine, car ayant les pieds à la fenêtre, quand je suis couchée, je vois la mer à perte de vue. Rien de beau comme l'aurore dans de telles conditions.

Ce matin, dès l'aube, j'étais éveillée par les grands nettoyages du dimanche. On lavait tout, on retournait tout sur le bateau. Je regardais au loin ce grand désert de l'Arabie, qui borde le canal, et cette immensité de sable se déroulant à l'horizon ; je songeais aux souffrances qu'on doit éprouver quand il faut traverser de tels pays sans avoir des provisions suffisantes, et je me disais une fois de plus que le patriarche Abraham était un vieux bonhomme sans cœur, d'avoir renvoyé comme il l'a fait son pauvre petit Ismaël, pour le faire mourir de soif avec sa malheureuse mère.

Cependant, depuis le percement du canal, il pleut dans ces parages, et la végétation commence à s'y montrer sous la forme de rares tamaris, de cannes, de touffes d'une verdure qui ressemble à nos petites fougères et repose agréablement la vue. Mais je m'aperçois que je décris l'aspect du désert, sans vous avoir dit quand ni comment nous y étions arrivés.

Je vous avais quittés devant l'île de Crète, aux vieux souvenirs païens. Le soir, nous passions devant Damiette, de plus récente mémoire; nous ne faisions qu'en apercevoir les feux, non sans penser, avec un profond sentiment de compassion, à ces malheureux croisés qui, s'étant mis martel en tête, les uns par ambition terrestre, les autres par ambition céleste, s'en allaient pleins d'ardeur guerroyer à l'infidèle, s'abandonnant dans de mauvais navires aux dangers de la mer, et mettaient des mois pour faire le trajet que nous venons d'effectuer en quatre jours.

Le matin, à l'aube, nous étions en vue de Port-Saïd, où nous devions laisser le jeune ménage dont je vous ai parlé et qui demeure à Ismaïlia. Pour s'y rendre, il leur faut descendre à Port-Saïd et rejoindre Ismaïlia en bateau par un canal; c'est encore un trajet de sept heures : et pourtant la ville est presque sur les bords du canal de Suez, mais les paquebots n'y abordent pas.

Que vous dirai-je de Port-Saïd, où nous avons passé quelques heures? C'est un grand port, composé d'une certaine quantité de maisons, au-dessus desquelles deux arbres seulement surgissent. Partout, aussi loin que la vue puisse s'étendre, du sable et de l'eau! La ville européenne ou plutôt cosmopolite a un caractère de *mauvais garnement* dans toute la force du mot. Vous voyez de grandes rues larges et bien percées, bordées de boutiques de toutes les nations et de toutes les sortes. Du plus loin que vous apercevez le port, en mer, vous lisez sur un grand écriteau qui domine tout : *Modes de Paris, Nouveautés*. Vous restez désappointé, cela vous ôte l'envie de descendre à terre. Mais, en abaissant les yeux, vous voyez au-dessous de vous une multitude de barques qui vous attendent et dont les bateliers vous sollicitent dans un langage et des costumes si étranges, sans parler de la pantomime, que vous vous sentez entraînés : et vous voilà partis..... Un certain Arabe s'empare de nous en touchant terre ; il est de sang mêlé, vêtu d'un large pantalon blanc et noir, avec une chemise de nuit en percaline bleu de ciel, qui tombe par-dessus jusqu'aux mollets, dont, soit dit en passant, ces races sont absolument privées ; puis un turban blanc complète le costume. L'homme se vante d'être polyglotte ; on est enchanté, on va le questionner sur tant de choses ! A votre première interrogation, il fait des gestes ; à la seconde, il répond *yes ;* vous allez continuer vos investigations et profiter de ces renseignements utiles. Vous rencontrez un vieillard, votre homme s'incline, lui baise les mains et vous dit : *C'est ma papa, je paye sa manger, je donne argent à li.* Vous lui faites votre compliment sur sa piété filiale ; il est content, et vous continuez votre promenade, bien fixé désormais sur les explications que vous pouvez tirer de lui ; mais comme vous avez fait prix pour la journée, 1 fr. 20, et qu'au reste il a l'air bonne personne, vous prenez le parti de vous en contenter.

La grande rue est bordée de boutiques sans devantures closes. On ne pourrait y vivre enfermé, à cause de la chaleur excessive. Les boutiques se composent de tout... Chaque nation a apporté là un petit échantillon de ses produits, soit comestibles, soit industriels ; mais tout cela en très petit ; seulement, l'on pourrait en espérer le développement s'il y faisait moins chaud.

Les cafés sont tenus généralement par des aventuriers français, italiens ou espagnols, cherchant fortune, ou encore des Allemands que l'espionnage patriotique n'a pas suffisamment enrichis. Aussi quelles têtes ! et comme on aurait peur si l'on se trouvait là toute seule !

Nous nous sommes assis au Tortoni de l'endroit, à de petites tables, devant la porte, afin de pouvoir examiner un peu la physionomie du pays. Nous étions avec notre jeune consul, qui, ayant été voir son collègue du lieu, l'avait ramené et nous l'avait présenté. Il y avait dix minutes que nous causions, lorsqu'un soldat égyptien s'approcha de notre nouveau compagnon, en disant qu'un assassinat venait d'être commis. Le consul se mit à rire et nous dit : C'est le quatrième de la semaine ; avec cette canaille-là, c'est ordinairement le contingent. Si vous saviez quel ignoble ramassis de population compose cette ville nouvelle !

Il y a à Port-Saïd un casino, un théâtre avec une troupe française, des photographes, des cafés chantants en plein jour et le soir avec des jeux de roulette ; enfin tous les plaisirs. Mais du monde, c'est autre chose ! Pas un des individus qui passent devant vous par centaines n'est du même pays ni de la même race que celui qui le suit ou le précède. C'est un mêli-mêlo de races qui n'a pas de nom : les costumes sont aussi variés que les physionomies ; chacun de ces hommes, pris séparément, est un type et ferait à lui seul un tableau.

Les femmes et même les hommes portent

leurs enfants à cheval sur une de leurs épaules.

C'est ici qu'on commence à parler de M. de Lesseps, dont le nom ne peut plus être prononcé sans un profond sentiment d'admiration, lorsqu'on a pu voir et apprécier les travaux gigantesques dont le monde entier est à même de profiter aujourd'hui.

Port-Saïd s'est édifié sous son patronage ; il en a tracé les plans et s'est fait construire au centre une fort belle habitation, devant laquelle il a planté un jardin public qui paraît en très bon état ; les palmiers et les lauriers-roses pourront bientôt prêter leur ombrage aux promeneurs, qui, jusqu'ici, n'ont eu d'autre abri que leurs ombrelles.

Après avoir traversé la ville européenne ou plutôt cosmopolite, on a devant soi de grandes plaines de sable, marécageuses et couvertes d'une couche de sel capable d'alimenter la France entière pendant des siècles ! Puis au bout, dans le lointain, vous apercevez des huttes éparses sur un sol dénudé de toute végétation. C'est la ville arabe. Un soleil dévorant nous en sépare, mais nous avons là, sous la main, trois pauvres petits ânes qui, pleins de courage et de résignation, attendent notre bon plaisir pour nous faire traverser cette plaine désolée. Leurs selles sont des guenilles, les étriers sont des cordes! N'importe, nous montons dessus, et, escortés de leurs trois grands âniers, nous partons résolument pour cette brûlante expédition. Quelle chaleur! Arrivés au village, Max, qui, se croyant suffisamment abrité sous un casque que nous avions acheté à la ville, avait négligé d'ouvrir son ombrelle, s'est trouvé pris d'insolation au point de s'évanouir entièrement. Heureusement, les habitants avaient de l'eau froide, ou à peu près, dont nous l'avons inondé, puis, avec du café très bon et très fort, dont chaque cabane est toujours pourvue, nous l'avons eu bien vite ressuscité! C'est, du reste, le moyen que prennent les Arabes dans ce cas, qui se présente souvent.

Cet endroit n'est curieux que par sa sauvagerie et par son dénuement; vous n'y voyez que des femmes voilées, accroupies avec des enfants, se laissant vivre sans savoir comment ni pourquoi. Ces gens n'ont ni besoins ni désirs et semblent ne pouvoir souffrir que par des maux physiques. Quelques oies, des pigeons, accompagnent ces groupes et animent le paysage.

Les hommes sont âniers, guides, vendeurs de dattes, ou travaillent dans le port.

Les malheureuses femmes sont condamnées à vivre le visage entièrement couvert d'un voile en espèce de tricot de laine noire qu'elles fabriquent elles-mêmes, qui ne laisse voir absolument que les yeux et leur tombe jusqu'aux genoux; comment respirent-elles? Je suis encore à me le demander.

Les enfants sont généralement nus, on ne leur couvre que la tête; mais on ne les débarbouille pas. Il y en a qui vont à l'école. Leurs écoles sont de grandes salles carrées, où le maître arabe et les élèves sont assis sur le sol, ou plutôt sur leurs talons, et projettent des sons presque rythmés, auxquels naturellement nous ne comprenons rien. J'ai vu deux de ces établissements, c'est sale et cela sent mauvais.

Nous avions vaillamment retraversé sur nos petits bourricots notre désert salé, et nous nous disposions à rentrer au bateau pour attendre l'heure du départ, lorsqu'en longeant la grande rue nous sommes frappés par les sons d'une musique étonnante à rencontrer en pareil lieu. Nous approchons. C'était un café-concert; nous entrons. L'orchestre, un des meilleurs que j'aie entendus, jouait la symphonie en *la* de Beethoven, dans la perfection. Après, ce fut l'ouverture de *Guillaume Tell*, enlevée avec un brio et un ensemble qu'on souhaiterait de rencontrer plus souvent dans nos sociétés parisiennes. Mozart est venu à son tour. Enfin de la vraie musique, écoutée religieusement par une foule de gens venus de tous les coins du monde. Pourtant, pas un homme, excepté pour les gros instruments à vent, ne fait partie de cet orchestre ! Ce sont toutes des femmes, à la tenue simple et convenable, qui jouent du violon, de la basse, alto, flûte, cymbales, etc. J'ai su depuis qu'elles étaient Allemandes. A la fin, l'orchestre a bien voulu nous jouer un peu de *la*

Mère Angot, mais on voyait que c'était par pure condescendance.

Il y a deux cafés de ce genre dans la ville, sans compter d'autres où l'on trouve de belles Arabes chantant des airs du pays, etc.

Nous avons dû, naturellement, payer notre tribut à la roulette, qui, en sortant du café, se trouvait à notre droite; deux ou trois roupies de perdues, voilà tout.

Quelques jours auparavant, un voyageur, qui avait gagné 9,000 francs dans la soirée, n'a eu le temps que de faire quelques pas dans la rue, il a été de suite assassiné et dévalisé.

Enfin, on quitte Port-Saïd, bien aise de l'avoir vu, mais bien aise aussi de n'être pas obligé d'y passer sa vie. Et pourtant c'est bien bon des dattes fraîches ! Je n'en avais jamais mangé; c'est à envier le sort de ces populations, dont c'est la principale nourriture.

L'heure arrive de remonter au bateau; nous congédions notre guide, qui réclame bien encore quelques bacchis de plus que nous ne lui donnons; mais, sur notre refus nettement exprimé il s'épanouit en un sourire des plus gracieux et nous souhaite un excellent voyage. Il nous envoie même beaucoup de baisers : c'est leur manière de dire adieu.

L'accueil toujours aimable de notre capitaine nous attendait au retour; c'est avec ses explications intéressantes et pleines d'érudition que nous allons faire notre entrée dans le fameux canal de Suez, que je suis si curieuse de connaître.

Nous arrivons à Suez, où l'on ne descend pas ; on laisse seulement les lettres, et je ferme la mienne, où je mets pour vous toutes mes tendresses.

LETTRE IV

Le canal de Suez et les lacs salés. — Les passagers de l'Hoogly. — Les Pankahs. — La mer Rouge; le passage des Israélites (du 4 au 8 octobre).

En ce moment, nous naviguons entre la Nubie et l'Arabie, sur une mer agréable, avec le plus beau temps du monde, mais par une chaleur telle que les gouttes de sueur me coulent de la figure sur ma robe! Cependant je suis assise dans ma cabine, dans un courant d'air. Cette nuit a été difficile pour tout le monde. On nous promet dix degrés de plus pour demain, mais je crois que nous n'en sentirons pas beaucoup la différence. C'est venu tout à coup, car croiriez-vous que, en côtoyant le sud de l'Italie et jusqu'à Port-Saïd, j'avais senti le besoin de garder pendant toutes les matinées ma robe de chambre de velours? Aujourd'hui, j'en ai une de toile, et c'est de trop.

Je vous ai quittés l'autre jour avant d'arriver à Suez. Nous avions vu de loin Ismaïlia, dominée par un immense palais carré, bâti par la magnificence du khédive pour l'inauguration du canal, et n'ayant jamais servi qu'à donner un grand bal à l'occasion de cette fête. Cela paraîtrait insensé, si l'on n'était pas forcé de reconnaître qu'aucune folle réjouissance n'est de trop pour célébrer les bienfaits d'une aussi grande œuvre.

Quand on traverse ces immenses déserts de sable et d'eau salée, qu'on le fait en trente-six heures, et qu'on pense aux misères qu'ont eu à supporter ceux qui le faisaient à pied ou à dos de chameau! Combien d'hommes et de bêtes ont dû mourir de soif à faire ce pénible voyage! Eh bien, on se sent vraiment pris d'admiration pour le génie qui a réalisé une telle entreprise.

Cependant, aujourd'hui, on reconnaît la nécessité d'élargir le canal, les passages s'y multiplient, et les bateaux qui se croisent sont obligés de se ranger dans les gares pour passer les uns à côté des autres, sous peine de s'ensabler.

Nous nous étions arrêtés devant Suez, d'où le docteur Blanc, le médecin sanitaire, était venu serrer la main à Maxime. Il a passé à bord le temps d'arrêt de notre paquebot et nous a expliqué le plan de la ville, avec l'appropriation de chacune des maisons qui nous paraissaient avoir le plus d'apparence. Nous avons vu tout cela, avec le secours de nos excellentes lorgnettes marines ; car on reste à plusieurs milles de la terre.

Non loin de là sont les *Fontaines de Moïse*, que nous n'avons pu voir : elles constituent une petite oasis où croissent des arbres et une verdure qu'on apprécie d'autant mieux que l'aridité qui l'entoure est absolue.

En suivant le canal, à peu près à mi-chemin, nous avons vu sur ses bords une halte de chameaux ; c'était une smala qui s'était installée pour passer la nuit. Les Arabes allaient, venaient, allumant leurs feux, entassant leurs ballots de toutes sortes ; les enfants couraient, s'enfonçant dans le sable jusqu'au ventre ; les moutons bêlaient, n'ayant rien de mieux à faire en cet endroit : c'était tout à fait un tableau de Marilhat. Mais cela me rappelait aussi nos bohémiens, plus les chameaux, qui ne laissent pas d'ajouter beaucoup de pittoresque au paysage. Ces gens devaient rester là jusqu'au matin et traverser l'eau en bac avec tout leur bataclan.

Les rencontres d'animaux ou d'hommes sont très rares dans ces parages, par la raison toute simple qu'ils n'y trouveraient pas à vivre. On dit cependant que ces sables, une fois lavés et débarrassés du sel marin dont ils sont enduits, peuvent devenir un terrain de la plus grande fertilité ; aussi espère-t-on beaucoup des changements climatériques déterminés par le percement du canal. Déjà les quelques pluies qui sont venues humidifier le sol ont permis à certaines végétations de se montrer à la surface.

Je regardais dimanche soir au loin dans les

Lacs salés. Je voyais comme un flot d'écume blanche qui s'étendait à perte de vue sur un banc de sable, et je pensais que c'était une mousse produite par le mouvement des eaux : mais avec nos longues-vues nous découvrîmes que c'étaient des milliers de flamands, ces grands oiseaux blancs, qui ont leurs longues pattes et quelques plumes d'un rose si joli. Dire ce qu'il y en avait de milliers serait impossible. Ils étaient là, tous pêchant leur souper, à qui mieux mieux. C'était vraiment très joli à voir.

J'avais pu jouir le matin, sur l'autre rive, d'un spectacle moins agréable à l'œil, mais qui ne manquait pas d'un certain pittoresque : un des rares êtres animés qu'on rencontre dans ces parages absolument déserts, un Arabe au corps cuivré, avait attaché sa petite barque au rivage d'un des immenses lacs qui s'étendent à l'horizon, et, comme le soleil marquait midi, il s'était accroupi en face de nous, accomplissant consciencieusement les ablutions prescrites par Mahomet. C'est le premier que je vois en costume de sauvage, et cela ne me plaît pas beaucoup; mais on dit que nous en verrons bien d'autres dans le cours du voyage : ce n'est qu'une habitude à prendre.

Au petit jour, nous apercevions encore un peu de côtes. C'était la chaîne du Sinaï. Le pic s'en laisse entrevoir au passage, mais de si loin que c'est à peine si l'on peut le distinguer. Maintenant nous sortons du golfe ; nous voici en pleine mer Rouge. Les côtes qui s'éloignent de nous petit à petit sont élégamment découpées et leur aridité leur donne une teinte rougeâtre, de laquelle vient sans doute le nom de la mer qu'elles entourent, comme un cadre gigantesque à ce splendide tableau.

Ce matin, je n'ai plus vu que des goëlands, grands oiseaux moins jolis que les flamands, mais qui volent au-dessus de l'eau et peuplent cette immensité de mer, dont la monotonie se fait sentir quand on est resté un certain temps sans voir la terre.

6 *octobre*. — Il était trois heures hier quand j'ai cessé de vous écrire. Depuis, pas un être

vivant ne s'est montré à nos yeux. Nous avons seulement en ce moment en perspective deux blocs de rocher carrés comme deux pierres de taille, ayant poussé là au milieu de l'eau sans aucun entourage de quoi que ce soit. L'un est un peu plus grand que l'autre. Ils ont environ vingt mètres de surface ; on passe entre les deux ; on les appelle les *deux frères*, et on les remarque surtout parce que depuis deux jours on ne voit que de l'eau, avec la perspective de rester encore deux fois aussi longtemps dans la même situation.

Nous rencontrerons bien encore l'île Saint-Jean et quelques autres groupes, mais sans intérêt ; aussi je vais vous parler un peu de notre entourage.

D'abord nous avons embarqué à Naples une troupe d'opéra, voyageurs de secondes, mais qui habitent plus le pont que leurs cabines et que nous avons engagés à faire de la musique, ce qui met beaucoup de gaieté parmi nous. Ces gens s'en vont à Manille, où ils se promettent de gagner beaucoup d'argent. Quatre chanteuses et six ou huit hommes, cela nous fait de vrais concerts.

Parmi nos passagères, une ou deux femmes seulement me paraissent de notre monde ; une toute jeune, et toute petite, aux cheveux d'or, distinguée, intelligente, et très bonne musicienne ; elle va rejoindre son mari, consul de Hollande à Aden. C'est avec elle que je cause. Nous faisons ainsi un petit milieu avec le commandant, notre jeune consul, le médecin du bord, un ingénieur et quelques autres hommes très bien aussi. Cela nous fait passer une heure après le déjeuner et après le dîner d'une façon très agréable.

Les autres femmes sont assez insignifiantes ; ce sont des créoles (sang mêlé), des Allemandes, des Anglaises, dont une quakeresse missionnaire, qui va distribuant des *tracts*, c'est-à-dire des petits livres pour la propagation de sa foi. Elle ressemble à un grand bout de laine noire qui serpente sur le pont, agité par la brise de mer. Parfois elle se met au piano, et rend des sons plaintifs dont j'ai le malheur de ne pas saisir les paroles, mais qui doivent monter tout droit au ciel, personne ici ne cherchant à les retenir sur la terre ! Elle me produit l'effet d'une guitare en réparation.

Une autre Anglaise, femme du monde, connue du commandant, est fort bien et très aimable, mais ne dit pas un mot de français ; et, comme cela me gêne de parler anglais, nous causons peu : elle va voir sa sœur à Singapore.

Une autre, très bien encore, partie pour un long voyage, très accueillante, sachant se recruter un nombreux état-major. Objectif : *flirtation*. Elle chante la romance !

Tout cela fait du monde, comme vous voyez ; et avec la correspondance, la lecture et la tapisserie (sans compter les nombreux repas), la journée se passe encore assez vite. Le soir venu, on fait de la musique, puis on danse. Pour les grands jours, on illumine le pont, notre aimable commandant prodigue les rafraîchissements, orangeades, glaces, vin de Champagne, etc. Je ne lui reproche qu'une chose : c'est de ne pas vouloir danser.

En somme, on finit presque par oublier qu'on est sur mer, et on file ses treize nœuds à l'heure le plus gaiement du monde.

Je termine cette lettre aujourd'hui, afin de la mettre demain à la poste à Aden, où nous aborderons vers neuf heures du matin, pour en repartir le soir à la même heure ; je vous conterai ce que j'y aurai vu.

La chaleur continue ; les bains ne rafraîchissent pas, car l'eau est à la même température que l'air : 33 degrés. Malgré cela, je me suis enrhumée, parce que nous sommes toujours dans des courants d'air et que c'est aussi mauvais, chaud que froid. Joignez-y le pankah, sans lequel beaucoup de gens prétendent qu'ils ne peuvent ni vivre ni respirer ; cela vous entretient dans une atmosphère incessamment agitée qui m'est particulièrement désagréable.

J'oubliais de vous dire que le pankah est un long cadre en bambou, de soixante centimètres de large, sur deux, trois ou quatre mètres de longueur. On le recouvre d'une housse plus ou moins riche, avec un grand volant tout du long, et on le pend au plafond avec des poulies et des cordons terminés par un Chinois, chargé de les tirer régulièrement comme s'il sonnait les cloches. Cela constitue un éventail général, agréable pour le plus grand nombre, car tous les paquebots en sont pourvus, et c'est regardé comme le meuble le plus indispensable dans toutes les maisons de l'Inde.

Nous n'avons pas *vu*, mais on se l'explique très bien, par l'aspect des lieux, le passage des Israélites. — Cela a dû se faire à la sortie du canal, vers Suez, dans ce qu'on appelle les *lacs salés*, où, avec son génie, il a été facile à Moïse de se renseigner de manière à diriger son peuple dans des endroits où l'eau n'a jamais eu de profondeur.

Une conversation à ce sujet a été entamée par Max avec un missionnaire de passage avec nous; mais il n'en a pu tirer rien de clair ni de satisfaisant. Le fait est qu'au point de vue de l'Ecriture, c'est fort difficile à expliquer. Contentons-nous de croire, cela vaut mieux.

Je vous ai parlé de la partie sociable de notre

personnel, mais je ne vous ai rien dit de la basse-cour dont nous sommes approvisionnés. Je vais de temps à autre faire une promenade à l'avant, pour y voir soigner tous ces animaux. On se croirait dans les étables d'une ferme. Nous avons six bœufs, plusieurs veaux, des moutons, des porcs, puis de grandes cages superposées contenant à profusion lapins, lièvres, poulets, dindons, pigeons, cailles : rien n'est oublié. Ce qui fait qu'au point de vue matériel nous ne sommes pas plus à plaindre que si nous vivions dans nos terres du Loiret. Plus, les raisins et fruits d'Italie, qui nous sont prodigués au dessert. Ainsi ne nous plaignez réellement que de ne pouvoir partager avec vous notre agréable existence et d'être privés de vous embrasser chaque soir avant de nous endormir

LETTRE V

Aden (3 octobre). — Steamer-Point. — La vie anglaise aux portes du désert. — Les Citernes de Salomon. — Les Saumalis. — La mer des Indes. — Poisson volant.

C'est en vue d'Aden et au moment où nous allions y entrer que j'ai fermé ma lettre l'autre jour. Nous venions de faire assez gaiement la traversée de la mer Rouge, supportant très bien cette chaleur accablante dont on nous avait fait des récits si effrayants. Certainement un peu de fraîcheur nous eût été agréable, mais j'aime toujours mieux cela que le froid.

Depuis que nous avons pris la mer des Indes, ma tête s'est reprise aussi, et pendant trois jours je n'ai pas pu écrire. Cependant, aujourd'hui, je vais tâcher de vous raconter mes impressions d'Aden, et, comme je ne me suis sentie malade qu'à une certaine distance en mer, j'ai pu jouir à mon aise, en la quittant, de la vue étonnante de cette côte désolée, où le soleil ne cesse jamais de darder les rayons les plus brûlants qu'il ait en réserve.

Il n'a pas plu sur ce pays depuis sept années, et cependant on y vit ! Nous devions y déposer, à notre grand regret, la femme du consul hollandais ; mais elle n'en éprouvait aucun à nous laisser partir. Elle allait rejoindre son mari, et tous deux paraissaient assurés de pouvoir vivre heureux dans le joli petit nid qu'ils allaient habiter au fond d'une grande place que borde la mer et que domine la montagne, et d'où l'horizon n'est borné que par l'immensité. Je comprenais très bien, du reste, cette disposition ; car, malgré cette chaleur torréfiante, l'étrangeté de ce pays est telle, qu'après y avoir passé une journée, c'est avec infiniment de regret que je l'ai quitté. C'est à dix heures du matin, vendredi dernier, que nous y abordions. Au loin se dessinait une ligne âpre de rochers dénudés, sans la moindre trace de végétation.

Steamer-Point, le nouveau port, le poste

avancé des Anglais, montrait quelques douzaines de boîtes carrées en maçonnerie, échelonnées sur la cendre de la montagne, et constituant la demeure des rares Européens qui s'y sont installés. Je lorgnais avec curiosité ces singulières retraites, quand on me dit : Voyez dans la mer tous ces nègres ! Effectivement, je vis la mer littéralement couverte de perruques jaunes ressemblant à de grosses éponges flottant sur l'eau. C'étaient des têtes de nègres nageant vers le bateau : cependant nous étions encore à une distance prodigieuse de la terre : mais nous jetions l'ancre. Aussitôt le bateau fut entouré de tous ces amphibies, sautant, nageant, cabriolant. C'était un spectacle à en rester stupéfait. Quelques-uns avaient une périssoire : mais c'étaient les aristos, ceux-là ! Cependant ils ne dédaignaient pas de se précipiter dans l'eau chaque fois qu'on leur montrait une pièce de monnaie d'argent. Toute cette multitude barbotante mendie dans son langage, plonge, replonge, avec la facilité d'un poisson. Ils savent rattraper une pièce à moitié chemin, et vont jusqu'au fond si elle y est arrivée avant eux. Mais ils ne se dérangent jamais pour des sous, d'où je conclus qu'il doit y en avoir une mine en cet endroit, car on leur en jette en quantité.

Ils ont tous des caleçons de bain, signe de la domination anglaise, qui ne tolère pas le *shocking*.

7 *octobre*. — Le mal de mer m'a maîtrisée, et j'ai été forcée d'arrêter ma narration. Cela m'a rendue bien malheureuse; car, pendant ces dix jours à passer sans voir autre chose que l'infini, ma plus grande jouissance serait de causer avec vous; mais le moyen, quand la tête s'y refuse! Ce qui me fait enrager, c'est que dans la position horizontale je suis parfaitement bien portante; mais, aussitôt que je me lève, je ne suis plus bonne à rien.

Enfin, me voici mieux aujourd'hui... Je vous parlais donc de mes nègres; ils me rappelaient Robinson, le capitaine Cook, enfin les souvenirs les plus sauvages et les plus pittoresques des lectures de mon enfance ; je réalisais, et bien au delà, ces voyages d'imagination qu'on a classés parmi les rêves, sans jamais penser qu'un jour on pût en être l'héroïne !

Ils sont tous (ces nègres) très grêles, quoique bien faits. Leurs têtes sont couvertes d'un lainage long et jaune comme la toison d'un mouton noir qu'on a négligé de tondre. Aussi raffinés que nos plus grandes coquettes, ils se procurent cette teinte de cheveux au moyen de l'eau de chaux ; c'est, je crois, le même procédé qu'on emploie à Paris pour détériorer les chevelures noires. Chez eux comme chez nous, ce sont les plus soignés, les plus élégants qui ont recours à cette recherche de toilette. Leur peau est d'un noir lustré magnifique, et leurs dents sont d'une blancheur éclatante.

Leurs ébats sont assez dangereux, du reste, car il arrive quelquefois qu'un *requin de fond* en lorgne un qui paraît lui convenir et, le prenant par le pied, le fait en un clin d'œil disparaître de la surface et l'entraîne au fond de l'eau pour s'en régaler avec ses compagnons.

Mais un nègre de plus ou de moins, ce n'est pas une affaire, et les autres continuent leurs exercices sans avoir l'air d'y songer.

Je vous parle d'un requin de fond. C'est qu'il y a des requins de deux espèces : ceux qu'on voit à la surface sont les moins dangereux, parce qu'on peut les distinguer, les fuir et, quelquefois, les effrayer, car ils sont poltrons ; mais ceux de fond guettent leur proie d'en bas, et, lorsqu'ils veulent la saisir, ils s'élancent, en montant jusqu'à elle, et replongent en l'entraînant, pour s'en repaître là où l'on ne peut pas les poursuivre. Aussi est-il toujours très dangereux, lorsque l'on fait une promenade sur l'eau dans ces parages, de laisser pendre la main hors de la barque ; un de ces animaux peut la saisir et vous entraîner par dessus le bord ; alors c'est fini de vous ! Aussi, étant prévenus par notre commandant, nous n'avons aventuré aucun de nos membres.

Après avoir bien contemplé nos négrillons, nous les avons laissés continuant leurs bonds autour du bateau, et nous sommes montés dans une embarcation de l'agence française, qui était venue nous prendre.

Le jeune agent nous a emmenés chez lui, nous offrant un abri et des rafraîchissements, en attendant que le soleil fût un peu calmé pour nous permettre d'aller voir la ville proprement dite, qui est encore à une assez grande distance de *Steamer-Point*. Il était deux heures : il fallait attendre jusqu'à quatre heures, sous peine de s'exposer à un danger réel en affrontant cette chaleur torride. Pendant ce temps, nous eûmes le loisir d'examiner l'habitation. Nous étions sous une grande vérandah, toute en feuillage de bambous, où l'air circule en tous sens, mais où le soleil ne peut pénétrer. De là, nos regards se promenaient sur ces montagnes calcinées, sur ce pays stérile, sur ce village dont les rues sont hantées presque exclusivement par des noirs, des chèvres, des pigeons et des vautours ! On appelle ces derniers les balayeurs de rues : ce sont eux qui consomment toutes les immondices, tous les détritus. Par ce fait, ils sont très utiles. Ils paraissent vivre en bonne intelligence avec les autres animaux, y compris les petits négrillons de un à cinq ans, dont le plus grand plaisir est de prendre des bains de poussière ; ils s'y roulent tant que la journée dure et ne montrent aucune intelligence dans leurs jeux. Ils sont cependant d'une meilleure venue et plus gentils qu'à Port-Saïd, et, en les voyant se rouler ainsi, ils me rappelaient nos petits cochons, qui, eux aussi, sont gentils quands ils sont petits. Je regrette bien qu'avec le temps cela doive devenir embarrassant, car j'aurais eu bien du plaisir à acheter un petit nègre : mais en grandissant il ne serait plus gentil du tout.

L'habitation de l'agence, posée sur un point culminant, domine la rade. Elle est construite en bambous et maçonnerie légère. Les plafonds n'existent pas, c'est le toit en tuiles qui vous abrite. Dans la majeure partie des appartements, les cloisons ne s'élèvent qu'à une certaine hauteur, afin que l'air puisse circuler. Le jardin (quatre mètres carrés !) est fait avec de la terre apportée de Marseille par de gracieux officiers, allants et venants, à qui les deux jeunes filles de l'agent précédent demandaient toujours comme cadeau un sac de terre de France ! Avec cela, elles ont constitué un petit jardin où s'étiolent quelques plantes, qui pousseraient peut-être si elles avaient de l'eau. Mais, si l'on veut leur donner à boire, il faut souvent s'en priver soi-même, lorsque les citernes sont à sec. N'importe, cela repose toujours la vue, c'est vert !

La maison du consul hollandais, située sur la grande place, comme je l'ai dit, est plus heureusement installée, quoique dans le même style. Mais pas de jardin ; quelques plantes en pots, qu'on apporte d'Europe de temps en temps et qui font le bonheur des hôtes du logis, voilà tout. Du reste, là aussi, nous rencontrons une agréable hospitalité, qui augmente encore nos regrets d'être limités comme nous le sommes par le temps à y passer.

Enfin, à quatre heures, Abd-el-Kader, le premier domestique de l'agence, vient nous prendre en voiture pour nous mener voir la vraie ville d'Aden, la ville fortifiée, qui est à une heure et demie de distance. Vous ne sauriez croire le plaisir que j'ai eu à me retrouver trottant en voiture, sur une route de terre ferme. Nous sommes dans un équipage du pays. C'est une espèce de tapissière à deux banquettes, attelée d'un poney marchant bon train : nous arriverons vite, malgré la température énervante, qui semble devoir enlever aux chevaux, comme aux hommes, l'énergie dont ils peuvent être doués sous d'autres climats. Abd-el-Kader est un bel Indien cuivré. Son torse nous reste en perspective, car il est sur le siège, et la draperie qui lui passe sur l'épaule se mobilise au point de disparaître complètement. Son turban lui reste : cela nous suffit. Il comprend un peu d'anglais; de cette manière, nous obtenons tous les renseignements désirables.

Notre route côtoie la mer d'un côté; de l'autre, elle est surmontée par l'énorme chaîne de montagnes qui constitue la côte d'Aden; là, il n'y a pas de poussière. Ce qui s'élève sous le pas des chevaux, c'est de la cendre; tout ce qu'on voit est en mâchefer ou en terre brûlée : et lorsque, par hasard, on aperçoit un petit coin qui semble rappeler la couleur verte, c'est une pauvre petite plante de tamaris, qui n'atteindra jamais vingt-cinq centimètres de hauteur.

Toute cette route est bordée de cahutes en nattes, habitées par des noirs, qui y pullulent d'une façon surprenante. Les enfants sont par bandes, se roulant dans la poussière ou se plongeant dans l'eau de la plage. Les hommes sont drapés dans un morceau de toile de coton qui est suffisant pour la décence.

Les femmes se voient rarement dehors, car le pays est musulman ; ou alors ce sont des femmes tout à fait misérables. En traversant les espèces de rues formées par ces sortes de chaumières, nous en avons aperçu aussi d'élégantes, mais qu'on m'a dit être des femmes d'un autre ordre. Elles sont peintes et parées de colliers, de broderies et de perles ; on les voit, par les fenêtres ouvertes, dardant sur les étrangers des yeux que n'intimiderait pas un régiment. Mais gare aux messieurs seuls qui se hasardent sur ce terrain-là ! Il y a, à ce qu'il paraît, quelques semaines, toute une société de frères de la Doctrine chrétienne, de passage, comme nous en avons encore aujourd'hui une quantité sur le paquebot, ont été se fourvoyer dans ces quartiers, et ils ont été si bien accueillis, puis dépouillés, qu'ils ont dû rallier le navire à l'état de sauvages ! Jugez du coup d'œil et de la surprise des autres passagers en les voyant revenir ainsi : heureusement c'était le soir !

Mais nous ne sommes encore que sur la route ; nous arrivons aux portes d'Aden, de la ville anglaise et fortifiée. On n'aperçoit partout que remparts et canons. Les Anglais ont admirablement tiré parti des forces que leur prêtait la nature. Ils ont construit leur ville dans l'emplacement de l'ancienne ville arabe, et ce n'est qu'après avoir traversé deux tunnels et franchi une porte fortifiée, gardée par une armée d'habits rouges, qu'on arrive à déboucher dans une plaine entourée de trois côtés par une crête de rochers, de couleur sanglante et rouillée, qui vont se perdre dans l'azur du ciel, et bordée de l'autre par la mer. C'est ravissant ! Cependant la vue s'étend tout entière sur le détroit de Bal-el-Mandeb, nom qui signifie Détroit de Misère ! Nous l'avions franchi la veille, ce détroit : et nous l'avions trouvé bien nommé par l'aspect des côtes arides dont nous étions environnés. Il est dominé presque en face par l'île de Périm, qui, appartenant aussi aux Anglais, peut le mettre entièrement en leur pouvoir.

Cependant la ville, au fond de cette petite baie, paraît une délicieuse oasis ; quelques arbres sont parvenus à y grandir ; on y a bâti de jolies maisons aux abords élégants et coquets. Les officiers anglais, qui en sont les seuls habitants, y ont leurs familles, des chevaux, des voitures ; beaucoup d'enfants, plus ou moins lymphatiques ou anémiques, mais très nombreux ; des cafés, des cercles, enfin tout ce qui constitue une ville européenne très animée ; plus, la bigarrure apportée par les étrangers de tous les pays, qui ne franchissent jamais le détroit sans payer leur tribut de curiosité à cet endroit unique dans le monde.

En somme, la vie paraît devoir y être très tolérable ; seulement l'eau n'y pousse pas non plus, et c'est là ce qu'il y a de cruel. On y a bien établi une machine à distiller l'eau de mer, mais elle est habituellement cassée, comme la machine à faire de la glace! A la place des Anglais, j'en installerais deux de chaque sorte, dans l'espoir qu'elles ne se casseraient pas toutes les quatre à la fois ; de cette façon, on ne risquerait pas de mourir de soif.

A la vérité, ils ont les citernes qu'on dit avoir été creusées par Salomon pendant le galant voyage qu'il fit pour aller au-devant de la reine de Saba. Dans tous les cas, ces citernes sont d'un grandiose inattendu. Elles sont situées dans la montagne, bien au-dessus de la ville, et, lorsqu'on y est monté, on demeure stupéfait de leur profondeur et de la puissance des travaux qu'il a fallu pour les établir.

Ce sont trois immenses pièces d'eau auxquelles on communique par des escaliers et des ponts; leur forme est irrégulière. Leur contenance est écrite sur les pierres, mais je l'ai oubliée (je ne sais pas encore voyager, et je manque à prendre des notes). Mais peu importe pour le moment, car il y a sept ans qu'il n'a pas plu à Aden, et les citernes sont d'une propreté recherchée. On les balaye avec soin, en sorte qu'il n'y a pas un grain de poussière !

Du reste, on ne sait pourquoi le petit plateau qui les entoure se trouve être en terre végétale. J'ai compté là cinq ou six vrais arbres, et les Anglais y ont fait une espèce de jardin public très bien entretenu ; j'y ai vu des daturas, des magnolias ; mais, pour les arroser, il faut prendre sur la ration des pauvres chameaux et des naturels; aussi je crois la réussite de ces malheureuses plantations bien aventurée. Je dois dire que tout près des citernes se trouve un puits dont l'eau, bien qu'à des profondeurs infinies, est la ressource de toute la population indigène. Des gens y sont installés, qui en tirent tout le jour et la vendent un sou le pot. J'y ai voulu goûter, mais elle ne m'a pas paru buvable ; c'est une eau trouble, chaude et saumâtre, un peu moins mauvaise que l'eau de mer, mais pas beaucoup. Pourtant c'est avec cela que sont forcés de se désaltérer tous les pauvres habitants de ce pays déshérité! Ils viennent en chercher avec des chameaux auxquels ils sont obligés d'en donner quelques gouttes, afin que les malheureuses bêtes conservent la force d'en revenir chercher le lendemain. Les femmes viennent également en prendre dans des outres en peaux de chèvres qu'elles portent sur la hanche, comme aussi leurs enfants : ces petits bambins montent à cheval sur la hanche de leur mère et s'y tiennent avec un aplomb singulier.

Nous avions une soirée splendide, pas trop chaude, à cause de la brise de mer ; la ville s'étendait à nos pieds, couverte de vapeurs bleuâtres, à reflets roses, produits par les rayons du soleil couchant. Les femmes, les enfants, descendaient des hauteurs, suivis de leurs chèvres; devant nous, la mer ; derrière nous, l'âpreté de la montagne. Si je savais peindre, je ferais un beau tableau de mes souvenirs. Le retour devait être plus pittoresque encore, le crépuscule donnant à tous les objets un aspect différent de celui sous lequel nous les avions vus jusque-là. Nous rencontrions sans cesse des bandes de nègres revenant de pêcher, chargés de poisson, d'autres montés sur leurs chameaux, auxquels ils chantaient paresseusement une mélodie rythmée, qu'ils ont probablement conservée des premiers âges et dont nous saisissons une bribe de temps à autre. Ces chants, ces silhouettes gigantesques, le jour tombant, tout contribuait à donner à notre promenade une teinte de mélancolie sauvage dont l'imagination se trouvait satisfaite, d'autant plus que, dans tout ce qu'on voit, il y a une existence normale, peu confortable à la vérité, mais pas de misère proprement dite. Ces gens vivent tous de la même manière. L'Asie qui se trouve derrière la montagne leur donne des fruits ; la mer leur donne du poisson, les chèvres du lait ; ils n'ont pas à se soucier de leurs vêtements ; quand vient le soir, ils sortent leurs lits, ou plutôt leurs nattes, devant leurs demeures, et sont heureux de coucher à la belle étoile ; il ne leur manque que l'eau, mais il est vrai de dire qu'elle leur manque trop !

Enfin, la lune, dans toute sa magnificence, nous ayant dessiné toutes les silhouettes les plus grandioses de montagnes, de chameaux, de chameliers, de rochers, de bâtiments en rade, nous allions prendre une embarcation pour rejoindre la nôtre, lorsque, nous trouvant tout à coup sur une esplanade qui conduit à la mer, nous nous voyons entourés de jeunes femmes européennes, de jeunes filles et d'enfants aux costumes britanniques purs, les unes à pied, les autres descendant de jolis équipages légers qu'elles conduisent elles-mêmes ; tout ce monde gai et pimpant. Nous pensons à une fête ; Abd-el-Kader nous dit que c'est l'endroit de la musique et que les officiers, maris de ces dames, vont venir les rejoindre. C'était un bien joli moment pour entendre de la musique ; nous nous laissons tenter, nous attendons ; hélas ! ils nous jouèrent des valses anglaises à la façon anglaise ! nous en avons entendu une, et nous avons profité de la seconde pour opérer, au bruit de sons raidement cadencés, notre retour au paquebot, où nous trouvions notre dîner et la perspective de dix jours de mer pour gagner l'île de Ceylan.

Nous avons recruté, là, des chauffeurs et des

hommes d'équipe. Ce sont des Africains des côtes d'Adel qui viennent s'engager aux bâtiments qui touchent à Aden. C'est le médecin du bateau qui est chargé de présider à ce recrutement ; on les réunit dans une des salles de l'agence, et, comme les habits ne gênent pas, la révision est bientôt faite. Ils ont souvent de grands colliers en perles de bois, ornés d'un fétiche en ambre qui pend en médaillon ; ils paraissent tenir beaucoup à cet ornement. Ils gagnent généralement 70 francs par mois, et, quand ils ont fait ce métier pendant deux ou trois ans sans rien dépenser, ils retournent dans leur patrie, où ils sont alors de riches propriétaires et constituent la haute aristocratie du pays. Ils sont du reste fort robustes et ne paraissent pas souffrir de la chaleur des machines. Il en vient de la côte d'Ajan, de toute la côte d'Afrique, en sorte qu'en allant auprès d'eux, lorsqu'ils sont réunis sur l'avant, on en peut observer les différents types. C'est une étude fort curieuse, car ces peuplades diffèrent beaucoup entre elles, et, comme nous avions un missionnaire qui avait longtemps vécu dans ces parages, il parlait un peu leurs idiomes et se faisait assez comprendre d'eux pour se renseigner sur leur origine. Il s'en trouvait plusieurs qui étaient du pays des anthropophages : ceux-là avaient les traits assez délicats, la figure fine et astucieuse; d'autres, au contraire, à la bouche lippue, aux yeux roulant lourdement, avaient l'air d'une grande douceur. Ils jouaient aux cartes dans leurs heures de repos. Un jour, ayant pitié d'eux, car le trèfle et le cœur disparaissaient sous la couche de noir qui recouvrait leurs cartes, je leur apportai un jeu neuf; leur joie fut grande, et leur promptitude à s'en saisir, en faisant disparaître l'ancien, nous fit beaucoup rire. C'est seulement ainsi que se manifesta leur reconnaissance. Ils continuèrent à jouer presque sans s'interrompre.

Pendant ce temps, nous passions devant Socotora, île magnifique qui vient d'être achetée par les Anglais et dont les productions de cannes à sucre et de café sont inépuisables.

Que vous dirai-je de cette traversée? Nous

avions déposé à Aden la moitié de nos passagers et la moitié de nos marchandises pour Maurice. Le bateau, se trouvant ainsi allégé, devient d'autant plus accessible au roulis ; nous prenons, tous, des figures de circonstance. La mienne n'est pas belle à voir ; mais il y en a de beaucoup plus piteuses encore. Ma tête se reprend, et, jusqu'à nouvel ordre, je vais me trouver fort gênée dans mes allures. Je ne sais plus marcher ; ces messieurs ont pitié de moi, ils m'offrent leur bras, les marins s'entend, parce que les pékins ne valent pas mieux que moi ; ils ont aussi besoin d'être soutenus. On a des *bourbouilles*, c'est-à-dire des rougeurs par tout le corps, on se gratte, c'est pénible ; mais le mal est presque général, cela aide à le supporter.

Dix jours de traversée, c'est long, surtout lorsque, pour seul épisode maritime, j'ai la surprise de voir venir échouer sur mon lit un poisson volant, voilà tout. Aussi quel événement ! C'est à qui le verra et viendra me demander des détails sur la manière dont il est arrivé, dont il s'est tourné et retourné en tombant.

Il est simplement entré par le sabord de ma cabine. C'est un poisson qui n'avait pas de chance! Il est mort tout de suite. Ces poissons volants s'élèvent au-dessus de l'eau par bandes, comme des volées de perdreaux ; ils font un trajet très court, parce que, aussitôt que les nageoires qui leur servent d'ailes perdent leur humidité, ils ne peuvent plus se soutenir en l'air. Ce sont des espèces de maquereaux avec deux grandes nageoires sur le dos ; ils sont très bons à manger ; et, chose particulière, la nuit tombait, la mer était phosphorescente, ce poisson, qui était à la laitance, rendait encore, en le pressant, environ un quart d'heure après sa mort, une matière lumineuse avec laquelle j'ai pu tracer des dessins sur le mur, comme autrefois est apparu le redoutable *Mané, Thécel, Pharès*.

Je mettrai cette lettre à la poste à Pointe-de-Galles et vous en écrirai une autre qui partira presque en même temps, dans laquelle je vous raconterai mon arrivée à Ceylan : on me dit que j'en aurai une impression saisissante. Mais ce sera, hélas ! toujours sans vous !

LETTRE VI

Pointe-de-Galles (18 octobre). — L'hôtel de l'Univers. — La montagne de Wackwella. — Les noix de coco. — Temple de Bouddah. — Déjeuner à Honfleur.

C'est donc le 18 octobre que nous arrivions à Pointe-de-Galles. L'idée de débarquer, de marcher sur terre, me transportait d'aise ; et, malgré la mauvaise disposition où m'avaient mise les dix jours de mer, je m'étais levée, et ma toilette était terminée pour le déjeuner. La vue d'immenses crevettes, comme on n'en pêche que dans ces parages, me rouvrit l'appétit, et j'en fis une énorme consommation. On avait jeté l'ancre à huit heures ; le consul, M. Auber, auquel nous étions recommandés, était venu à bord déjeuner avec nous et notre commandant, qui est son ami intime ; après quoi, il nous fit monter dans son embarcation pour nous conduire à terre.

L'abord de Ceylan est des plus dangereux, à cause des rochers qui sont sous l'eau, et on voit fréquemment des bateaux s'y avarier ou s'y perdre. Aussi prend-on de grandes précautions pour entrer dans la baie. On quitte le paquebot à un mille de la terre, et ce n'est pas sans émotion qu'on se voit balancer sur les petites embarcations qui doivent nous amener au rivage. Les naturels ont des pirogues accouplées par deux, ou ayant une pièce de bois fixée parallèlement à une grosse perche recourbée qui la tient à une certaine distance sur l'eau pour faire contre-poids et empêcher le chavirement. Ils sont très adroits à diriger leurs évolutions sur ce genre d'équipage assez embarrassant. Cependant l'aspect de ces côtes est ce qu'on peut voir de plus attrayant. D'abord il y a longtemps qu'on n'a vu de terre et surtout de verdure, vous comprenez le bien que cela fait. On aperçoit de loin un nuage diffus, puis on distingue des arbres, enfin c'est la réalité, on arrive dans l'Inde. Petit à petit se développe devant vos yeux cette belle côte en amphithéâtre, où se détachent çà et là, dans cette splendide végétation, au milieu de ces forêts de hauts cocotiers dont les cimes se dessinent en gerbes légères sur le ciel azuré, de riantes et coquettes habitations qui dominent la mer. Il semble que ceux qui y vivent doivent avoir su trouver là le bonheur complet; puis, en faisant ces réflexions, on approche, on approche, enfin on touche le quai.

Je n'oublierai jamais le sentiment de bienêtre que j'éprouvai en cet instant.

Pourtant j'ai ressenti une légère frayeur en voyant l'avalanche d'hommes jaunes qui se précipitaient sur nos colis pour les transporter; nous avons cru un moment que nous n'en serions plus les maîtres. Mais les policemen ont paru, et tout est rentré dans l'ordre. Non loin du quai stationne une file de voitures de place, comme à Paris; c'est en dedans des fortifications anglaises. Nous étions si heureux de marcher que nous n'en avons pris une que pour nos bagages. Quel beau temps ! quelle belle pelouse ! que c'est bon l'herbe quand on vient de faire tant de kilomètres sans en rencontrer un brin !...

L'hôtel de l'Univers, dans lequel nous sommes descendus, est tenu par une vieille dame parisienne qui est venue pour refaire une fortune délabrée. Je ne sais pas si elle y réussira ; toujours est-il que, voyant des Parisiens de bonne apparence, elle nous a nommé plusieurs médecins de nos amis, comme ayant été des siens, circonstance qui nous pose de façon à être entourés d'égards et de considération. Nous voici donc installés dans la plus belle chambre, avec deux immenses lits au milieu. Je me réjouissais de n'être plus dans la petite boîte de ma cabine ; car ces lits sont assez larges pour qu'on puisse s'y étendre aussi bien en travers qu'en long. Je m'attendais donc à passer ma nuit tout à fait à mon aise, quand le soir, en me couchant, j'ai cru qu'on avait mis les draps directement sur la planche, et j'ai vu que, pour ne pas avoir trop chaud, on fait des matelas de varech de l'épaisseur d'un pouce, voilà tout. Je me vis donc forcée de me coucher sur cette grande table carrée, ayant quatre pieds en quenouilles qui soutiennent les arceaux destinés à supporter les moustiquaires de tulle ; mais c'est en vain que j'ai essayé de dormir, et je crois bien que le matin j'avais des bleus à tous mes angles, tant ma couche était dure.

Mais je reprends mon récit à partir de notre arrivée à l'hôtel, c'est-à-dire de midi. Nous avions vingt-huit heures à dépenser, il s'agissait de ne pas perdre de temps. Nous voulions faire une excursion qui nous mît en mesure de contempler, de loin bien entendu, le pic d'Adam, qui est fort intéressant à voir de près ; mais on ne peut y aller qu'en séjournant dans l'île, ce qui nous eût contraints d'attendre quinze jours le passage de la prochaine Messagerie. Force nous fut donc de nous contenter de l'exploration de la petite montagne de Wackwella. Je ne sais comment vous traduire l'impression que je ressentais de l'étrangeté du milieu dans lequel je me trouvais transportée. Ce pays ne peut en rien nous rappeler le nôtre, malgré ses admirables routes, macadamisées, il est vrai, mais qui traversent des forêts de hauts cocotiers, des rizières peuplées d'une multitude d'indigènes trépignant dans l'eau pour semer le riz, car ils ne se servent pas d'autres outils que de leurs pieds pour enterrer la graine dans cette boue liquide. Puis des Indiens partout, hommes, femmes, enfants, prêtres de Bouddha vêtus d'une robe jaune (ici le jaune commence à être la couleur privilégiée jusqu'en Chine, où nous le retrouvons la propriété exclusive du fils du Ciel et des membres de son auguste famille). Les enfants suivent notre voiture en dansant la Bamboula ; on leur jette quelques pièces de monnaie, ils n'en gesticulent que plus fort en hurlant des chansons nègres qui ne laissent pas de compléter la couleur locale de ce paysage déjà si singulier. Nous ne cessons de rencontrer des marchands de bananes, de bétel, de poisson, d'ananas, d'oiseaux. Tout ce monde va, vient, s'agite en si grand nombre que l'animation est sur les routes comme dans les villages. Il est vrai que ceux-ci sont peu considérables, et que les espèces de cabanes qui servent d'abri à ces populations sont disséminées dans la campagne.

Cependant, chemin faisant, nous remarquons d'assez jolies habitations européennes, occupées par des gens qui ont le bon esprit de préférer la beauté de la nature et du climat à la vie agitée et difficile de notre civilisation. Je voudrais bien pouvoir être de ces gens-là.

Nous voici donc à Wackwella, d'où nous découvrons une grande partie de l'île. La vue est admirable. Nous avons quitté la voiture à mi-côte, et nous avons gravi à pied, malgré une chaleur assez sérieuse. Nous étions malheureusement toujours suivis par des Hindous, marchands de cannes, de pierres fausses, d'ivoires, etc., sans compter les bamboulas, qui marchent toujours leur train ! Cela finit par fendre un peu la tête. Nous foulons, en marchant, une herbe un peu touffue, qui tapisse le sentier et me paraît avoir un aspect d'allure un peu singulière. Je me baisse pour en cueillir, et je la vois se retirer, chercher à se blottir, et comme pleurer de ne pouvoir s'envoler ni s'enfuir ! C'est la sensitive. Le sol de l'île en est couvert ! Cela produit un effet tout particulier. Mais quelque chose de plus impressionnant, c'est de voir s'élever, du milieu de cette verdure un peu rougeâtre, de petits monticules qu'on nous dit être les demeures d'un serpent assez connu dans ce pays, le cobra-capel, dont la morsure est des plus dangereuses. Nous en rencontrons plusieurs : ce sont des cônes de terre, hauts de 50 à 60 centimètres, percés de cinq ou six trous dans toutes les directions. Ce seraient, nous a-t-on dit, de vastes fourmilières, dont les serpents vont déloger les habitants pour s'installer à leur place !

Dans tous les cas, on ne détruit jamais ces repaires. C'est une superstition, amenée, je pense, par le danger qu'il y aurait à le faire.

Malheureusement, aucun de ces intéressants animaux n'a eu l'idée de mettre le nez à la fenêtre pour nous voir passer : j'ai regretté de ne pouvoir faire leur connaissance.

Le sommet de la montagne est occupé par

une espèce de grand chalet, tenu par un ménage portugais. On trouve là à boire, à manger et à coucher, si l'on tient à voir le lever du soleil qui doit être splendide à cet endroit. La chaleur y est grande, mais on y est abrité par des arbres immenses sous l'ombrage desquels on peut vivre très à son aise, à cause de l'air, qui, à cette hauteur, commence à circuler et vient redonner un peu de vie à ceux qui se sentaient écrasés par la chaleur de la plaine.

De gigantesques cocotiers chargés de fruits, dont les orgueilleuses couronnes s'élèvent presque jusqu'au ciel, vous donnent le désir de vous désaltérer avec cette délicieuse liqueur tant vantée par les voyageurs. Mais le moyen d'atteindre à cette hauteur! J'avise un adorable petit Indien de dix à onze ans, tout nu, mais à l'œil si intelligent, que je me retiens à quatre pour ne pas faire un marché avec ses parents afin de l'emmener avec nous. Je lui fais signe que je voudrais une noix de coco. Aussitôt il s'élance à ce mât de cocagne, qui n'a pour aider à le gravir que la rugosité de son écorce; il y applique la plante de ses pieds et la paume de ses mains, et le voilà grimpant comme un chat, et atteignant la cime en moins de temps qu'il n'en faut pour le raconter. Il cueille la noix, la lance à un camarade et redescend avec la même rapidité.

J'avais ma noix : on me l'ouvrit aussitôt, et je pus boire à longs traits cette eau limpide et froide qui rafraîchit et désaltère si agréablement que je pensais, en la buvant, combien je la regretterais quand, l'hiver, dans nos salons de Paris, j'en serais réduite à nos glaces et nos sirops. Aussi, depuis lors, j'en bois une tous les jours ; car notre capitaine a eu la gracieuseté d'en faire embarquer pour que je puisse m'en faire ouvrir une quand j'aurais soif et m'en désaltérer en place de limonade. Cependant l'eau de la noix de coco n'est fraîche qu'autant que celle-ci vient d'être cueillie. Si la noix reste détachée de l'arbre, elle se met vite à la température qui l'entoure. Mais à bord nous avons une glacière.

Je trouve aussi là des mangues, autre fruit

délicieux qui a la forme d'une amande verte, mais beaucoup plus gros et dont on mange l'enveloppe comme une pêche ou un abricot ; son goût ne ressemble à rien que je connaisse. La banane est exquise en ce pays. La pamplemousse, orange de la grosseur d'un petit melon, est également fort agréable, la pastèque très bonne aussi, puis des oranges de toutes les espèces. Je cueille des branches de cannelle, des noix de muscade. Tout cela pousse ici sans la moindre culture. Des savants ont affirmé que Ceylan avait été le paradis terrestre, et moi je suis aujourd'hui tout à fait portée à le croire.

Maintenant que nous avons bien contemplé ces admirables sites, que nous sommes tout à fait reposés, nous regagnons notre voiture pour aller au jardin botanique. On ne peut se lasser d'admirer les routes qui vous y conduisent; on est sans cesse en présence des plus beaux tableaux qu'on puisse imaginer. Mais, hélas! quel désappointement! Le jardin botanique, le seul endroit qui doive être particulièrement cultivé, est le seul où rien ne pousse, le seul où aucun arbre ne soit d'une belle venue. Une ou deux jolies têtes de femmes se montrent aux fenêtres de la maison de l'administrateur, mais rien de plus. On se sauve en hâte pour se retrouver en pleine campagne.

A peu de distance, sur une hauteur, se trouve un temple de Bouddah entouré des arbres les plus magnifiques. On gravit une petite côte, et on arrive au pied d'un monticule sur lequel s'élève un autel en marbre blanc. C'est un bloc plein, taillé en dôme, autour duquel règne une saillie d'environ soixante centimètres de large, à hauteur de la taille. Sur cette espèce de tablette, chaque pieux hindou vient, le matin, déposer son offrande, qui consiste en fruits et en fleurs de toute espèce. Les bonzes qui nous accompagnaient nous ont permis, après s'être consultés, de prendre une fleur de cannelle que je rapporte, sans m'inquiéter de ce qu'en pensera Bouddah. La base de cet autel circulaire est sculptée d'un fouillis de chimères assez grossièrement fait.

A côté de ce grand pâté massif se trouve le temple : c'est une construction assez grande.

Nous trouvons à la porte une quantité de babouches à l'usage des visiteurs, qui doivent se déchausser pour y entrer : mais il paraît que notre qualité de Français de bonne apparence nous en dispense. Nous entrons donc. Il fait très sombre; les murailles, peintes à la fresque, représentent les innombrables incarnations de Bouddah; il a passé, dit-on, par toutes les formes vivantes de la création. On n'a pas le temps de tout voir : d'ailleurs les regards sont accaparés par un immense bonhomme en pierre, peint de toutes les couleurs, couché tout de son long, appuyé sur son coude et vous regardant fixement. Il a bien au moins 10 mètres.

A droite et à gauche, il y en a deux autres accroupis, dont un ne laisse pas d'avoir une physionomie dont il est bon de se méfier; ses yeux ont cela de particulier, qu'ils semblent remuer dans leur orbite et vous suivre dans toutes les directions. Je crois que celui-là, c'est Wishnou. Quelques rideaux, quelques draperies pendent çà et là, mais sans le moindre luxe. En sortant, on nous montre une maison en nous disant : C'est le monastère ; les prêtres couchent là ; ils y gardent les os de Bouddah. Vite nous nous précipitons ; nous descendons deux marches dans des chambres noires, sans aucun meuble ; nous les traversons. Dans la troisième, nous trouvons un escalier en échelle de meunier d'une vingtaine de marches ; la relique est en haut ; je monte, je déchire mon jupon. Arrivés là, nous voyons, au milieu d'une grande salle carrée, une table ronde couverte de petites statuettes de porcelaine ou de marbre, représentant les bons brahmes qui sont passés à l'état de saints et qui entourent la châsse. Cette châsse est enveloppée dans un mouchoir ; je demande à la voir ; c'est une cloche en argent ; on la lève ; il y en a une autre, puis encore une en or : on trouve dessous une petite boîte ; on l'ouvre, rien dedans ! On se gratte l'oreille (tout cela en langue hindoue, un peu anglaise) ; puis l'un des bonzes se frappe le front en se souvenant qu'il a dû la mettre dans un petit coin : effectivement, il y va voir et rapporte un tout petit linge sale et tortillé. Il le défait, nous montre de petits fragments d'os de

Bouddah. Cette fois, il les remet en place dans la petite boîte. Nous étions contents, nous avions vu ! Eux le furent aussi des quelques roupies que nous leur laissâmes en signe d'adieu. Ils sont là une quinzaine de grands garçons dont la vie se passe à tuer le temps en ruminant et en mâchant du bétel tant que la journée dure.

Du reste, cette population parait peu énergique, se nourrissant presque exclusivement de fruits et de poisson. Ils sont cuivrés, assez généralement bien faits.

Leur costume, pour les hommes, se compose d'une corde grosse comme le doigt, qui leur ceint les reins, au milieu de laquelle est attaché par derrière un bout de ficelle qui passe entre les cuisses et vient fixer un morceau d'étoffe grand comme la main, tenu aussi à la corde par devant, et qui leur sert de feuille de vigne.

Pour les femmes, elles ont une pièce d'étoffe carrée, de la grandeur d'une serviette de table, qu'elles s'attachent soit avec un cordon, soit en nouant les deux coins au-dessus des hanches ; ensuite une espèce de petit corsage en blouse, de 7 à 8 centimètres de haut, très décolleté et ne descendant pas jusqu'à la taille ; c'est moins convenable que si elles n'avaient rien du tout. Seulement elles portent de longues chevelures qu'elles n'attachent jamais et qui peuvent leur servir de voile. Elles graissent leurs cheveux avec de l'huile de coco, ce qui les rend très luisants et très souples, mais leur donne une odeur désagréable.

J'avais oublié de vous dire que les hommes ajoutent aussi cet ornement à leur costume et en sont très fiers, en sorte qu'avec toutes ces splendides chevelures noires, toutes à peu près de la même longueur, il est impossible à quelques pas de distinguer les hommes des femmes. D'autant que la seule coiffure des uns et des autres consiste à empêcher les cheveux de leur tomber sur la figure en les relevant au moyen d'un petit peigne d'écaille en demi-cercle qui leur encadre le front, comme on en voit chez nous aux fillettes de deux à six ans.

Quant aux petits enfants, on leur met à partir de deux ans jusqu'à sept ans une simple ficelle en ceinture; les plus élégants ont un rang de perles rouges.

La race bovine consiste en de petits animaux de la grosseur des vaches bretonnes, gris souris, poil bourru, avec une grosse bosse entre les deux épaules, qui en fait une espèce de bison; c'est assez chétif; on s'en sert pour les charrois. Peu de moutons, pas mal de cochons, beaucoup de volailles. Il y a de l'eau partout, soit en fontaines soit en rivières, et on voit à tout moment les passants déposer leur fardeau ou les objets qu'ils ont à la main, s'y plonger pour se rafraîchir, puis reprendre tranquillement leur chemin.

Voilà, à peu près, le résumé de mes remarques pendant ma première promenade.

En rentrant à l'hôtel, nous étions assiégés par des marchands de corbeilles, de morceaux d'ivoire, d'éléphants d'ébène, de cannes, de bagues en saphir, en perles fines, etc., etc. Nous achetons pas mal de petits objets; mais il faut se méfier et marchander beaucoup. De plus, lorsqu'on achète quelque chose, il ne faut pas s'en dessaisir ni détourner la vue, car ils ont toujours en réserve un objet à peu près pareil et de moindre valeur qu'ils savent substituer, en vous le donnant, avec une dextérité qu'envierait Robert Houdin. Ils sont vraiment bien voleurs.

Après le dîner, nous sommes allés prendre le thé chez le consul. Il y avait quelques personnes; on y a fait de la musique; nous avons passé une charmante soirée, et le retour au clair de lune, le long du rivage, dans cet admirable pays, était quelque chose de délicieux. Nous montons nous coucher; nos chambres sont au premier, sans autre plafond que le toit en tuiles, et ne sont séparées, comme à Aden, que par des cloisons jusqu'à hauteur de six pieds, afin de laisser l'air circuler plus librement, en sorte qu'il faut parler tout bas si l'on ne veut pas être entendu.

Le lendemain matin, nous étions invités par le commandant à aller, au nombre de vingt-cinq ou trente, déjeuner dans une propriété qu'il a achetée dans l'intérieur de l'île. On devait partir à six heures, puis à sept, puis enfin il était neuf heures et demie quand nous montions en voiture. C'est à environ 15 kilomètres.

Vous dire la route délicieuse, la belle campagne à parcourir, la splendeur du climat à cette heure de la journée, c'est impossible! Et puis, c'est le moment où les habitants se dépêchent de faire leurs provisions et leurs courses avant la chaleur; toute la campagne est animée; elle vit. Il n'y a pas de spectacle, de mise en scène, qui puisse en donner une idée.

Enfin, vers dix heures, nous arrivons à *Honfleur :* tel est le nom de la charmante habitation du commandant. Elle est située sur un point culminant d'où la vue s'étend au loin sur des prairies coupées de rivières, entourées de forêts et dans lesquelles paissent des troupeaux de bisons sauvages qui ne se laissent pas approcher facilement, mais qu'on chasse pour les manger ou les asservir. Déjà une grande partie des convives nous attendaient. La table était dressée dans une vaste salle à manger et couverte d'un déjeuner du menu le plus parisien, avec une profusion de tous les fruits du pays, sans compter les vins de toute espèce, beaucoup de champagne, et de la glace à discrétion, qu'on avait apportée du bateau.

Cependant, avant le déjeuner, on avait dû aller visiter les bois de cocotiers, jeunes et vieux, les champs d'ananas, enfin les plantations de la propriété. Mais il n'y a que quelques-uns de ces messieurs qui aient pu s'aventurer un peu loin, parce qu'il fallait avoir des bottes, à cause des serpents; ensuite les lianes de la forêt laissent peu la facilité d'y pénétrer. Tout à fait à l'entrée, il y avait une belle famille de gros singes, père, mère et enfant; le premier mouvement a été de tirer dessus, mais le second a été le meilleur. On a laissé les pauvres animaux tranquilles. Pendant ce temps, nous regardions courir les caméléons, et les tourterelles voleter dans les arbres.

Les fleurs sont fort belles, mais il n'y en a que quatre ou cinq que je n'aie pas vues dans les serres de notre pays. Cependant il passe ici tant de Français que toute la flore doit être bien connue à Paris, car on a dû essayer de l'acclimater en France.

Les serpents sont toujours un mythe pour moi; je n'en ai pas encore vu la queue d'un.

Après un déjeuner des plus gais et des plus

exquis, nous avons dû abandonner ce lieu de délices et reprendre notre route pour être embarqués à cinq heures. Les petits poneys qui nous entraînaient couraient de tout leur cœur. C'est bien à regret que nous voyions fuir derrière nous ces belles forêts d'arbres à savon, à pain, à noix de muscade, de canneliers, et tant d'autres variétés que j'oublie. Ce que je n'oublierai jamais par exemple, c'est le nom des innombrables poissons que nous mangeons ou que nous voyons, parce que personne ne peut jamais me renseigner là-dessus, et je n'en connais pas un. Mais quelle multiplicité d'espèces ! J'ai cependant mangé de la pieuvre ; on nous en a servi à bord, et, malgré tout le talent du cuisinier, j'ai trouvé cela détestable.

En rentrant dans la ville, nous avions encore quelque temps, dont nous avons vite profité pour en achever la visite, que nous avions commencée la veille. La place du marché et les rues environnantes sont remplies de marchands hindous et musulmans. Tous paraissent actifs et intelligents ; les boutiques sont remplies de denrées ou d'étoffes, mais sans devantures fermées, excepté celles des bijoutiers.

Il y a une halle couverte, construite par les Anglais, où l'on trouve des boucheries très bien tenues, et du poisson très frais, malgré la grande chaleur.

Pointe-de-Galles appartient aux Anglais, qui y entretiennent une garnison considérable. Elle se partage en ville fortifiée (celle où nous sommes maintenant), en ville hindoue et en village musulman, celui-ci séparé de la dernière par une avenue au delà de laquelle il ne faut pas s'aventurer. C'est un ramassis de bohémiens, qui vivent de rapines et de brigandages. Chez eux, la police perd ses droits! Ils habitent des huttes abritées par de hauts cocotiers, assez rapprochés les uns des autres pour ne pas laisser pénétrer les rayons du soleil; c'est un joli tableau, bien complété par la colline qui le domine et dont le sommet est couronné par une coquette église catholique récemment édifiée.

Entre la ville hindoue et les fortifications règne une immense pelouse, entourée d'une route qui sert de piste les jours de courses. On y rencontre quelques élégantes voitures, conduites par les femmes des officiers. Puis on rentre dans les portes, qui sont garnies de soldats et de canons, de manière à vous inspirer un certain respect et une sécurité complète.

Le fait est que nous n'y avons été troublés en aucune façon ; seulement, lorsqu'il a fallu retourner au bateau et choisir une embarcation, le même bousculement s'est encore renouvelé, les bateliers *se nous* arrachaient, et j'ai vu le moment où nous serions obligés d'en prendre chacun une ! Cependant, une fois parvenus à nous réunir, après avoir fait un prix, nous filions vers le navire, dont la fumée nous avertissait de nous hâter, lorsque celui de nos hommes qui paraissait le maître de la barque fit un signe, les autres cessèrent de ramer, et il nous dit assez clairement que nous n'atteindrions le bord qu'en lui payant trois fois le prix convenu. Notre premier mouvement fut de nous révolter, mais nous étions loin de terre, loin du bateau, et la prudence nous conseilla l'apparence ısentement, sur

7

quoi ils se remirent en marche; mais heureusement nous pûmes leur rendre la monnaie de leur pièce, car, arrivés au pied de l'escalier, tout l'équipage présent, nous sautâmes hors de la barque, et ils furent payés selon nos premières conventions. J'avoue que nous avions bien un peu peur, surtout en traversant certains mauvais courants de cette baie dangereuse, où ils auraient très bien pu nous faire faire un plongeon, ce qui, nous assure-t-on, serait déjà arrivé dans les mêmes circonstances. Le cas échéant, ils chavirent la barque, et, une fois tout le monde à l'eau, les indigènes se sauvent, mais les voyageurs y restent. Les moins perfides sont ceux qui prétextent un mauvais courant et se contentent de vous faire manquer le bateau.

Ces espiègleries ont lieu, le plus souvent, aux départs du soir, alors que l'obscurité empêche la vue de pouvoir embrasser la rade et qu'ils se sentent moins surveillés. La dernière, paraît-il, se pratique aussi, assez souvent, dans le golfe de Naples.

Enfin nous voilà saufs; je laisse ma lettre à l'agent, qui la remettra à la prochaine malle.

LETTRE VII

Détroit de Malacca. — Singapore (25 octobre). — Quartiers chinois. — Les Malabars. — Une institution de jeunes filles. — Le jardin public. — Le jardin de Wampoo. — Le cap Saint-Jacques à l'entrée de la rivière de Saïgon (30 octobre).

Mon récit s'arrête à mon départ de Ceylan. Nous avons repris la mer en regrettant bien de n'avoir pu visiter la ville de Kandy, qu'on dit remplie de souvenirs et d'antiquités, remontant à des époques excessivement reculées, puis Colombo, capitale moderne, qui représente le commerce de l'île. Mais nous n'avions pas le temps; ce sera pour une autre fois!

Pleine mer jusqu'au détroit de Malacca. Aucun incident; le bâtiment a dansé, ce qui ne m'est pas encore devenu agréable; je ne sais si j'y arriverai, mais j'en doute. Et puis on finit par s'ennuyer de ne pas voir de terre. Aussi les premiers arbres que nous voyons poindre à l'horizon sont-ils salués avec toutes sortes d'acclamations. C'est l'ile de Sumatra, avec son entourage de délicieux petits archipels, dont les îles ressemblent à de gros bouquets de verdure, s'élevant de la mer pour vous engager à venir vous y reposer. Cela donne envie d'y aller descendre; il semble qu'on serait bien là-bas; mais, hélas! malheur à qui s'y laisserait prendre! La plupart de ces charmants séjours sont déserts à cause des serpents. Malheur aussi aux naufragés qui croiraient sauver leur vie en abordant en vue des quelques endroits habités! Ces pays, outre qu'ils sont sauvages et composés de peuplades barbares et cruelles, sont en guerre aujourd'hui avec les Hollandais, en sorte que tout Européen qui n'est pas armé jusqu'aux dents est écharpé par ces pirates, qui ne font ni quartier ni merci.

Nous doublions la pointe d'Atchin pour entrer dans le détroit, et je jouissais alors pleinement du voyage et des spectacles si beaux qui se déroulaient sous nos yeux. L'autre côté du détroit est bordé par la Malaisie, dont les populations, quoique un peu plus abordables, ne sont pas encore de nature à pouvoir inspirer la confiance; en sorte qu'on se dit en passant : Regardons bien, mais ne touchons pas!

Aucun des serpents d'eau qu'on m'avait annoncé devoir venir prendre gîte dans ma cabine ne s'y est installé; je le regrette.

Enfin le 25 nous apercevions l'île de Singapore, où nous attendait l'heureuse nouvelle de la naissance du bébé de Shanghaï, l'enfant de ma chère fille Régine. Le soleil s'était un peu adouci, quelques nuages venaient tempérer l'ardeur de ses rayons. Notre arrivée se faisait dans des conditions admirables; nous pouvions jouir de tous les points de vue, tout voir à l'aise et tout observer.

Chaque fois qu'on aborde un de ces pays nouveaux, c'est une nouvelle surprise; on tombe sans cesse en extase. L'aspect de Singapore diffère entièrement de celui de Ceylan; c'est là que nous rencontrerons pour la première fois une population chinoise. Les jolies habitations européennes, coquettement groupées dans les montagnes de verdure qui dominent la mer, en sont séparées par un quai à perte de vue, bordé de maisons anglaises d'abord, chinoises ensuite, derrière lesquelles la ville s'étend et se développe dans des proportions considérables. Le palais du gouverneur, qui la domine, est splendide et doit être bien agréable à habiter.

On débarque, un peu avant d'y arriver, dans une petite baie où le bateau peut entrer bord à quai, de manière qu'on n'est pas obligé de se faire transporter dans des embarcations, et c'est plus agréable. Mais, pour gagner la ville, il faut traverser un village malais bien curieux. Ce sont des marais dont les terrains sont de la boue liquide et noirâtre, dans laquelle poussent des arbres de toutes sortes avec une grande force de végétation; au milieu de ces arbres, fourrés comme une forêt vierge, les indigènes qui veulent se construire une cabane coupent une éclaircie, plantent des pieux, établissent un plancher à un mètre au-dessus de ce sol fangeux, et s'arrangent ainsi une demeure recouverte de nattes, sans autre fermeture que des treillages grossiers. Il y a des myriades de huttes semblables entre la mer et la route, pendant environ trois kilomètres avant d'atteindre Singapore.

Ici, le tigre commence à apparaître au voyageur. Non qu'on en rencontre sur toutes les routes, mais on sait qu'il exerce d'assez grands ravages. Quelques-unes des huttes dont j'ai parlé sont assez grandes pour qu'une vingtaine d'hommes puissent s'y coucher en deux rangées la tête au mur, laissant entre les pieds au milieu une petite allée aussi étroite que la porte, qui n'est jamais fermée. Ces hommes dorment ainsi fort tranquillement au milieu de dangers bien grands, comme vous le fera voir le fait qui vient de se passer il y a quelque temps. Une chambrée venait ainsi de s'installer, et le sommeil commençait à venir, lorsqu'en haut des quelques marches qu'il y avait à gravir, et juste au milieu de la porte, ces malheureux virent briller deux lumières, en même temps qu'un souffle bruyant venait les inonder de terreur ! C'était un énorme tigre aux yeux de flammes qui surgissait et leur coupait toute possibilité de retraite. L'effroi les rendit tous muets et immobiles; le tigre jeta d'abord sur eux son regard majestueux et superbe, puis agita sa queue, ouvrit ses narines, les flaira tous, alla choisir un de ceux qui étaient au fond, et l'emporta. Les autres, terrifiés, n'essayèrent point de le défendre. Il faut dire que tout cela se fit en moins de temps que vous n'en mettrez à le lire.

Les gens de ce pays sont bien faits; ils ont de belles figures et sont familiarisés avec les Européens, pour lesquels ils s'emploient volontiers, tout en tâchant de les rançonner le plus possible, en sorte que, le jour comme la nuit, on peut traverser ces villages sans la moindre crainte, à moins qu'on n'ait la mauvaise chance qu'un individu, ivre de bingle ou hachich, ne se trouve à sortir de sa maison avec l'inspiration de tuer tout ce qu'il rencontre. Dans ce cas, c'est un fou furieux, et son ivresse doit se passer selon l'espèce de mission qu'il s'est chargé d'accomplir, dans le but d'obtenir une seconde vie meilleure que la première. On doit se féliciter de n'avoir pas eu de ces rencontres-là. J'avoue que j'y ai pensé un peu, pendant une promenade solitaire que nous avons faite tous les deux à onze heures du soir, dans la campagne qui avoisine la rade, avant de rentrer au bateau. Les chants monotones que nous entendions s'échapper de quelques huttes semées çà et là dans la campagne ne me rassuraient pas du tout, sans compter que nous étions exposés à faire la rencontre d'un des aimables quadrupèdes dont j'ai parlé plus haut; heureusement, rien de tout cela ne nous est arrivé.

Les Malais sont d'un jaune plus ou moins foncé, mais d'une teinte légèrement cuivrée qui ne ressemble pas à celle des Africains. Ils portent un turban et un jupon noué au-dessus des hanches.

Il était venu au port, pour l'arrivée du bateau, une multitude de petites voitures du pays destinées au transport des voyageurs. Ces voitures sont des brecks à quatre places, dont les sièges sont en avant et en arrière, et les portières sur le côté; elles se ferment avec des persiennes à coulisses, et on peut les ouvrir tout à fait comme des tapissières. Elles sont traînées par de vigoureux petits poneys, la plupart pies, qui sont d'une vîtesse extrême et feraient fureur aux Champs-Elysées ; j'aurais bien voulu pouvoir en rapporter un attelage. Les cochers sont tous Malais. Ils laissent bien loin derrière eux nos abominables cochers de fiacre, pour la mauvaise foi et la mauvaise volonté ; on ne règle jamais une voiture sans des difficultés inouïes. C'est dommage ; car elles vont très bien.

L'entrée de la ville est très intéressante. Il y a, avant d'atteindre un long quai bordé de solides constructions européennes, une enfilade de faubourgs, tous peuplés de Chinois, avec de petites boutiques de fruits, toujours les mêmes, bananes, oranges à peau verte, pamplemousses, cannes à sucre et citrons. Ces boutiques sont à devantures ouvertes, ayant une porte pour entrer et une espèce de fenêtre, avec un appui sur lequel s'étale souvent, au milieu de ces fruits, un grand coquin de Chinois ou Malais, couché et dormant, qu'au premier abord on prend pour de la viande à vendre. Dans la rue, d'autres boutiques sur de petites tables, avec du café, de la friture, des ragoûts qui cuisent en plein vent, et que toute cette population vient manger, les Chinois avec leurs baguettes et les Malais avec leurs doigts. C'est une foule et un mouvement inimaginables. On arrive ensuite au quai qui borde le port : là, c'est le vrai commerce; pas de Français, tous Anglais (c'est triste de voir le peu de place que nous tenons là-bas). Puis on traverse un pont, et on se trouve sur une immense pelouse, bordée par la mer d'un côté, par un casino et le palais de justice de l'autre, enfin par l'hôtel de l'Europe, où nous sommes descendus.

J'ai dit : pas de Français. J'avais tort, car un de nos compatriotes, de Bordeaux, M. Chasseriaux, homme d'une haute intelligence, est venu s'y établir, il y a très peu d'années, pour y faire d'immenses plantations de tapioka. Il comprit, avec la finesse de ses observations et la sûreté de son jugement, que la culture seule manquait à cette plante, indigène, mais sauvage. Il s'appliqua à la développer par des méthodes que l'on n'avait jamais pensé à employer dans ce pays, et il obtint ainsi presque immédiatement des résultats qui le mettent aujourd'hui à la tête d'une fortune colossale et en font une puissance capable, non seulement de rivaliser avec tous les Rajahs possibles, mais de nous faire reprendre au soleil, et dans le commerce de cette partie de l'Inde, la place qui nous est due sur tous les points de la terre civilisée et que nous devrions savoir conserver.

Les chambres de notre hôtel sont vastes; le mobilier a la même simplicité qu'à Galles, mais les lits sont un peu moins mauvais. Comme les Chinois ne sont pas rares, on en a à profusion pour le service : mais pas une femme. Du reste, quand on est arrivé jusqu'ici, on a vu tant d'*humanité* blanche, noire, jaune, vêtue et non vêtue, qu'on n'y fait absolument plus attention. Ainsi notre chambre est au rez-de-chaussée, close seulement avec des barreaux de bois à distance dans les fenêtres. Il y a bien des persiennes, mais elles ne tiennent pas accrochées. En sorte que, toute la journée, les marchands et les mendiants malais font une haie et passent leurs mains au travers, les uns pour demander la charité, les autres pour m'offrir leurs marchandises. Ils sont tenaces, et, comme on n'ose pas les maltraiter pour les renvoyer, il faut les souffrir ! Alors je prends mon parti de les regarder comme des Chinois sur un paravent, et je continue ma toilette, comme si je me trouvais seule.

Singapore se compose d'une partie très restreinte d'Européens, d'une partie de Malais, égale à peu près à celle des Chinois, qui y sont comptés, eux, pour cent mille. C'est donc une ville très considérable, admirablement située pour le commerce de toute l'Asie, ayant un port magnifique et devant être une source de grande richesse pour le pays qui la possède. Elle semble très bien organisée, commercialement parlant, et, malgré son climat amollissant, ce doit être un séjour délicieux.

Nous nous sommes levés de bonne heure, le lendemain de notre arrivée, pour aller voir d'abord la rue aux Oiseaux, dont toutes les boutiques sont occupées par des oiseleurs; vous n'avez pas d'idée de la variété, de la diversité de formes et de couleurs de tous ces jolis petits animaux; c'est éblouissant. Seulement, il paraît que le talent des *peintres-coloristes* est très développé dans ce pays, et qu'au premier bain les tourterelles lilas aux ailes vert de mer, les pierrots rouges, les perroquets bigarrés de la façon la plus bizarre, reprendront des teintes tranquilles, qui seront pour l'acheteur un grand désappointement. Je n'ai pas acheté d'oiseaux. Ensuite le marché dans la partie chinoise de la ville : on n'y va pas à pied ; mais, comme nous voulions bien voir, nous sommes partis bravement pour notre expédition. Je n'en ai pas eu regret, par le détail de tout ce que j'y ai vu. Seulement mon flacon de sels était bien nécessaire. Quelle saleté de rues, quelles odeurs ! Rien ne peut donner une idée de l'assemblage de tout ce qu'on voit là et de tout ce qu'on y vend. Les rues étroites sont pavées de poissons salés, séchés ou saignants, de courges, de volailles, de porcs, de gens couchés ou accroupis, d'autres gens marchant ou enjambant sur tout cet amas sans nom ; des Chinois se faisant raser, faire la queue ou masser par des médecins ou des barbiers de rue ; d'autres mangeant, d'autres transportant de lourds fardeaux, suspendus aux deux bouts d'un fort bambou appuyé à nu sur leurs épaules; enfin, c'est un tohu-bohu étourdissant, mais bien extraordinaire et bien curieux. Je ne sais pas pourquoi on n'ose pas aller se promener dans ces quartiers de la ville; tous ces gens vous regardent avec curiosité, mais sans malveillance.

De là, nous sommes revenus dans le beau quartier, où nous avons vu travailler les bijoutiers, les faiseurs de laque, ce qui avait aussi son intérêt; puis nous sommes revenus par le quai de la rivière, qui présente encore un autre aspect. Là sont établis les grands magasins où se font les transactions indiennes, persanes, etc. On y rencontre des costumes de tous ces pays. C'est très pittoresque. J'y ai vu des femmes avec des boucles d'oreilles dans le nez; c'est riche, c'est laid, mais surtout très incommode. La rivière est littéralement couverte de jonques, ou petits bateaux qui servent pour le transport des marchandises, et qui sont habitées par des familles chinoises, qui s'élèvent, vivent et meurent là-dedans sans jamais avoir mis pied à terre.

Eh bien, malgré toute cette activité industrielle,

c'est à qui, des voyageurs expérimentés, vous défendra de rien acheter à Singapore; on n'y fabrique, à ce qu'il paraît, que de la camelotte, pour expédier en Europe !

Après une telle promenade, nous avions besoin de nous rafraîchir et de nous reposer. Mais le temps, marchant toujours, ne nous en laissait pas le loisir. Vers quatre heures, nous nous faisions mener en voiture au jardin botanique, qui est l'orgueil du pays. C'est par un délicieux chemin qu'on y va, mais le jardin ne vaut pas sa réputation; ce n'est autre chose qu'une colline bien dessinée, bien plantée en beaux arbres indigènes, en fleurs du pays aussi, qui sent splendides de forme et de couleur; mais je n'en ai trouvé qu'une seule qui eût un peu d'odeur : la rose même perd la sienne ici. C'est la race humaine qui se charge de l'exhalaison des parfums! Seulement, tamisés par elle, on ne leur trouve plus aucun charme.

C'est ici qu'on commence à voir des banians, ces arbres dont les branches produisent des racines qui vont se replantant incessamment, de manière à former des fourrés inextricables, surtout lorsqu'il vient s'y adjoindre une plante qu'on appelle le rotin, dont les énormes tiges épineuses s'entrecroisent au travers de cette folle végétation. C'est la liane des forêts vierges. Le fait est qu'il doit falloir une fière détermination pour se saper un passage au milieu de tels prodiges de la nature.

Le palmier du voyageur croît en grande quantité à Singapore. C'est un arbre très curieux, dont les immenses feuilles se développent en éventail au sommet de sa tige. Chaque pied de ces feuilles est un tube qui contient à peu près un verre d'une eau claire et limpide, toujours fraîche et qui, au milieu des déserts, a dû sauver la vie à plus d'un voyageur mourant de soif. Il suffit même de pratiquer une incision à la tige pour obtenir une quantité d'eau suffisante pour se désaltérer.

Il y a, au jardin public, une dizaine de singes, des oiseaux rares, un caïman, un rhinocéros, des ours, des cerfs, etc. Mais les fleurs, et surtout celles de différents grands arbres, y sont remarquables.

On m'a offert un amour de petit singe pour deux roupies : je ne l'ai pas pris. Mais ce que j'avais bien envie d'acheter, c'est une cage de seize jolies petites perruches pour un dollar. Je n'ai pas voulu les emporter non plus, parce qu'on m'a assuré que j'en verrais bien certainement mourir les trois quarts pendant le voyage.

Me voici rentrée à l'hôtel. Mon Dieu, que je comprends bien, maintenant, la paresse, l'indolence, l'apathie de la créole, c'est-à-dire de la femme blanche implantée dans un climat si différent des nôtres! Rien ne peut donner une idée de l'amollissement qu'on subit sous le poids d'une telle chaleur. Je ne sais plus ce que je vous écris, ni comment je le fais! Si je suis trop stupide, ne continuez pas à me lire; mais ce n'est pas ma faute, je suis continuellement en moiteur, ce qui m'ôte toute espèce de force, et mon esprit s'en ressent.

Il pleut de l'eau chaude presque toutes les nuits, rarement le jour. C'est ce qui explique cette verdure des pelouses et cette vigueur de la végétation.

Les pluies ne sont pas des averses, ce sont des cataractes, qui déferlent avec un tel fracas qu'on est toujours réveillé par le bruit; n'ayant que des persiennes ou des croisillons aux fenêtres, on en reçoit souvent des éclaboussures jusque sur son lit. On espère que cela fera du bien, mais c'est chaud !

Aux premiers rayons du soleil, la terre fume, et c'est cette vapeur qui rend la chaleur si humide et si énervante.

A Galles, les chambres des voyageurs étaient séparées à hauteur d'homme par des cloisons. Ici, ce sont de simples persiennes, en sorte qu'on s'entend soupirer. Mais cela ne m'impressionne pas ! Je ne trouve de gênant que la conversation incessante et peu variée d'une charmante créole, notre voisine, avec un magnifique cacatoès qu'on voulait me vendre hier et qu'elle a acheté ce matin.

On m'a parlé d'un couvent français établi ici depuis longtemps; nous sommes allés le visiter. La supérieure, femme très intelligente et très distinguée, originaire de Toulouse, nous en a fait les honneurs avec beaucoup de gracieuseté. Cette maison n'a rien de commun avec nos établissements européens. Il est vrai que l'hiver n'a pas besoin d'être prévu, et que la grandeur et l'aération des pièces ne sauraient jamais être assez vastes ; mais c'est immense et parfaitement bien installé. Il y a trois cents jeunes filles, toutes très proprement tenues ; je ne parle pas du pensionnat des petites Européennes ; celles-ci sont habillées comme chez nous ; mais des petites Chinoises qui conservent leur costume, et des petites Malaises qui sont vêtues légèrement, mais qui le sont ; on les baigne tous les jours, pour atténuer leur odeur native ; elles vont pieds nus et n'ont qu'une blouse en cotonnade de couleur, attachée au cou ; elles paraissent très heureuses et très gaies. Il y a des catégories d'éducation ; celle des riches diffère naturellement de celle des enfants destinées à travailler.

Maintenant, l'achat des enfants est une chose réelle. Il ne faut pas s'imaginer qu'on en ramasse des tas dans les rues, comme on le raconte, ni que les pères et mères les tuent pour s'en débarrasser et laisser ensuite les porcs se repaître de cette nourriture; cela ne se fait pas plus en Chine qu'en Europe. Mais il y a là, comme chez nous, la misère et des vices d'organisation sociale, qui font que des mères abandonneraient leurs enfants, si elles ne trouvaient pas à les placer quelque part où leur sort fût assuré.

En France, il y a des administrations organisées pour ces tristes circonstances. En Chine, ces malheureuses mères ont la ressource de les vendre, pas cher à la vérité! Mais il y a là, en quelque sorte, une garantie plus grande que si on les abandonne au hasard, et sans conserver une marque qui vous les fasse reconnaître plus tard.

Ici, nous commençons à trouver des mœurs chinoises, et tout se passe, comme nous pourrons le constater plus tard, absolument de la même manière que dans le cœur du Céleste Empire. Les riches Chinois achètent des enfants et les font élever avec grand soin pour s'en faire plus tard des servantes ou des domestiques; les maisons religieuses en achètent pour faire des chrétiens et gagner des âmes au paradis, ce qui est évidemment très louable et très méritoire ; mais, de là à croire qu'on sauve infailliblement les pauvres petites créatures de la dent des chiens ou des porcs, il y a tout un monde de fantaisie.

Je dois dire, cependant, que, dans les quatre ou cinq plus grandes villes de la Chine, le gouvernement a institué un service de voitures qui passent à certains jours, et dans lesquelles il est permis aux parents trop pauvres de déposer leurs enfants nouveau-nés, pour être transportés dans des établissements disposés pour les élever, sous la surveillance des principaux mandarins, et où l'on en prend soin.

Un enfant ne se paye souvent pas plus d'un franc cinquante centimes, somme, du reste, considérable pour un Chinois pauvre, qui peut vivre en dépensant pour sa nourriture deux ou trois sapèques par jour, et il faut de douze à dix-sept sapèques pour faire la valeur d'un sou.

J'ai donc vu beaucoup de ces petites filles achetées par le couvent, qui paraît, du reste, fort riche ; elles y sont élevées et instruites selon la destination qu'on leur assigne, puis on les place dans des maisons comme femmes de chambre, ou on les marie à des Chinois catholiques de leur condition. En somme, leur vie ainsi me paraît devoir être préférable à celle qu'elles auraient traînée au milieu de leur monde, dont la misère et surtout la saleté me laissent un souvenir de cauchemar.

On ne doit pas quitter Singapore sans avoir été visiter le jardin et la maison d'un richissime Chinois nommé Wampoo, chez lequel se trouvent réunies toutes les merveilles de l'architecture et de l'horticulture chinoises. Cette visite m'a vivement intéressée, non pas la maison, mais les jardins. J'y ai vu tant et de si belles fleurs que j'en étais émerveillée. J'y ai vu le lotus, la fleur de lis de l'Empire du Ciel, dans toutes ses variétés, l'arbre de Bouddah, dont les feuilles représentent, assure-t-on, dans leurs marbrures, les innombrables transformations de ce grand bonhomme!

J'ai pris une feuille de l'arbre de Bouddah et de la graine de lotus.

Ils ont aussi un arbuste qu'ils taillent de

façon à lui faire prendre les formes de toutes choses, maisons, bateaux, animaux de toutes sortes, et ils sont très glorieux de ce genre de petit travail, que je n'apprécie pas du tout.

C'est à regret que je quitte ce beau jardin ; mais il faut retourner au bateau. Nous arrivons à l'hôtel, et nous tombons encore dans les marchands d'ivoire, de camées, de foulards, d'écaille, de burnous en cachemire ; j'en achète un, puis une pièce de gaze de Manille, des photographies, des calottes de Bombay pour les messieurs de la famille, etc. Enfin, nous disons adieu à Singapore, ou plutôt au revoir ; car je ne veux jamais quitter un endroit sans espoir d'y revenir. C'est insensé, mais j'aime mieux cela. Nous y avons joui hier soir du plus bel orage que j'aie vu de ma vie. Nous nous dirigeons du côté de Saïgon, où nous passerons la journée de demain. Ce soir, nous arriverons au cap Saint-Jacques, à l'embouchure de la rivière ; mais on ne sait encore si nous pourrons la remonter avant demain matin, à cause des difficultés qu'elle présente pour la navigation.

Tout à l'heure, nous avons passé devant l'île de Poulo-Condor, dont les abords sont entourés de récifs très dangereux qui se prolongent au loin dans la mer ; mais, comme elle appartient à la France, on n'a pas encore trouvé le moyen d'y mettre un phare ! Pourtant on y a établi le pénitencier de la colonie. En regardant ce magnifique bouquet de verdure sortant de la mer, bien rond, bien coquet, on est tenté de ne pas plaindre du tout les délinquants condamnés à passer quelques semaines dans ce beau séjour ; c'est qu'on ne pense pas à la chaleur extrême à laquelle elle est exposée ni au voisinage incessant des serpents les plus dangereux qui y sont en très grand nombre, et que le brave commandant Lespès n'a pas craint d'affronter, lorsqu'il alla le premier prendre possession de cette terre et planter au centre le drapeau de la France.

Nous ne sommes plus à bord que quelques passagers ; nous avons laissé presque tout notre monde à Singapore. Ceux qui restent avec nous parlent presque toujours anglais ; cela me fatigue et m'impatiente, parce que je suis beaucoup plus forte en français qu'en cette langue. A part cet inconvénient, il est impossible d'être mieux que nous ne sommes sur le paquebot. Rien, absolument rien, ne nous manque. La table est d'autant plus excellente que notre commandant est un gourmet d'un ordre supérieur, et la délicatesse des mets est toujours jointe à leur grande abondance. Nous avons à discrétion de la glace, de l'eau fraîche, des citrons, des oranges, etc. Le service se fait admirablement. Les femmes de chambre sont attentives; enfin, sauf un peu d'espace, le confortable est aussi grand que nous pourrions l'avoir en terre ferme. Mais ce qui fait mon admiration, c'est cette possibilité de faire de l'eau douce.

Imaginez que, depuis le départ, nous vivons d'eau de mer distillée, sans que personne puisse s'en apercevoir. Elle conserve tellement bien ses qualités naturelles que, dans la pharmacie, les sangsues qui sont dans des bocaux, non seulement y vivent, mais s'y reproduisent.

Saïgon nous est signalé, c'est-à-dire Saint-

Jacques. Nous allons entrer dans la rivière ; on la dit bordée de bois peuplés de singes ; on me promet des caïmans. Nous approchons : Saint-Jacques est l'extrémité du cap ; le télégraphe occupe le point culminant. Quelle admirable situation! mais il n'y a que les employés qui y demeurent. Le bas de la côte est occupé par des huttes annamites, qui sont plus pittoresques pour le paysage, que confortables pour les habitants. Il paraît que, de temps à autre, ils reçoivent la visite d'un ou deux tigres dont le passage est marqué par la disparition de quelque tête d'homme ou de bétail, ce qui doit rendre la promenade assez aventureuse. Pourtant je vois avec ma lorgnette un monsieur en veste blanche qui gravit un des sentiers qui mènent au télégraphe ; il marche tranquillement et n'a pas l'air effrayé du tout. Il domine le village annamite, le soleil baisse; c'est une très jolie promenade qu'il fait là. Nous sommes devant la baie des Cocotiers! Je vous en rapporterai une photographie, mais je ne pourrai jamais vous donner une idée de cet aspect délicieusement pittoresque.

Nous voici en rivière, mais la navigation y est extrêmement difficile : on attend le pilote, qui ne vient pas; le commandant est agacé. Pendant ce temps, nous contemplons le village de Kan-Giou, qui est sur l'autre bord de la rivière. C'est loin, et nous distinguons peu de chose, seulement des lumières allant et venant. Les habitants sont des pêcheurs. Mais voici le pilote! Explosion du capitaine; c'est un homme qui lui est inconnu; il le renvoie, parce qu'il n'en est pas sûr. Nous ne nous engagerons pas en rivière ce soir. Nous restons au repos jusqu'à demain matin : j'en suis bien aise; la soirée est superbe. La lune resplendit; la température est d'une extrême douceur : on pourrait passer la nuit sur le pont. Beaucoup de ces messieurs le feront; mais je trouve que ce n'est pas sain, et j'aime mieux ma cabine. Je ferme ma lettre pour la laisser à Saïgon, où nous devons passer vingt-quatre heures. La nuit est venue; on ne peut écrire dans le salon qu'à la lueur de la bougie, et d'ailleurs la chaleur y est extrême, en sorte que je vous dis adieu.

LETTRE VIII

La rivière de Saïgon. — Arrivée à Saïgon. — Terre française. — Hôtel, cafés, théâtre. — Le marché et les boutiques. — Le cours des sapèques. — Les environs de Saïgon. — Les sépultures annamites. — Départ. — Mer phosphorescente. — La queue d'un typhon. — Arrivée à Hong-Kong (6 novembre).

C'est à huit heures du matin que je me suis réveillée, et à neuf heures, après une bonne nuit de repos complet, puisque le bateau ne bougeait plus, nous entrions triomphalement dans la rivière, quittant cette délicieuse vue de la baie des Cocotiers, à laquelle nous disions au revoir, regardant fuir derrière nous ces deux beaux rivages bordés d'une forêt vierge dont les magnifiques arbres poussent jusque dans l'eau. Ces parages sont, dit-on, peuplés de singes, qu'on voit souvent prendre leurs ébats et folâtrer dans les branches à certaines heures du jour. Moi, je n'ai pu en apercevoir qu'un seul, et encore de très loin ! Il est vrai que les fréquents passages des vapeurs troublent leurs jeux et les font se réfugier maintenant dans l'intérieur des fourrés. On m'avait promis encore que je verrais des caïmans ; mais notre civilisation n'est pas de leur goût ; ils abandonnent aussi la place, et je n'en ai pas vu.

De temps à autre, l'épaisseur du bois est interrompue par de jolis arroyos, au fond desquels on aperçoit quelques jonques annamites, contenant des familles de pêcheurs ; puis, à mesure qu'on approche de la ville, il se fait des éclaircies où s'étendent à perte de vue des plaines d'une verdure qui me rappelle les champs de blé de la Malardière ou du Bréau. Ce sont des champs de riz. De place en place s'élève une petite cabane entourée d'une palissade, avec des chiens et une basse-cour ; on rentre un peu dans la culture, et cela fait plaisir.

Au bout de quatre heures de marche, nous apercevons le *Fort du Sud*. On appelle ainsi un grand vaisseau désemparé servant d'avant-poste à Saïgon. Il est amarré au milieu de la rivière, on le salue d'un coup de canon qu'il vous rend avec empressement. Nous voici donc en France !

Cependant nous sommes prévenus qu'il faut craindre les rayons du soleil plus que le feu. Nous avons des chapeaux japonais que nous avons achetés rue Royale, avant de quitter Paris. Ils nous ont coûté vingt-deux francs; ici, on les paye très peu de chose : c'est une affaire de sapèques. Cela s'appelle solako, et c'est très incommode; aussi je pends le mien à ma ceinture, et je me contente de mon ombrelle.

A peine arrêté, notre bateau est aussitôt entouré de barques annamites, autrement dites *sampans*. Elles sont construites absolument comme les petites voitures qu'on fait aux enfants avec des cartes à jouer; on ne peut s'y tenir qu'assis, et encore, dans cette position, le toit vous touche la tête. Il y a une natte par terre : c'est assez large pour que deux personnes puissent s'y asseoir, et un peu plus long qu'il ne faut pour s'y coucher; les deux bouts sont ouverts; mais le toit, s'arrêtant à quelques centimètres de l'avant et de l'arrière, y laisse un petit espace pour qu'on s'y tienne debout et pour que les bateliers puissent exécuter leurs manœuvres et y faire la cuisine. Eh bien, l'homme, la femme et les enfants vivent là, sans jamais venir à terre; les femmes y accouchent, les malades y meurent, sans que jamais il vienne à l'idée de ces gens d'améliorer leur existence. Ils en paraissent contents, du reste, et sont gais. Il est vrai qu'ils n'ont d'autre besoin que d'un peu de nourriture, qui consiste en beaucoup de fruits et du poisson qu'ils font cuire sur un des bouts du bateau. Quant aux habits, sauf la tête qu'ils abritent sous un solako, le reste consiste en un chiffon quelconque mis en jupon ou en ceinture. Mais, comme leur peau est jaune comme celle des Indiens, cela n'a rien de choquant.

Le docteur Vauvray, un des médecins les plus distingués de la marine, prévenu de notre arrivée par le docteur Pichon, était venu avec une courtoisie charmante nous prendre dans un de ces équipages nautiques, pour nous conduire dans le *premier* hôtel de la ville. Nous étions heureux de nous sentir à terre, et, par conséquent, disposés à trouver tout très bien.

D'abord, le soleil s'étant voilé un peu, j'ai été frappée du bon air frais que nous respirions sur le quai; cela nous paraissait de l'air français! Malheureusement, ce bon air porte avec lui des principes malsains que rien ne peut encore conjurer et qui, peut-être, rendront longtemps difficile la prospérité de la colonie.

Ce serait pourtant bien beau de la voir se développer et s'installer solidement au milieu de cette campagne si verte et si productive, dont la végétation est si belle et qui ne demande que la culture pour s'assainir!

Saïgon est à plusieurs heures de la mer, et les bâtiments doivent faire un grand crochet pour y arriver. Mais, quand on aura multiplié les débouchés du côté des terres et établi vers le nord des relations commerciales étendues, il deviendra un port de grand commerce, et la position sera splendide. Les Anglais, à notre place, l'auraient réalisé depuis longtemps.

Les choses principales qu'ont su y installer les Français, ce sont des cafés et un théâtre [1], puis un beau palais pour le gouverneur, de très belles casernes, un hôpital, et de charmants jardins publics où notre musique militaire vient, deux fois par semaine, charmer la flânerie des promeneurs, déjà enchantés par la beauté des fleurs qui les environnent. On a fait de grands tracés de rues qui se bâtissent lentement, parce qu'on rencontre moins d'aide que d'entraves dans l'administration locale, et que l'on hésite à s'y implanter sérieusement, si ce n'est les Chinois émigrants, qui trouvent toujours à vivre mieux là que chez eux. Quant aux comptoirs de commerce (il y en a quelques-uns), ils ne sont ni assez soutenus ni assez encouragés pour y prospérer beaucoup. Mais ce sont affaires d'administration dont je n'ai pas à me mêler. Je constate et je déplore, voilà tout.

---

1. Depuis notre passage, le théâtre a été détruit par un incendie.

Le soir, il y avait représentation théâtrale. Une troupe française est installée et se réorganise tous les ans. On donnait un ancien opéra-comique, *Les Désespérés*, et une autre petite pièce. L'amiral Duperré, qui est gouverneur, était dans sa loge avec le général Reboul et leur état-major. Peu de femmes; aussi notre apparition a produit une certaine sensation. Le théâtre est très coquet et très joliment agencé. Il y a au bas un café où l'on descend prendre des glaces dans les entr'actes; les tables sont dehors, on se croirait au boulevard.

C'était notre seule soirée à y passer, et, avant d'aller au théâtre, nous avions avec notre aimable cicerone, le docteur Vauvray, visité la ville chinoise, aux lumières. Nous étions entrés dans les boutiques pour marchander et acheter différents objets, entre autres des boucles d'oreilles en griffes de tigre, montées en or, et dont je vous apporte quelques spécimens. Je vois qu'il faut toujours beaucoup marchander avec les Chinois!

Ce qu'il y a de singulier, ce sont les boutiques

de change. Vous voyez au coin des rues de petites tables carrées, éclairées par une lanterne et chargées de monceaux de boutons en métal, ou du moins ce que vous croyez être des boutons, percés d'un trou et enfilés dans des ficelles de bambous. Eh bien, ce sont des sapèques qui ont un cours. Ce soir-là, on en donnait dix-sept pour un sou! J'en ai acheté tout de suite pour quatre sous; avec cette monnaie, j'ai pu aborder les autres petites tables et y acheter des oranges à la peau verte, qui sont extrêmement sucrées, des pamplemousses à intérieur rose, etc. Puis, en continuant, nous abordions d'autres tables, toujours éclairées par des lanternes chinoises, et dressées au milieu de la rue.

A côté de fourneaux ambulants sur lesquels bouillent de grandes marmites, des Chinois ou des Malais, à peu près nus, sont debout, occupés à remplir des bols, qu'ils tendent aux pratiques venant là prendre leur repas. Pour faire cette besogne, ces hommes ne se servent guère d'autres instruments que de leurs mains, qu'ils fourrent dans la marmite pour en retirer des lambeaux de viande, des tripes, par grands rubans qu'ils déchirent avec leurs doigts; ils en mettent un morceau dans chaque tasse, avec un morceau d'autre chose, qu'ils tirent d'une autre marmite, puis d'un autre pot, puis encore et encore... Ils couvrent tout cela d'une *poignée* de riz cuit à l'eau et assez épais, ils répandent là-dessus une goutte de cinq ou six sauces qu'ils prennent dans de petits récipients; et voilà de quoi faire le bonheur d'un homme! Ils vendent un bol plein pour un ou deux sapèques. C'est mangé sur les jambes et sur place, à l'aide des petits bâtons traditionnels; la foule est immense. Moi qui ai pour principe de croire que ce qui est trouvé bon par un homme peut servir, au besoin, de nourriture à tous les autres, ce qui fait que je goûte volontiers à toute préparation culinaire, je n'aurais voulu pour rien au monde toucher à celle-là. J'en ai éprouvé un dégoût extrême.

Ce que je ne comprends pas, c'est que les mains de ces cuisiniers restent vivantes étant sans cesse plongées dans des ragoûts en ébullition : il faut croire que la peau se fait à toutes les températures.

C'est en quittant ce spectacle que nous sommes montés jouir de celui du théâtre; c'était beaucoup plus propre, mais beaucoup moins intéressant, vu que les acteurs étaient d'un ordre assez infime.

Le soir, nous rentrions nous coucher, à regret; car, dans ce pays, c'est la nuit surtout qu'on voudrait vivre. Mais la nature a ses droits, et, si l'on ne se repose pas la nuit, on n'est plus bon à rien le lendemain. Nous avions bien visité les jardins publics, traversé la ville chinoise, mais il nous restait à prendre connaissance des environs, et nous n'avions à disposer que de notre matinée, car nous repartions dans la soirée. Aussi, après une nuit de bon sommeil, nous étions sur pied dès l'aube, et nous voilà montant dans un *malabar*, même voiture qu'à Sinpagore, et arpentant la campagne autour de Saïgon. C'est toujours la grandeur des arbres qui me surprend; mais il y a trop de marécages, et les pauvres huttes sont toujours dans l'eau comme dans la Malaisie.

On commence ici à trouver des sépultures n'importe où; ainsi vous rencontrez à chaque pas de petits monticules en pains de sucre : ce sont des tombeaux. Il y a aussi de grands monuments en ruines avec des chambres et des enceintes de vieux murs; ce sont des tombeaux d'anciens grands personnages annamites. Nous avons trouvé, dans un de ces monticules en dégradation, des morceaux de crâne que nous avons rapportés : on nous a dit depuis que, si les gens des huttes nous avaient vus, ils auraient pu le trouver mauvais; mais notre cocher, que nous avions laissé sur la route, n'a pas fait semblant de s'en apercevoir.

En rentrant à l'hôtel, le soleil était déjà chaud; aussi les garçons de service étaient-ils couchés pêle-mêle sur la dalle et sur les tables de marbre, où l'on doit prendre le café le soir, y répandant à flots des ruisseaux de sueur; j'aime à croire qu'on lave ces tables avant de nous y servir les rafraîchissements. Ce sont toujours des Malais, nus, mais cuivrés. Cependant l'hôtel est tenu par une Française, très jolie fille, venue là *par circonstance*.

comme on en voit beaucoup dans le pays. Elle était en train de prendre possession du mobilier que lui transmettait l'ancienne titulaire, qui se disposait à quitter la place. Ce qui m'expliqua ce colloque, entendu par moi, la veille, à travers la persienne qui séparait ma vérandha de celle d'à côté :

— Un secrétaire en bon état. Ci, tant.

— Un tabouret et des pantoufles. Ci, tant.

— Une table, tant.

— Ah zut! mon cher! on ne me la fait pas celle-là, la table n'a que trois pieds de bons, l'autre est cassé....

C'était cruel de retrouver cet argot en Cochinchine! C'est alors que, éprouvant le besoin d'aller respirer plus loin, nous courions explorer la ville, visiter le marché très actif et très bien approvisionné, acheter des photographies, revoir un peu l'ensemble du pays et retourner au paquebot qui fumait au large. Une multitude de sampans nous sollicitaient au quai ; le transport ne fut pas long ; enfin nous disions adieu à Saïgon, redescendant paisiblement la rivière et admirant toujours cette admirable nature.

Quand arriva le soir, nous étions à l'embouchure; la mer était phosphorescente. C'est bien la chose la plus surprenante du monde. Il semble qu'on traverse des flots de feu; puis, par moments, on se croirait au milieu de ces fusées en étoiles blanches que nous voyons s'éparpiller en l'air dans les feux d'artifice et qu'on appelle la pluie de feu : c'est un effet dont je ne puis guère vous donner une idée; mais c'est bien beau!

Vous me trouvez peut-être un peu enthousiaste. Mais j'avais si peu vu jusqu'à ce jour. Tout me surprend; tout est nouveau; à chaque site, à chaque horizon, je me récrie : Je n'ai jamais rien vu de si beau! La nature a des ressources de richesses et de dispositions que notre imagination ne peut pas concevoir. Et puis, je suis si privée de ne pouvoir vous faire jouir de tout cela, que je cherche à vous envoyer une partie de mes impressions.

De Saïgon à Hong-Kong, on traverse le golfe du Tonquin; c'est, jusqu'ici, la plus mauvaise traversée que nous ayons faite. Nous entrions dans la queue d'un typhon qui, à 80 milles de là, endommageait, à la même heure, l'*Ava*, paquebot de la Messagerie, qui nous croisait en retournant en Europe. La mousson était épouvantable. Le commandant ne s'est pas couché pendant cinq nuits, et, comme je connaissais sa prudence, je lui avais remis mon existence entre les mains, en sorte que je ne m'en préoccupais plus; je ne cherchais qu'à trouver une position possible et un endroit où je pusse être un peu tranquille. Cependant, le paquebot dansait des cachuchas désordonnées, la vaisselle se cassait pendant la nuit avec grand fracas et nous réveillait en sursaut, car nous sommes en face de l'office, ayant choisi notre cabine au milieu du bateau, pour sentir moins le tangage. Nous avons mis cinq jours là où l'on n'en met que trois au plus, habituellement. Le bruit courait déjà à Hong-Kong que notre machine avait cassé. Enfin nous sommes arrivés; mais quelle traversée pénible! La moitié des passagers ne quittait pas son lit; moi, je portais mes oreillers sur ma chaise du pont, et je m'enveloppais de couvertures pour me préserver du froid brouillard qui nous couvrait. Mais cette installation ne résistait pas longtemps ; les soubresauts auxquels nous étions livrés faisaient rouler les chaises et nous avec, en sorte que le plus sage était de rentrer. C'est horriblement fatigant.

C'est à dix heures du matin que nous avons jeté l'ancre dans la rade d'Hong-Kong, le samedi 6 novembre, par le temps le plus chaud et le plus splendide qu'on puisse imaginer. Ce contraste avec les jours que nous venions de passer nous faisait croire à une entrée dans un nouveau paradis terrestre.

L'arrivée à Hong-Kong présente l'aspect le plus riant et le plus gracieux. Les montagnes qui entourent la rade sont juste assez élevées pour faire un fond de tableau imposant sans être abrupt, et le penchant du *pic* semble avoir été créé et disposé pour abriter le joli nid qui est venu y prendre place. Le haut du pic domine la mer à 500 mètres d'élévation ; c'est là qu'on a planté le télégraphe ; puis, au bas, la ville est construite en amphithéâtre, ce qui fait que toutes les maisons ont vue sur la mer sans se gêner les unes les autres. Chacune d'elles appartient à de riches commerçants anglais qui ont ici la vie la plus belle et la plus large qu'on puisse désirer. Il y a de la société et on s'y amuse beaucoup.

Arrivés en rade, nous avons été abordés par M. Degenaer, riche commerçant, ami du Dr P..... M. de Guigné, directeur du comptoir d'escompte, et M. Mosely, de la maison Sassoun (les Rothschild de l'Inde), tous trois venus au paquebot, avec leurs embarcations respectives, pour nous amener à terre. Or, comme nous n'étions que deux, Max est monté dans l'une, moi dans l'autre, et nous avons prodigué nos consolations au troisième, qui ne ramenait rien! Vous voyez d'ici que notre entrée à Hong-Kong a été des plus gaies (il faut vous dire que le malaise me quitte, dans quelque état que soit la mer, aussitôt qu'on nous signale la terre). Tous ces messieurs étant garçons, nous sommes descendus à l'hôtel de l'*Univers*. Le maître d'hôtel est

Français, j'en suis bien aise, ou du moins il est Suisse, ce qui, à la distance où nous sommes, paraît la même chose. Mais ici, comme dans tous ces parages, les femmes de chambre sont de grands diables de *boys* chinois qui parlent le *piggin* (patois anglo-chinois) et qui font les lits *à la parisienne*, terme employé par nos domestiques français pour dire qu'ils ne secouent ni les draps ni les couvertures. Le service de table est bien et la cuisine tout à fait française, tellement qu'on nous a servi hier du petit salé aux choux, ce qui m'a fait un plaisir énorme.

Je vous quitte, mes chers enfants, pour aller dîner au vaisseau-amiral qui est arrivé avant-hier soir, venant de Shanghaï. Au débarquer, l'amiral Krantz était venu nous donner des nouvelles de nos enfants et nous inviter à dîner pour aujourd'hui. Son embarcation nous attend au quai, nous nous dépêchons....

Nous partons demain pour Canton, où nous resterons quatre ou cinq jours, et nous reviendrons ici prendre l'*Iraouaddi*, qui doit nous mettre à Shanghaï. Ma prochaine lettre partira de Canton.

Nous voici donc en pleine Chine, dans cette contrée mystérieuse, naguère encore enveloppée dans les brumes épaisses où l'avait trouvée Marco Polo, et qui se dissipent aujourd'hui si rapidement sous nos yeux. On nous assure que nous rencontrerons les mêmes sujets d'étonnement que le grand voyageur du treizième siècle, car l'aspect et les mœurs de l'Empire du milieu ont été plus immuables que les alluvions et les récifs qui bordent ses côtes. Mais nous vivons à une époque où tout change, et se détruit, et se refait d'un jour à l'autre, et l'on ne peut prévoir ce qu'il en restera demain.

LETTRE IX

Hong-Kong. — L'amiral Krantz. — Dîner à bord du *Montcalm*. — Les Pirates. — Massacre du Spark. — Théâtre chinois. — Champ de courses. — Les chaises à porteurs. — Départ pour Canton. — La rivière aux Perles. — Préparatifs de défense. — Entrée à Canton (11 novembre).

Je vous ai dit adieu à Hong-Kong, au moment où ces messieurs du *Montcalm* venaient nous chercher pour aller dîner.

L'embarcation de l'amiral nous attendait au quai, dix-huit rameurs français, costume blanc, liseré de bleu, petit chapeau de matelot, l'air dégagé et agréable. Cela repose un peu du Chinois, dont la figure ne se départ jamais d'une impassibilité plus que monotone. Je n'ai pu, en entrant dans l'embarcation, m'empêcher de témoigner à ces braves marins du plaisir que j'avais à les voir. Ce à quoi ils ont paru assez sensibles.

L'amiral nous a reçus avec la plus gracieuse courtoisie. Tout le monde sur le pont! Nous avons pu ainsi passer en revue le personnel de l'équipage. Quel ordre, quelle propreté! Comme tout est réglé, correct, exact! Nous avons visité tout, jusqu'à fond de cale. L'arsenal, les engins de guerre, tout est rangé, casé dans de si petits espaces, qu'on a le cauchemar en pensant à ce qui doit se passer pendant le combat, dans tous ces petits recoins et ces profondeurs presque sans issue! Et cependant, on admire toujours, parce qu'on est toujours surpris de tant de ressources, si bien combinées.

Nous avons dû goûter au pain, au vin, et même à l'eau-de-vie de l'équipage, en passant dans la cambuse; ces braves gens y tenaient, et nous n'en avons pas eu regret, car c'était très bon.

L'amiral avait invité avec nous le consul de France intérimaire, M. Plichon. C'est un jeune homme très distingué, très au courant de la Chine, et qui paraît en voie d'y faire son chemin [1]. C'était, du reste, le seul étranger ; la table se composait de l'amiral, de ses deux commandants, MM. Lespès et Brown, du docteur Brion et de l'aumônier, tous gens aimables, spirituels et d'une gaieté charmante. L'amiral Krantz est, dit-on, d'une capacité hors ligne, sa conversation est des plus intéressantes ; et, pendant qu'il nous racontait ses voyages et qu'il nous parlait de ses relations avec les souverains et les peuplades de tous ces parages, nous avions sur le pont, au-dessus de nos têtes, la musique de son bord qui nous donnait un délicieux concert.

La soirée s'est passée sur le balcon de l'arrière, par un temps splendide, avec un clair de lune à pouvoir lire. Nous avions devant nous cet admirable panorama d'Hong-Kong, dominé par le pic qui lui dispensait çà et là ses obscurités fantastiques. C'était à faire rêver ! Aussi ces messieurs ont profité de ce moment-là pour

---

1. On a reçu récemment la nouvelle de la mort de M. Plichon, au grand chagrin de tous ceux qui l'avaient connu.

me raconter la sombre histoire du *Spark*, bâtiment américain qui fait le service sur la rivière aux Perles, entre Hong-Kong, Macao et Canton. Comme nous devions nous embarquer le lendemain pour faire le même trajet, ils voulaient nous donner un avant-goût des petites distractions que nous pouvions rencontrer sur notre route.

Cette histoire, la voici : il y a environ trois mois, le *Spark*, venant de Canton, chargé d'une grande quantité de thé et d'opium, avait à bord d'honnêtes passagers en apparence, qui n'étaient autres que d'affreux pirates chinois, dont les affiliés se tenaient sur la côte, près du village de Wampoo. Arrivés en vue de l'endroit convenu, les brigands simulent une dispute violente dans l'entrepont. Le capitaine accourt, suivi de son second ; tous deux sont assassinés. Pendant ce temps, les barques de la côte arrivent à l'abordage ; le paquebot est envahi, tous les Européens tués, le butin enlevé, et dans cet état il est abandonné au courant de la rivière. C'est un chauffeur, échappé au massacre on ne sait comment, qui a ramené à Macao ce malheureux bateau couvert de sang et de cadavres. Cet épisode avait eu lieu par un beau soleil, à une heure de l'après-midi et sur une route fluviale incessamment parcourue par une navigation des plus actives. Voilà donc ce que ces messieurs nous contaient pour nous encourager à entreprendre notre expédition du lendemain. Mais cela ne donnait que plus de piquant à notre voyage, et pour rien au monde nous n'aurions voulu le manquer.

A neuf heures et demie, nous remontions dans l'embarcation, qui nous reconduisait à terre, accompagnés des vœux de toute la société, que nous entendions encore, bien loin dans la rade, nous souhaiter bon voyage et pas de pirates !

Il faut vous dire que, la veille, nous avions été passer notre soirée à un théâtre chinois; c'est extrêmement curieux. La salle ressemble à une immense grange (les maisons chinoises n'ont jamais de plafond). Dans cette grange, il y a des loges découvertes, des avant-scènes, des gradins en amphithéâtre, enfin tout ce qui constitue une salle de spectacle, pouvant contenir de trois à quatre mille personnes. Le spectacle commence tous les jours vers onze heures du matin et se termine entre minuit et une heure. Pendant tout ce temps, la salle ne se désemplit pas. Les Chinois et les Chinoises viennent y passer une partie de la journée, puis ils s'en vont, remplacés par d'autres ; c'est un va-et-vient continuel. Les femmes y apportent leurs pipes, et quelques-unes ont avec elles une servante chargée de la leur tenir toujours prête.

Les acteurs sont tous des hommes ; ceux qui sont chargés des rôles de femmes sont généralement assez jolis et ne laissent rien à désirer dans la manière dont ils remplissent leur emploi. Quant aux pièces, le plus malin d'entre nous n'y pourrait rien comprendre ; elles n'ont ni commencement ni fin et pourraient durer toujours. Les costumes sont beaux ; les figures sont littéralement enduites de peinture. Pour nous, cela ressemble beaucoup à une parade de foire, parce qu'il y a beaucoup de cris, de gestes, de culbutes, avec une musique enragée, c'est le mot ! aucun air ne peut y être noté ; ce tapage accompagne leurs chants aussi bien que leurs déclamations. On sort de là très étourdi, ou plutôt abasourdi ; mais on n'est pas fâché d'y être allé une fois. Max est allé dans les coulisses et sur la scène, pour voir de près ; j'aurais bien voulu l'y suivre, mais ce n'eût pas été bien vu de la société de Hong-Kong ; on me dit qu'au Japon ce sera plus facile.

Nous sommes allés aussi dans une maison d'opium, mais nous n'y avons trouvé aucun fumeur ; nous y reviendrons.

Du reste, Hong-Kong est une ville très propre et très riante avec de belles rues, même dans la partie la plus chinoise. On y vend toutes les denrées et toutes les choses nécessaires aux Européens, comme aux Chinois. Il y a deux jardins publics très bien tenus et très pittoresques ; la garnison anglaise y fait de la musique plusieurs fois par semaine. Les belles dames viennent s'y promener et étaler leurs toilettes. Je dis les belles dames, européennes, car les Chinoises n'ont pas l'habitude de se livrer à cet exercice.

Les voitures y sont un luxe rare ; les chevaux

s'y portent mal. Cependant il y a un beau champ de courses, et, chaque année, des amateurs font courir soit des poneys du pays, soit plus rarement des chevaux venus d'Angleterre. Les tribunes, accompagées d'un restaurant et d'un café d'apparence confortable, sont installées comme à Auteuil ou à Longchamp. Ainsi que je vous l'ai dit, on se sert beaucoup de chaises à porteurs; outre celles qui sont à louer sur les places, chaque particulier a la sienne, ce qui nécessite un nombreux domestique. On ne voit dans les rues aucun Européen à pied, ou, si l'un d'eux s'y aventure, il est poursuivi tout le temps par des nuées de coolis qui le sollicitent de monter dans la chaise qui est sur leurs épaules, et on finit souvent par leur céder pour s'en débarrasser. Je n'ai vu qu'un homme dont la tête fût assez forte pour résister en pareille circonstance : c'est Max! Mais je crois que, si nous restions quelque temps ici, il finirait par faire comme tout le monde, à cause des montées rapides de presque toutes les rues, dont le plus grand nombre sont même en escalier.

Il faut être cooli pour suffire à ce métier-là. Eh bien, ces gens, avec le brancard sur l'épaule, marchent, courent, gravissent, tant que la journée dure, sans paraître fatigués ; ils vont toujours pieds nus et sont d'une légèreté et d'une vigueur incroyables.

C'est à Hong-Kong que je commence à visiter les magasins. J'y trouve tout à peu près aussi cher qu'à Paris ; j'en suis stupéfaite ; on ne gagne presque rien à marchander, en sorte que je verrai à mon retour de Canton.

C'est de Canton que je continue ma lettre : Nous sommes chez M. de Thiersant, consul de France, qui nous a gracieusement offert l'hospitalité. Il y a cependant deux hôtels européens, mais nous nous trouvons heureux de n'en pas aller expérimenter l'existence. Le consulat est l'ancienne habitation du trésorier général chinois avant la prise de Canton. La maison est chinoise, construite en bambou, avec des pavillons, des verandahs, des terrasses, des cloisons en treillages et en planches, le tout orné d'oiseaux, de chimères, de fleurs et de bonshommes de toute espèce.

Sur la grande porte d'entrée sont peints deux personnages assez grands et assez imposants pour tenir la population en respect et à distance, d'autant plus qu'ils ont à quelques pas devant eux deux dragons gigantesques en granit, dont les gueules, si elles s'ouvraient, vous avaleraient une personne sans le moindre effort [1].

Le jardin a des arbres splendides qui sont en fleurs, des avenues impénétrables au soleil; les dracénas rouges y sont d'une hauteur étonnante. Il y a dans les cours, tapissées de gazon, tout un personnel de ferme, des vaches, des veaux, des volailles, puis des daims et des biches. On se croirait à la campagne, et pourtant on est à peu près au centre de la ville. Il paraît qu'il y fait beaucoup trop chaud l'été; mais aujourd'hui nous y avons, en novembre, la bonne et douce température du mois d'août en France.

Lorsque nous avions quitté Hong-Kong, à huit heures du matin, nous avions froid au point de

---

[1]. Le Consulat français est aujourd'hui installé à Shamine, sur les terrains concédés, au bord de la *Rivière aux Perles*.

ne pouvoir rester sur l'avant du bateau, malgré notre désir de jouir de la vue des deux rives de la rivière aux Perles, qui sont si pittoresques, à cause de la forme de leurs montagnes, des villages dont elles sont bordées et des quantités de jonques, dont la pêche et aussi la piraterie constituent l'existence. Nous avions six heures à naviguer sur un paquebot parfaitement installé et sur lequel maintenant, pour les raisons de sûreté que nécessite l'histoire que je viens de vous raconter, on parque les Chinois dans l'étage inférieur, qu'on ferme avec de fortes grilles en fer devant lesquelles stationne une sentinelle, le sabre nu et le revolver au poing. Dans le salon et sur le pont sont des panoplies d'armes pratiques, tenues à la disposition des passagers, non Chinois, en cas d'attaque. Quand on arrive à l'endroit dangereux, un homme vient, qui arme et révise tous les fusils et les revolvers. Pour moi, qui n'ai jamais combattu, cette cérémonie ne laissait pas d'être très impressionnante, et pourtant ne me déplaisait pas. Heureusement, le voyage s'est passé sans que nous ayons à en faire usage, et les deux cents individus que nous allions regarder comme des bêtes féroces au travers des grilles de leur cage ne nous ont montré aucune apparence d'hostilité; ils avaient même l'air de trouver nos précautions toutes naturelles. Les mandarins et les personnages d'une certaine notoriété sont seuls exceptés de cette mesure de prudence.

En approchant de Canton, on voit se multiplier dans la campagne ces espèces de tours à neuf étages, que nous connaissons tous sous le nom de pagodes, avec des toits relevés et des clochettes aux angles. Nous les croyions en porcelaine, mais elles sont tout simplement en briques et en maçonnerie. Chacune d'elles est l'offrande d'un district ou région quelconque à un génie bienfaisant, pour le prier de faire réussir aux examens des lettrés un de leurs jeunes étudiants pour lequel ils ont de la prédilection. La chose obtenue ou non, l'édifice, qui n'a aucun but d'utilité pratique, est abandonné et tombe en ruine plus ou moins vite, selon la solidité avec laquelle il a été construit.

La campagne est tout emblavée en riz ou en

cannes à sucre. Quelques bouquets d'arbres, quelques accidents de terrain, une verdure de printemps, en font un pays très attrayant.

Mais comment penser à vous faire comprendre ce qu'est une première heure passée dans les rues de Canton? Par quel bout commencerai-je, et quelles exclamations employer? Rien ne me paraît suffisant. Rien ne peut retracer les impressions qu'on éprouve!

Je laisse de côté la ville des jonques, toutes plus ou moins étroitement alignées et serrées les unes contre les autres, formant des rues et couvrant des plaines d'eau, car la rivière est d'une largeur immense. Le paquebot navigue au milieu de tout cela.

Certes, on est bien étonné de voir grouiller et barboter cette population amphibie, aussi nombreuse que les grains de sable du lit de la rivière; mais qui peut se faire une idée de la surprise et du saisissement qui s'emparent de vous, lorsque, après être monté en chaise, on se trouve engagé dans une de ces rues larges d'un mètre, regorgeant de Chinois hurlant, criant, mangeant, courant, achetant, vendant, se garant ou ne se garant pas à la voix de vos porteurs qui les bousculent, au son cadencé de l'énumération des qualités de ceux qu'ils ont l'honneur de porter sur leurs épaules? Cela ne peut se traduire.

On a traversé tout un quartier bâti sur pilotis, au-dessus d'un marais qui fait suite à la rivière et dont les boutiques sont toutes de cuisine et de mangeaille. Alors on entre dans la vraie ville toujours au trot et aux hurlements de vos porteurs, qui sont quatre pour une personne, deux devant et deux derrière, ce qui fait, pour trois chaises, une enfilade de douze hommes; c'étaient les chaises du consulat, et nos porteurs criaient : *place au grand chef*.

Nous voici donc dévorant l'espace à travers les rues. La première est celle des cordonniers : des chaussures partout; la seconde, des bijoutiers; puis celles des soieries, des broderies, des ivoires, des cercueils, des meubles, des porcelaines; tous les métiers sont par rues. Ces rues sont couvertes, pour les préserver de l'ardeur du soleil, par des toits de planches ou de treillages qui vont d'une maison à l'autre, et auxquels sont suspendues par un bout des multitudes de planchettes de toutes couleurs, imprimées de caractères chinois qui ne sont autre chose que les enseignes des boutiques. Cela obstrue le jour et produit un singulier effet. Mais nous allons vite, et tout passe à nos yeux comme une lanterne magique. Nos porteurs hurlent toujours. Les passants que nous faisons ranger sont serrés dans la rue comme des allumettes qu'on met sur le bout dans un petit vase sur sa cheminée. Songez qu'il y a, rien que dans la ville, un million cinq cent mille habitants. Les murailles d'enceinte ne sont pas développées en proportion, en sorte que l'agglomération est excessive.

Cependant le sol des rues est généralement formé de grandes dalles, posées en long et très propres, malgré les marchands ambulants qui promènent du poisson, de la viande, des légumes, des volailles, des chats, etc., etc., malgré les petites cuisines qui sont en plein vent ou en boutiques : celles-ci sont très nombreuses, car beaucoup de Chinois n'ont pas de place pour manger chez eux et viennent faire leur repas dans la rue ; d'autres emportent à la maison des mets cuits, en sorte qu'on est sans cesse poursuivi par des odeurs de victuailles qui seraient écœurantes, si l'air n'était purifié par la fumée des allumettes parfumées qui brûlent à chaque porte pour empêcher d'entrer les mauvais génies ; c'est à peu près le seul éclairage qu'on ait le soir pour se guider dans ce pandémonium, qui me rappelait une danse macabre dans une fête de l'enfer.

Comme le Yamen, ou Consulat, est fort loin dans la ville, nous devons chaque jour la traverser pour aller faire nos courses, en sorte que je pourrai en prendre une idée exacte. Il nous faut une heure et demie à dos de Chinois pour venir de la rivière ici. Je dis une heure et demie en se dépêchant ; on se croit fou quand on arrive.

Nous y voici pourtant, et l'accueil que nous recevons de la part de M. et de Mme de Thiersant contribuera certainement à nous faire voir tout en beau. Il est impossible d'être plus franchement et plus gracieusement hospitalier ; aussi j'espère bien, grâce à eux, faire un séjour agréable et surtout intéressant dans ce pays si étrange et qui nous est encore si inconnu.

Tout le monde s'accorde à dire que Canton est la ville la plus belle et la plus *chinoise* du Céleste Empire. Nous visiterons tous les genres de boutiques. Il paraît que les Chinois n'ont pas de grandes manufactures et que chacun de leurs objets d'art est l'œuvre d'un seul ouvrier qui se débrouille comme il l'entend ; si c'est un vase qu'il a entrepris, il le moule, soit d'après un modèle, soit d'après un dessin qu'il a fait lui-même, puis il le peint, le fait cuire, le finit entièrement sans le secours de personne. Il en est de même pour toutes leurs productions artistiques.

La patience et la persévérance sont des qualités qui ne les abandonnent jamais, et ils font toujours arriver les travaux qu'ils entreprennent aussi près que possible de la perfection. Mais c'est une perfection relative, toujours la même : et, la fantaisie des premiers ouvriers n'ayant jamais été dépassée, il en est résulté cette monotonie qui caractérise l'art, comme l'industrie, en Chine.

Je continuerai les détails dans ma prochaine lettre, qui ne pourra partir d'Hong-Kong que le 2 décembre.

LETTRE X

Canton. — La concession française et la cathédrale. — L'évêque de Canton. — Temples des Horreurs, des cinq cents Génies, de Kouanine, d'Onam. — La pagode aux cinq étages. — La prison. — Le palais des Examens. — La rivière aux Perles. — Bateaux de fleurs. — Un accident dans la rue.

Il faudrait passer des semaines à Canton pour bien connaître la ville, et faire les observations infinies que pourraient fournir les mœurs et les habitudes de cette nation unique dans le monde.

Le Chinois de Canton n'est pas du tout l'être sale, avili, dégoûtant, que nous avions vu jusqu'ici dans les villes européennes et indiennes, où ne va s'implanter qu'une population besoigneuse et mercantile. Ici, le Chinois est chez lui; il y est riche et maître de la situation. Notre invasion n'a absolument rien dérangé de ses habitudes ; il continue à vivre comme par le passé, n'ayant avec les Européens que le moins de rapports possible ; il consent cependant à leur vendre des bibelots, mais qu'il ne lâche qu'à des prix satisfaisants.

Mme de Thiersant n'a pas encore beaucoup exploré le pays ; elle se réjouit de visiter avec nous bien des choses, et de faire des courses en ville qui exigent toujours une certaine escorte, car il serait imprudent, dit-on, de s'engager, des femmes seules, dans ces méandres de rues tout à fait inextricables pour des *esprits* qui ne sont pas chinois. Et encore Dieu sait si ceux-là s'y reconnaissent bien eux-mêmes !

Nous avions donc tiré nos plans pour notre première journée. Guidés par le brave et complaisant M. Salès, chancelier du consulat, nous partions, lui, Mme de Thiersant, Max et moi, dans chacun une chaise, ce qui fait quatre, par conséquent seize porteurs et hurleurs, sans compter deux surveillants pour nous escorter ; vous voyez que nous avions une jolie longueur de cortège. Le désagrément, c'est qu'on se trouve tout à fait séparés et à une grande distance les uns des autres, surtout les chaises ne devant, par décorum, rester ouvertes que sur le devant. Je dois avouer que j'ouvrais souvent la mienne sur les côtés.

Notre patriotisme nous fit naturellement commencer nos explorations par une visite à Shamine, terrain des concessions. Il est situé sur le bord de la rivière. Notre part n'y est pas grande !

Imaginez-vous cinq ou six hectares de terrain sur lesquels aucune construction n'a encore été essayée. On y établit en ce moment un champ de courses, pour les Anglais de la concession d'à côté, qui eux, là comme toujours, ont eu l'esprit de construire de jolies habitations pour leur bien-être et leur commerce, de faire un jardin public déjà très beau et très ombragé, d'apporter enfin la vie et l'animation là où nous n'avons pas su planter une salade !

Il eût, je crois, été prudent d'y construire une installation pour le consulat, qui, dans l'endroit où il est, met nos compatriotes dans l'impossibilité d'échapper, par aucun côté, à l'envahissement d'une révolte qui pourra bien arriver un jour. Il y a, il est vrai, au yamen, un corps de garde occupé par une vingtaine de soldats; mais ce sont des soldats chinois, ce qui, dans ce cas, ne serait pas du tout une sûreté! Sans parler des voleurs qui peuvent s'introduire par-dessus les petits murs de clôture, et contre lesquels on n'aurait d'autres secours que ses propres forces. Ici, comme à Hong-Kong, on a des veilleurs de nuit (toujours chinois), dont la mission est de se promener autour de la propriété en tapant sur des tambours en bois, pour vous prévenir qu'ils sont éveillés. Ce bruit est parfaitement désagréable et vous fait passer quelques nuits assez agitées, avant que vous y soyez accoutumé; de plus, on dit que cela sert, le plus souvent, à prévenir messieurs les voleurs que, les gardiens étant à une extrémité des jardins, ils peuvent sans danger escalader par l'autre.

On me racontait qu'une idée fort ingénieuse

venait d'être mise en pratique par l'un d'eux. Ce garçon, voulant se livrer à une expédition de ce genre, s'était enduit le corps d'une matière grasse et avait piqué des aiguilles en travers tout le long de sa queue ; il fut surpris, mais ses membres glissèrent dans les mains de ceux qui voulurent l'arrêter ; quant aux malheureux qui essayèrent de le saisir par la queue, ils n'eurent que le temps de la lâcher bien vite. Mais revenons ou plutôt ne revenons pas sur l'aspect de nos possessions, car ce n'est pas brillant.

J'aime mieux celui de la cathédrale, que l'évêque de Canton, monseigneur Guillemin, a obtenu la permission de construire sur le point le plus élevé du sol. L'édifice domine la ville et la campagne ; c'est la première chose qu'on aperçoit à une distance considérable, en approchant de Canton. Il fait concurrence, pour la hauteur, à la Pagode aux cinq étages. Les Chinois commencent à s'en offusquer et s'opposent formellement, aujourd'hui, à la construction des tours, sous le prétexte que, devant être encore plus élevées, elles gêneraient dans l'air la circulation des esprits et les indisposeraient contre les habitants. Mais c'est en réalité parce qu'ils ne souffrent pas volontiers que nous prenions sur eux des airs de domination. Monseigneur pourra bien trouver là une résistance qu'il serait peut-être prudent de ne pas chercher à vaincre, s'il tient à conserver son église, qui, je le crains, ne sera jamais remplie.

Nous sommes allés tous, hier matin, à la messe, à la petite chapelle des Missions. Les catholiques européens s'y trouvaient réunis à peu près au complet, et aussi les Chinois, ce qui ne veut pas dire qu'il y eût beaucoup de monde, car les conversions ne sont pas encore bien nombreuses; mais, si c'est la foi qui sauve, c'est aussi l'espoir qui soutient.

Monseigneur a eu la gracieuseté, après la messe, de nous offrir un petit verre d'excellent xérès, et ensuite il nous a fait visiter ses grands travaux. La cathédrale est couverte et paraît finie au dehors; elle est immense. On travaille aux rosaces, et l'intérieur est tout en échafaudages, sur lesquels il fallait grimper pour aller admirer ces dernières de près. J'avoue qu'à ces hauteurs prodigieuses, lorsque, au lieu de planches, on n'a sous les pieds que des feuilles sèches de bambous enchevêtrées les unes dans les autres, et qui laissent voir le sol au travers, il est permis de penser à avoir le vertige. Mais, comme on m'assurait qu'il n'y avait aucun danger, j'ai marché de confiance.

Cette entreprise est grandiose; il y a douze ans qu'elle est commencée, on n'entrevoit pas encore très bien son utilité, qui se fera peut-être jour dans quelques siècles, si les esprits chinois n'en exigent pas la démolition. Mais, en attendant, elle nécessite beaucoup d'argent, et ce n'est pas la Chine qui en fournira, car les missions, dont les progrès ne paraissent pas très actifs, n'ont guère d'action jusqu'ici que sur les pauvres, attendu que les gens riches qui se convertissent se voient aussitôt dépossédés de leurs biens, sur l'ordre du gouvernement, par les vice-rois, c'est-à-dire de hauts mandarins chargés de gouverner les provinces.

D'un autre côté, le Chinois n'a guère de religion, et, par caractère, il ne s'en sent pas le besoin ; il cherche toujours un profit ou un bénéfice et ne s'occupe pas du reste. Il a des superstitions, mais peu de croyances; sa véritable religion, c'est le culte des ancêtres, dont l'esprit est censé n'avoir pas quitté la famille. La vie éternelle n'est pas bien définie pour eux, mais ils s'en inquiètent peu et ne craignent pas la mort. Bouddah doit les juger et les punir ou les récompenser. Comment? Ils ne le savent pas. Cependant ils ont un enfer, avec des supplices de toutes sortes, et, lorsqu'ils vont aux pagodes, c'est toujours pour demander au diable ou aux mauvais génies de les épargner. Ils trouvent inutile de prier le bon Bouddah, qui ne leur veut que du bien; ils se contentent d'aller lui porter une tasse de thé de temps en temps avec quelques autres comestibles à l'usage des bonzes. Ils y ajoutent souvent de petits cierges tout à fait pareils à ceux que, dans nos églises, on fait brûler à l'entrée des chapelles. Ces précautions prises, ils dorment tranquilles.

Il y a à Canton un grand nombre de temples, tous à peu près du même aspect. Ce sont de vastes constructions avec des toits surmontés de chimères, et habituellement peinturlurées de deux personnages gigantesques à la figure aussi effrayante que possible et représentant Bouddah, l'un mauvais et l'autre bon. En les regardant tous deux, on a aussi peur de l'un que de l'autre. Bouddah est le plus ordinairement accompagné de ses dix-huit disciples, qui lui font un entourage imposant. Quelques-uns de ces temples restent constamment ouverts, comme par exemple le *temple des Horreurs*.

C'est le premier qui pique notre curiosité : nous y entrons à travers une foule puante et horrible qui en encombre les abords; c'est un amas de gens qui jouent, fument et mangent des choses qu'ils font cuire par terre, dans vos jambes. Ils sont infirmes, avec des plaies, mourants d'opium. Tout cela grouille, rit, geint, sent mauvais : tellement qu'il semble qu'on trouve du bien-être à reposer ses yeux sur les *horreurs* qui sont l'objet de ce templelà. C'est la représentation des supplices de l'enfer. Vous voyez des statues de bois colorié subissant leur peine sous la présidence de trois énormes Bouddahs en bois aussi, d'une grandeur démesurée et avec des expressions de figure différentes, mais très farouches. Ici on scie une femme entre deux planches, là on jette un homme dans du plomb fondu, à un autre on arrache la peau, etc., etc. Plus loin, c'est la métempsycose ; on les voit se transformant en toutes sortes de bêtes. Au-dessus de tout cela flottent des banderoles de toutes les couleurs. Aux murs et aux colonnes, une multitude d'ex-voto comme à nos pèlerinages catholiques.

On sort du temple des Horreurs asphyxié par la fumée de bougies et d'allumettes parfumées qui y brûlent sans cesse. Car tout Chinois correct doit venir une fois par jour faire son offrande et allumer sa petite bougie dans un temple, et c'est à cet usage qu'on doit pourtant la possibilité de supporter quelques instants un air vicié, qui serait intolérable, si un parfum brûlé, quel qu'il soit, n'en venait un peu purifier l'intensité.

Nous voici de nouveau dans la rue, étourdis par ce tapage, dégoûtés par la vue de cette cour des Miracles, dont nous entendons encore longtemps les exclamations. On prétend qu'ils nous disent des sottises : mais c'est en chinois, peu nous importe !

Nous nous acheminons vers la prison, qu'on n'ouvre pas généralement aux dames; mais on ne le refuse pas à la femme du consul, tout en nous priant de ne pas aller plus loin que la première cour, à cause des hideurs que nous trouverions dans les autres. C'eût été plus intéressant; mais je crois que nous avons bien fait de nous contenter de la préface.

La première chose qui m'a frappée à l'entrée, ce sont des espèces de cages en bambous, dans lesquelles un homme peut se tenir accroupi; ces cages servent à transporter les condamnés au lieu des exécutions. On passe un fort bambou au travers, et deux hommes en portent chacun une extrémité sur leurs épaules.

L'aspect de cette cour est très saisissant, et pourtant les malheureux qui y sont enfermés ne sont que des voleurs vulgaires, qui n'y doivent pas passer leur vie. Ils sont à peu près nus avec des fers aux pieds; ils vous regardent d'un air stupide ou féroce; leurs cheveux sont coupés, et comme ils avaient été rasés jusqu'alors comme le sont tous les Chinois, de la largeur d'environ cinq ou six centimètres tout autour de la tête, en ne laissant pousser que la touffe du milieu destinée à faire la queue, il en résulte que ces cheveux poussent durs et en brosse, comme une tête de loup, ce qui est assez hideux. Ils n'ont donc plus leur queue, ce qui est pour eux la plus grande flétrissure.

Tout autour de la cour sont des espèces de cellules sans aucun meuble, où ils couchent. Chaque jour, on leur distribue une part de riz, bien juste ce qu'il faut pour les empêcher de mourir. Mais, comme les gardiens font leurs bénéfices sur ce comestible, il arrive souvent que ceux qui sont rigoureusement enfermés dans les cours du fond sont privés du strict nécessaire et passent de vie à trépas; mais cela débarrasse, et on n'y fait pas attention.

De la prison au palais des Examens, on passe par un dédale de petites rues moins peuplées que celles de l'intérieur de la ville. On y voit beaucoup de portes fermées dans de grands murs sans autres ouvertures. Elles donnent entrée dans des maisons de mandarins, qui réunissent au dedans tout ce qui peut constituer l'agrément et le confort de la vie chinoise. Il est à remarquer qu'on n'entre jamais tout droit chez un Chinois. Quand on ouvre la porte de la rue, il se trouve toujours en dedans un mur à distance d'un ou deux mètres qui empêche le curieux de voir dans l'intérieur; ensuite, à droite et à gauche, vous trouvez deux autres portes qui vous font pénétrer dans la maison; ils ont même l'habitude, dans les appartements, d'avoir un écran devant les portes, afin de faire faire un petit détour à celui qui entre ; mais je vous donnerai des détails à propos de l'habitation que nous devons visiter demain.

Voyons d'abord ce qu'on appelle le palais des Examens :

C'est dans son enceinte que se réunissent, tous les trois ans seulement, les personnages désignés pour y recevoir les jeunes Chinois qui veulent concourir pour le grade de bachelier.

On y pénètre par une grande porte qui ferme un immense carré de murailles dont elle est le seul accident. Elle est, comme toujours, surmontée d'un toit à deux ou trois étages, avec des monstres. Une fois dans la cour, on se trouve sur une large chaussée qui conduit à une pagode occupant juste le milieu du quadrilatère. On y monte par un mauvais escalier, et on se trouve face à face avec un Bouddah tout doré, qui préside aux travaux académiques. Mais ce qu'il y a de plus curieux, c'est le coup d'œil que, de cette hauteur, on a tout autour de soi. La vue embrasse alors toute l'enceinte.

A l'extrémité du fond se trouvent les bâtiments reservés aux grands dignitaires et aux salles d'examens. De chaque côté de la chaussée que nous avons parcourue sont des rangées transversales, composées chacune de soixante petites cellules de deux mètres de long sur un mètre de large ; devant chaque rangée de ces boxes, on a ménagé une allée de quatre-vingts centimètres pour la circulation du surveillant. Le tout est bâti en briques et couvert en tuiles. Il y a en tout 7500 cellules. Vu d'en haut, cet établissement est d'un effet bien étrange! C'est, du reste, une des premières curiosités de Canton. Les candidats, soigneusement fouillés, sont enfermés dans leur cellule avec des vivres pour trois jours ; ils ont, pour tout mobilier, une planche pour s'asseoir et une autre pour écrire ou pour manger. Bien que le séjour n'y soit pas très prolongé, le confinement, la chaleur, la tension d'esprit, font que, lorsqu'au bout des trois jours les officiers préposés à cet office viennent recueillir les compositions écrites, ils trouvent toujours quelques-uns des concurrents de morts. On fourre alors leur corps dans un trou pratiqué dans la muraille, jusqu'à ce que des amis viennent l'enlever, ce qui ne manque jamais. En Chine, on peut ne pas avoir d'amis pour vous empêcher de mourir de faim, mais il s'en trouve toujours pour vous enterrer.

Où allons-nous maintenant? Voyons la pagode aux cinq étages. Nous rencontrons en sortant plusieurs de nos compagnons de voyage ; ils viennent du *champ d'exécution*. Ils y ont vu des sacs avec quelques têtes dedans, et beaucoup de sang par terre. Cela ne me tente pas; j'aime mieux la pagode. Nos porteurs reprennent leurs mélopées geignantes et monotones, et nous repartons au trot.

La pagode est une des portes de la ville, située sur le point culminant, à l'opposé de notre cathédrale. Je ne sais combien il y a de portes à Canton, mais c'est la plus importante. Elle forme une espèce de temple à cinq étages dont chacun se compose d'une salle immense et nue, où l'on grimpe par des escaliers en planches fort incommodes, à cause de la hauteur des marches. Au premier étage, on voit des traces d'autels ; mais tout a été déménagé pendant l'occupation, nos troupes en avaient fait une caserne. Aussi se trouve-t-on tout surpris d'y voir les murs barbouillés de noms français, comme Alphonse, Bernard, Aglaé, etc., puis des cœurs enlacés avec initiales !

Je n'ai pas voulu quitter cette pagode sans être montée jusqu'en haut, pour jouir de la vue entière de Canton. Quand on pense que ces murailles crénelées contiennent plus de quinze cent mille habitants, on s'étonne du peu d'étendue qu'elles embrassent, surtout avec des maisons à un seul étage ! Mais il faut dire que le Chinois du peuple tient si peu de place ! Ils savent si bien s'empiler dans de petits réduits, ou vivre sans autre domicile qu'un bateau sur un ruisseau, et même s'en passer au besoin, que la population pourrait s'accroître encore sans qu'il fût nécessaire de reculer les murailles. Au cinquième, comme au premier étage de la pagode, les quatre murs sont seuls restés. Le toit en est assez curieux, à cause de ses sculptures en bois ; mais c'est triste, l'intérieur est trop dévasté. Le sol qui l'entoure est encore jonché de débris ; d'énormes monstres de granit, tous plus ou moins mutilés par nos canons, gisent à terre ; l'herbe et les roses croissent au milieu des pierres.

Nous descendons de la pagode par un sentier qui conduit au *Temple de la jeune fille*. Cet endroit est extrêmement pittoresque. Les constructions en pierre en sont fort curieuses et plus grandioses que celles que nous avions vues jusqu'ici. C'est qu'il y a toute une légende sur la patronne de ce temple ; il y en a même plusieurs : je vous donne la suivante.

Il paraît que, à une époque des plus reculées, une jeune fille nommée Kouanine avait pour père un monarque des plus puissants ; ce monarque guerroyait naturellement, comme tous les monarques, et, comme eux tous aussi, il faisait des sottises, soit en commettant les cruautés usitées de son temps, soit en faisant des imprudences. Sa fille, pleine de bon sens, lui faisait des remontrances, tant et si bien qu'il la prit en grippe et voulut s'en défaire en la mariant contre son gré. Elle se sauva ; il la poursuivit, mais elle se réfugia dans un couvent de bonzes où elle vécut saintement, en accomplissant des miracles. Son père, exaspéré, et la croyant livrée aux outrages des bonzes, mit le feu au couvent, les brûla tous, et sa fille avec. A peine était-elle expirée, qu'elle lui apparut, lui reprochant sa mauvaise action et l'assurant qu'elle était restée absolument pure !

Alors le désespoir et la munificence de son père n'eurent plus de bornes. Il lui érigea ce temple comme tombeau, et elle fut adorée dans toute la Chine. Aujourd'hui, c'est sous sa protection que se mettent les femmes, et pas un temple n'existe sans qu'il y ait l'autel de *Kouanine*.

Au contraire du délabrement de la pagode, nous trouvons ici des amas de dorures et d'ornements, qui prouvent qu'aucune offrande ne paraît trop somptueuse aux jeunes et belles Chinoises pour leur déesse Kouanine. Il y a là des bonzes très polis, qui vous permettent de prendre des prières écrites sur des bâtonnets qu'on fait brûler, seule manière de faire parvenir la prière au génie auquel elle est adressée ; puis ils vous offrent de jeter par terre une certaine pierre qui est sur l'autel, et qui répond à votre demande selon le sens dans lequel elle est tombée. Il n'est pas une femme chinoise qui ne vienne demander à cette pierre une consultation dans les circonstances difficiles de sa vie.

Nos adieux faits aux gracieux bonzes, notre journée était achevée ; il fallait nous réengager dans les rues pour gagner le Yamen du consulat.

La ville de Canton est divisée en quartiers séparés les uns des autres par de hautes et épaisses murailles en briques. On les élève autant que possible dans le but d'intercepter le cours d'un incendie s'il vient à se déclarer, comme cela arrive fort souvent, toutes les maisons étant construites en bois. A la nuit tombée, les portes de ces quartiers, qui correspondent aux principales rues, sont fermées. Ce sont des portes pleines et massives en fer, ou à claire-voie avec d'épais barreaux. Toute circulation demeure alors interdite en dehors de chaque quartier respectif, jusqu'à l'aube suivante, à moins d'une carte de passe, que délivrent les mandarins ou les consuls.

Nous avions la nôtre, mais nous avions dix-huit portes à franchir ! A quatre ou cinq minutes de cérémonie par chacune d'elles, vous pouvez juger quel temps et quel labeur ! A mesure que la nuit tombait, — il était environ six heures du soir, — les tavernes s'éclairaient, une infinité de petites lumières s'apercevaient dans leurs profondeurs et produisaient une véritable illumination. On s'empressait, on s'attablait, on mangeait.

Cependant la circulation se faisait plus rare, les boutiques se fermaient. Grâce aux toitures improvisées qui recouvrent les rues, bien que le crépuscule régnât encore, nous nous fussions trouvés dans une obscurité absolue sans quelques rares lanternes suspendues aux portes des maisons de mandarins, et les petits autels ménagés dans un coin du mur de chaque maison, sur lesquels brûlent toute la nuit, en l'honneur des esprits, une foule de petites bougies et de bâtonnets odorants. Quelquefois une veilleuse pend au milieu de la rue, d'autres fois elle brûle devant un petit monstre informe représentant un mauvais génie dont on veut conjurer les maléfices. Bref, on finit toujours par voir à se conduire; mais on n'est pas ébloui !

Je le fus cependant, en passant devant une boutique, à la porte de laquelle on avait allumé un grand feu de papier que plusieurs hommes étaient occupés à alimenter. Je demandai pourquoi. Il paraît que, lorsqu'on perd quelqu'un dans une famille, on brûle ses plus beaux vêtements et une quantité de papier d'or et d'argent, plus ou moins considérable, afin que le mort puisse se présenter devant Bouddah dans une tenue convenable et la bourse bien garnie. On brûle aussi des prières imprimées sur des papiers de différentes couleurs, selon le genre d'invocations qu'elles comportent. Les enterrements se font en grande pompe et ressemblent à des promenades de carnaval, à cause de la diversité de costumes de toutes les couleurs que doivent porter les gens du cortège, sans parler de la plus ou moins grande quantité de pleureuses vêtues de blanc qui poussent leurs cris et leurs lamentations de la façon la plus désagréable.

A Canton, ils enterrent leurs morts, ce qui ne se fait pas dans toutes les parties de la Chine. Ils choisissent pour cela des terrains en pente dans lesquels ils creusent pour y fourrer le cercueil horizontalement par la tête ou par les pieds, puis en ferment l'entrée par une pierre en manière de porte.

Je reviendrai sur ce sujet. Le feu qui brûlait était pour le fils de l'un des hommes qui l'attisaient. Mais nous nous dépêchons, car les portes se ferment. Nous marchons en file les uns derrière les autres, Mme de Thiersant en tête, moi ensuite et Max derrière; il a voulu fermer la marche, M. Salès nous ayant quittés pour retourner chez lui. Nos hommes courent, les chaises sont éloignées les unes des autres; les rues sont tortueuses et forment à chaque travée d'une cinquantaine de pas un angle presque aigu.

Tout à coup, au détour de l'une d'elles, j'entends du bruit derrière moi, puis plus rien ! Je regarde par ma fenêtre de derrière : Max ne suivait pas. J'interroge mon boy d'escorte, qui me sourit d'une façon bénigne et me dit : « C'est bien, c'est bien. » Mme de Thiersant, ne se doutant de rien, filait toujours. Enfin, saisie d'inquiétude, je l'appelle, elle fait arrêter, descend toute tremblante, et nous voilà toutes deux dans la rue obscure, entourée de Chinois curieux, et ne pouvant parler qu'à nos boys, en qui nous n'avions aucune confiance, l'un d'eux venant de faire un certain temps de prison pour vol. Max ne reparaissait pas, que faire? L'ont-ils fait disparaître? Un siècle d'angoisses me passe en quelques secondes dans la tête, que j'allais perdre, lorsque nous voyons accourir un bienheureux Chinois avec son air souriant et rassurant : il venait nous annoncer l'arrivée de celui que nous étions sur le point de croire perdu!

Voici ce qui était arrivé : un des coolis de la

chaise de Max était tombé en courant, il s'était assez grièvement blessé au genou et à la tête ; là-dessus, Max était descendu et voulait à toute force lui donner des soins et le faire monter en chaise à sa place. Mais les boys se sont interposés et n'ont pas voulu de ces manières-là : heureusement, car il paraît que, s'il avait commis une telle exorbitance, il aurait déshonoré le consulat et par suite la France entière, aux yeux du peuple chinois ! Un cooli est un cooli et ne doit pas monter en chaise.

Enfin, le pauvre blessé remplacé par un camarade, nous sommes rentrés sains et saufs au consulat.

Le dîner nous ayant remis de nos émotions, on a parlé de la revue d'un régiment d'archers qui avait eu lieu le matin. Alors M. de Thiersant, pour nous donner une idée de l'exercice à l'arc, a fait venir un soldat qui l'a exécuté devant nous, d'un bout à l'autre, et avec une grâce remarquable.

La journée est complète ; nous voilà rentrés dans nos appartements, et j'ai assez envie de dormir : aussi, dans la crainte de ne pas conserver mes idées bien nettes et de vous raconter les choses de travers, je m'interromps pour remettre à demain la continuation de mon récit. Bonsoir.

LETTRE XI

Suite de notre séjour à Canton. — Les enterrements. — Les aveugles. — Cité des morts. — Un intérieur chinois. — Les petits pieds. — Les temples. — Les monts-de-piété.

Je vous ai déjà parlé des funérailles, et je vous disais qu'elles se font ici avec un grand luxe, qu'on y dépense beaucoup d'argent ; aussi, comme les Chinois ensevelissent leurs morts dans de la chaux vive, ce qui empêche toute exhalaison, ils rangent souvent, chez eux, plusieurs défunts dans leurs beaux cercueils et attendent ainsi qu'ils en aient un nombre suffisant pour valoir les frais d'une cérémonie. C'est que, voyez-vous, rien n'est économe comme les Chinois. Ils aiment l'or et emploient tous les moyens pour ne pas le dépenser.

Ils croient que l'esprit du père de famille ne

quitte pas la maison quand il y a un fils, et, comme ils tiennent à rester chez eux le plus longtemps possible après leur mort, lorsqu'ils n'ont que des filles, ils achètent un petit garçon qu'ils élèvent et qui devient ainsi chef de famille. Ils font, du reste, ce qu'ils peuvent pour être agréables aux esprits; ils leur offrent du thé qu'ils boivent après l'avoir déposé sur l'autel et de très bons repas qu'ils consomment avec la même cérémonie, afin que rien ne soit perdu et que tout le monde soit content.

Les gens riches choisissent ordinairement pour sépulture un endroit à leur convenance; aussi vous ne devez pas vous étonner de trouver en vous promenant dans les endroits les plus pittoresques un tombeau! Chacun suit ses idées à ce sujet. Le choix du dernier séjour est toujours l'objet des plus grandes préoccupations chez un Chinois. Il ne faut pas être exposé au nord; se mettre au sud, autant que possible : c'est le côté des vents bienfaisants; chercher le voisinage d'une source, principe de végétation, etc., etc. On me montrait, en venant, dans la rivière aux Perles, une petite île escarpée, qui avait été achetée cinquante mille piastres (deux cent cinquante mille francs) par un particulier, pour en faire sa demeure dernière.

Une vieille femme, grand'mère d'une famille de pêcheurs très à l'aise, travaillait avec une ardeur étonnante à faire des filets; un de ces messieurs lui demanda pourquoi, n'étant pas dans le besoin, elle se fatiguait ainsi. « Oh! dit-elle, c'est parce que je ne veux pas être une cause de dépense pour mes enfants et que je veux avoir un beau cercueil; pour cela, j'ai déjà amassé une cinquantaine de piastres, et je veux en gagner encore cinquante. » Elle voulait avoir un cercueil de cinq cents francs.

Leur bonheur consiste à savoir qu'ils auront une belle sépulture, et le plus beau cadeau que puissent faire les enfants à leurs parents, c'est un cercueil! Aussi, c'est une branche d'industrie artistique extrêmement développée; il y en a qui sont de vrais bijoux d'un très grand prix.

Le mariage est une chose très compliquée, qui se passe en famille, chez les parents de la jeune fille. Le futur y vient pour la cérémonie que je ne puis vous décrire, n'y ayant pas assisté; quand il est retourné chez lui, on lui mène, ou plutôt on lui porte en grande pompe, sa femme voilée, dans une chaise close, faite en étoffe rouge plus ou moins richement brodée des plus belles couleurs.

Elle est précédée de plusieurs autres chaises remplies de mets tout accommodés et d'une quantité de petites bougies allumées; ensuite viennent derrière tous les cadeaux de sa famille, qu'elle apporte à son mari. D'abord la chèvre blanche sacramentelle, portée sur un brancard; après cela, tout un mobilier passe devant vos yeux, fauteuils, tables, coussins, ustensiles; des pièces d'étoffe de soie de toute espèce, tout cela suspendu à des bambous dont les extrémités reposent sur les épaules de nombreux coolis. Ce cortège est précédé et suivi d'une longue procession de gens chamarrés marchant sur deux rangs, les uns portant des lanternes (chinoises), d'autres des tablettes sur lesquelles sont inscrites en caractères d'or les noms et les titres des ancêtres avec leurs actions d'éclat, puis d'immenses parasols en étoffe rouge dont la grandeur est proportionnée à l'importance du personnage qui se marie. C'est vraiment très pittoresque et très curieux.

Les Chinois achètent leurs femmes au chef de famille ; qu'il soit le père, l'oncle ou le frère, c'est lui qui la vend. Ils ont le droit d'en acheter plusieurs; presque toujours ils en ont deux légitimes, sans préjudice de celles qui n'ont que le titre de servantes. S'ils sont riches, ils peuvent en avoir, de celles-là, *ad libitum*. Ils ont encore le droit de mettre une femme sur le pavé, sans que personne y trouve à dire. Le principal motif est souvent que la malheureuse ne produit que des filles. Mais le moindre caprice peut leur servir de prétexte : aussi rencontre-t-on souvent des pauvres créatures au petit pied, c'est-à-dire de bonne maison, vivant d'aumônes et de misère.

Mais les femmes sont préparées à cela et ne

se plaignent pas de leur sort. La même chose se passe dans le peuple. Je faisais hier compliment à Mme de Thiersant sur l'air de bonté de la nourrice de son petit garçon. « Oh oui, me dit-elle, j'en suis très contente, elle est bien bonne. Imaginez-vous que la pauvre femme a un mari qui menace de la chasser, parce qu'elle en est à sa troisième fille; alors elle ne trouve rien de mieux que de se mettre nourrice, pour que son mari, qui n'est pas riche, puisse, avec ce qu'elle gagne, acheter une seconde femme qui lui donnera peut-être un fils. » Voilà une philosophie bien chinoise, et bien complète. On ne croira pas cela en France!

Il se fait tard, je me couche, nous avons demain une journée très chargée : nous commencerons de bonne heure, et je reprendrai ma narration en rentrant.

Nous sommes donc partis ce matin aussitôt le déjeuner. Je vous décrirai d'abord la *cité des morts*. Ce début n'est pas gai, mais je ne puis le passer sous silence. Les Chinois vivent beaucoup plus avec les morts que nous. Ils s'en occupent davantage et plus longtemps. Cette idée leur est familière et ne leur cause pas le sentiment d'éloignement, de répulsion qui chez nous est développé à un point extrême.

Il y a dans toutes les villes importantes une espèce de temple qu'on appelle la *cité des morts*. Celle de Canton est située à deux kilomètres environ au nord de la ville. Après avoir franchi les remparts, on traverse un faubourg peu étendu et d'aspect misérable, puis on trouve une campagne verte et riante; partout du jardinage, des champs de patates aux larges feuilles, des étangs ombragés, des sentiers étroits, traversant sur des dalles de petits cours d'eau, une route en zigzag, puis une construction fermée, cachée par des arbres touffus. La porte s'ouvre d'elle-même sur une petite cour carrée communiquant à droite avec une autre cour, où se trouve un temple de dimensions petites mais élégantes, dans lequel trône un Bouddah de proportions modestes, flanqué de ses dix-huit disciples. Là, une porte soigneusement fermée donne accès dans ce qu'on appelle la *cité des morts*.

Vous entrez alors dans une cour en longueur. dallée, et bordée de chaque côté d'une série de petites chapelles, dans le genre des chapelles mortuaires de nos caveaux de famille. Sur l'autel, au fond, des brûle-parfums, des flambeaux de métal, une lampe allumée, quelquefois des statuettes habillées, de chaque côté trois fauteuils en bois noir. Latéralement à l'autel pendent deux rideaux ; en les soulevant, ils laissent pénétrer dans une arrière-chapelle de même dimension que la première. Ici, ni meubles ni ornements, les murs sont blanchis à la chaux ; derrière l'autel, un cercueil en bois noir, très artistement travaillé et très épais. La cité se compose d'une série de ruelles se rejoignant à angles droits, avec les mêmes chapelles. Il y en a une cinquantaine environ. Çà et là, les autels sont nus, quelques cercueils sont vides et attendent...

Partout règnent la propreté la plus recherchée, le silence le plus absolu, quelque chose de recueilli et de religieux. Deux hommes seuls vous accompagnent et vous surveillent.

Cet établissement est destiné à recevoir les corps de ceux qui, n'étant pas nés à Canton, tiennent à être transportés au lieu de leur naissance. Les gens riches, les petits mandarins des autres provinces, que leurs occupations ou leurs fonctions y ont amenés, s'ils viennent à perdre un membre de leur famille, les déposent dans cet asile, jusqu'à ce qu'on trouve à en emporter plusieurs à la fois dans la même localité, car ce genre de transports est toujours fort dispendieux : en sorte qu'un corps reste souvent là plusieurs années.

Le séjour dans la cité des morts n'est pas fort coûteux : il est de trois piastres par an.

Passons maintenant aux autres établissements. Ils en ont un pour les enfants trouvés, un pour les vieillards, un pour les aveugles; tout cela est assez mal tenu, sous la surveillance de mandarins plus désireux de chercher à augmenter leur fortune que de faire preuve de leur dévouement à l'humanité. Les bâtiments de ces asiles ne sont même pas entretenus, et c'est à peine si chacune des petites cellules destinées à chaque individu a une porte en état de se bien fermer; et cependant l'établissement ne se charge de fournir autre chose que le logement et une ration de riz tout à fait insuffisante ; c'est la famille ou les âmes charitables qui apportent la nourriture à tous ces malheureux qui, généralement, ont l'air épuisé et abruti de gens qui ne se rendent pas compte du mobile qui les fait tenir à l'existence. Il faut faire cependant une exception pour les vieilles femmes, dont beaucoup avaient une tenue assez propre et un air assez avenant. Max assure qu'elles lui rappelaient ses anciennes clientes de la Salpêtrière.

Les aveugles, qui sont de tous les âges, doivent bien aussi être entretenus par leurs familles, mais ils ont un genre de vie plus varié que les vieillards. Ils peuvent, à certaines heures, sortir et se répandre dans la ville pour demander la charité. Ils se mettent, pour cela, par files de cinq ou six, se tenant par les vêtements. Le premier est armé d'un bâton pour tâter le terrain, les autres ont un instrument de musique, comme un petit flageolet, un sabot en bois sur lequel ils frappent avec un bâton, un violon à une corde ou un tambour en peau de serpent. Une fois en route, ainsi équipés, leur tapage ne cesse pas, et, comme ils sont très nombreux, ils deviennent une véritable gêne pour le promeneur dans les rues de Canton. Il arrive souvent que vous êtes dans une boutique à faire vos acquisitions, vous vous trouvez investi par une brochette d'aveugles qui viennent s'asseoir en rond par terre et qui vous font leur vacarme tant que le marchand ne leur a pas fait l'aumône. Il est interdit de les mettre dehors sans cela. Ils sont généralement très laids à voir, et leur figure est souvent couverte de maux.

Je ne vois ni boiteux ni bossus, mais beaucoup de becs-de-lièvre.

Il est extrêmement difficile de pénétrer dans un intérieur chinois; mais, grâce au chancelier, dont la femme est intimement liée avec une famille de riches commerçants, nous venons d'être reçus dans une maison particulière, invités à déjeuner par les dames (car il y en a toujours plusieurs), et, chose étonnante, c'est que nos messieurs étaient compris dans l'invitation : mais la chose s'est expliquée plus tard ; le mari n'avait pas été prévenu.

Nous partîmes donc le matin du consulat dans nos confortables moyens de transport (je commence à me trouver très bien en chaise). Nous avions pour une heure et demie de chemin à faire, en tournoyant dans ces zigzags sans fin qu'on appelle les rues de Canton.

Arrivés devant une énorme porte chinoise, on nous introduisit dans une grande cour sur laquelle donnait la première salle d'entrée ; là nous attendaient plusieurs servantes, les unes au grand pied, d'autres au *demi*-pied, qui, après nous avoir fait asseoir dans des fauteuils de bois sculpté à siège de marbre, rangés au mur, avec chacun une petite table à côté, allèrent prévenir leurs maîtresses.

Au bout de quelques secondes, nous voyons

arriver une jeune femme presque jolie, marchant sur ses petits pieds, en oscillant à peu près comme quand nous voulons traverser un ruisseau sur une perche, en tâchant de ne pas nous jeter dans l'eau. Elle était richement habillée, avec des fleurs et des bijoux dans les cheveux, la figure peinte en fond blanc, avec les joues roses, les lèvres rouges et les sourcils très marqués, son chignon artistement travaillé, ses vêtements somptueusement brodés, aux couleurs éclatantes : c'était tout à fait l'ensemble de nos Chinoises d'éventails ou de paravents.

Elle nous salua, nous fit signe de nous rasseoir, et aussitôt on nous apporta sur nos petites tables à chacun une tasse de thé, sans sucre. Force nous fut de le boire; mais, en accomplissant cette tâche, nous échangions, Mme de Thiersant et moi, des regards d'une expression bien navrante!

Cela fait, le chancelier fut chargé de lui traduire nos compliments sur sa beauté, sur sa toilette, ce à quoi elle parut très sensible; puis, pour mettre le comble à notre politesse (ainsi le veut la civilité chinoise), nous lui demandâmes son âge, afin de pouvoir nous récrier sur son air de jeunesse ; elle avait vingt-quatre ans et les paraissait tout juste. Alors survint une seconde, plus âgée, mais pas plus peinte, sur l'ordre de laquelle on apporta une table couverte de soucoupes et de bols, remplis de fruits confits, de gingembre, de poissons secs, etc. L'étiquette voulait que ces dames restassent sur leurs petits pieds pendant tout notre repas ; et, pour faire les honneurs, quand nous fûmes tous assis autour de la table, elles s'armèrent chacune d'une petie fourchette en argent à deux dents, et, piquant un fruit, elles nous le présentèrent à la hauteur de la bouche. Cela m'étonna ; mais je n'en fis pas la mine, j'acceptai ; puis du poisson sec, j'acceptai encore ; des petits fours, des amandes, des crevettes ; cela devint une question ! il est vrai que, pendant ce temps, elles nous versaient, dans de toutes petites tasses, un excellent vin de riz dont il fallait boire jusqu'à la dernière goutte pour n'avoir pas l'air de gens mal-appris. Jusque-là, nous avions suffi à avaler une multitude de choses que nos estomacs devaient être bien étonnés de voir arriver ensemble, et je croyais avoir très suffisamment déjeuné, quand nous vîmes déposer au milieu de la table un plat de gâteaux cuits à l'eau et farcis d'un composé de homard et de poisson assaisonné à l'ail. Le chancelier nous vanta ce mets, j'en goûtai et le trouvai très bon, mais je n'avais plus faim. Aussi l'apparition d'un plat de friture me fit-elle pousser des exclamations, et je m'insurgeai tout à fait contre le défilé des viandes qui allait commencer ; il paraît que nous n'en étions qu'aux hors-d'œuvre ! En sorte qu'on donna ordre à l'office de suspendre les exhibitions, au grand désappointement des cuisiniers et, je crois, aussi un peu des maîtresses de la maison. Mais nous étions pressés par l'heure, nous voulions visiter l'habitation. Alors, on laissa les messieurs fumer, et la plus jeune femme nous emmena, Mme de Thiersant et moi, dans sa chambre à coucher.

Tous ces appartements ne sont éclairés que

par le haut, ce qui les rend tristes. La chambre à coucher avait deux grands lits à colonnes en bois noir finement sculpté, ornés de rideaux et de lambrequins en satin brodé de soie et d'or; sur le lit à fond canné, un matelas épais de cinq centimètres, recouvert d'une natte très fine, puis une pile de coussins et de couvre-pieds, tous plus richement brodés les uns que les autres et qu'ils disposent, en se couchant, comme bon leur semble. Pas de draps; ils n'en font pas usage; couchant avec leurs habits, ils n'en sentent pas le besoin. Elle nous fit tout admirer et nous fit très bien comprendre ensuite qu'un des deux lits était pour son mari quand il venait dormir auprès d'elle. Je ne vis dans la chambre d'autres meubles qu'une toilette garnie de tous ses ustensiles, et Dieu sait combien il y en a! Par ma fenêtre à Hong-Kong, j'avais pu plonger les yeux dans la chambre d'une Chinoise; son rideau était levé, ses femmes la coiffaient. Bien certainement, pas une de nos Parisiennes ne voudrait subir cette quantité de plâtrage, de colle, de cosmétiques; pas une ne mettrait autant de temps, ni plus de faux cheveux, ni n'emploierait le jeu d'autant de petits miroirs pour s'assurer que tout est bien arrangé.

Rien n'est compliqué comme la toilette d'une Chinoise en ce qui regarde la figure et la coiffure. Seulement on ne renouvelle cette dernière cérémonie qu'à plusieurs jours de distance, et ces dames ont, pour se coucher, un petit oreiller en porcelaine ou en bambou sur lequel elles posent leur cou, de façon que l'oreiller soit entre l'épaule qui s'appuie sur le lit et la tête, qui, restant suspendue, conserve la coiffure intacte pour le lendemain. Je crois que je passerais, ainsi couchée, de bien mauvaises nuits ; mais on s'y habitue dès l'enfance.

C'est comme pour les petits pieds : je n'en ai pas encore vu, et on dit que j'aurais de la peine à y parvenir ; mais il paraît que c'est horrible et dégoûtant. Régine a eu une femme de chambre avec cette infirmité, elle a été obligée de la renvoyer à cause de l'affreuse odeur ! On prend les petites filles à l'âge de deux ans, on leur masse les pieds, de façon à redresser le cou-depied ; on les bande en repliant les orteils en dessous, et, à partir de ce moment, chaque jour on recommence la même opération, en comprimant de plus en plus le pied de la pauvre petite créature, condamnée dès lors à ne plus quitter son lit jusqu'à l'âge de quinze ou seize ans et à ne plus marcher de sa vie.

Dans l'enfance, l'instinct naturel, la douleur, la font se plaindre et pousser des cris, auxquels les parents doivent rester absolument sourds ; mais, plus tard, elles deviennent fières de cette situation et ne pardonneraient jamais à leur père de n'avoir pas eu la cruauté de mener à bonne fin l'exécution de cet acte de barbarie, car, par cela seul qu'elles auraient un pied normal, elles se trouveraient rejetées de la société, et aucun Chinois ayant le respect de soi-même ne voudrait les prendre pour femmes.

J'en reviens aux pieds de nos dames, qui étaient des plus petits et par conséquent des plus aristocratiques qu'on puisse voir. Leurs souliers n'avaient pas dix centimètres de long. Seulement la jambe est entourée de bandes qui s'enroulent jusqu'au bout du pied et en font une espèce de moignon qu'on fourre dans un bas et qu'on pose sur l'ouverture de ce soulier, en l'attachant avec des cothurnes.

C'est disgracieux et pénible à voir, malgré les belles broderies et les bijoux dont elles ornent leurs chaussures. On ne sait vraiment comment elles peuvent se tenir debout.

Je vous ai dit tout cela dans la chambre à coucher ; maintenant nous passons dans une infinité de petites pièces, ayant toutes leur destination, meublées en laques et en bois sculpté fort curieux. Dans chaque pièce, un brûle-parfum dans lequel se consument, en l'honneur des ancêtres, de petites allumettes odorantes qui remplissent l'atmosphère d'un léger nuage parfumé qui n'est pas désagréable.

En traversant un élégant couloir, nous rencontrons une jeune fille élégamment parée : c'est la fille de la dame plus âgée. Elle n'aurait pas dû se laisser voir ; mais je crois qu'elle s'était habillée en prévision de notre visite, et qu'un hasard prémédité la faisait se trouver à la porte de sa chambre, lors de notre passage. Cependant sa seconde mère ne l'a pas grondée, et elle s'est retirée en nous faisant un salut très gracieux.

Nous avions fait le tour des appartements ; une porte s'ouvrit qui nous faisait entrer dans une espèce d'immense salon dont le sol, élevé de plusieurs marches au-dessus de la cour, donnait à cet endroit l'aspect d'un théâtre, parce que tout le devant était ouvert sans autre muraille qu'une petite galerie en bois sculpté à jour, de la hauteur de soixante à quatre-vingts centimètres. Des lustres en cristal et en porcelaine étaient pendus aux charpentes du toit, car il n'y a pas de plafond, mais tout cela est très enjolivé ; puis un énorme et brillant autel, chargé de vases de toutes sortes, de riches bibelots et de brûle-parfums toujours incandescents, formait le fond du tableau. De chaque côté et tout autour de la salle étaient dressées les tablettes de la famille. Ce sont de longues planchettes ayant un manche et ressemblant beaucoup aux rames de nos petits bateaux de promenade. Elles sont peintes en rouge et portent une inscription en lettres d'or, qui rappelle les noms ou les hauts faits des défunts. En Chine, la noblesse remonte et ne descend pas. La belle conduite d'un homme ennoblit ses ancêtres, et son fils est roturier s'il ne continue pas les traditions de son père.

Quand les Chinois sortent en cérémonie, s'ils sont riches et qu'ils soient mandarins, ils se font précéder sur deux files par des gens portant ces mêmes insignes, plus des lanternes, des gongs, des parasols en coton rouge plus ou moins énormes en raison du grade social de l'individu qui est dans la chaise. Ces cortèges sont quelquefois très longs. Ils se forment de tous les coolis qui couvrent le pavé des rues et qu'on ramasse journellement pour ces circonstances; en sorte que la magnificence du défilé pèche souvent par la pauvreté du costume des porteurs d'insignes.

Outre ces tablettes, la salle était entourée de sièges, de tables sculptées très finement. C'était le grand salon de famille. Là, nous trouvâmes nos messieurs achevant leur cigare et nous attendant pour visiter les jardins et toutes les dépendances.

Mais ces dames, ne pouvant nous suivre dans cette longue promenade, nous donnèrent un boy pour nous conduire. En sortant, nous nous trouvâmes en présence d'une pièce d'eau carrée, entourée de petits murs et d'une grandeur prodigieuse, entièrement couverte de nénuphars ou plutôt de lotus. Cette plante, dont la fleur m'émerveille de plus en plus, est cultivée avec amour par les Chinois ; ils en ont plusieurs variétés : le lotus sauvage, qui est notre nénuphar, puis celui à fleurs roses, le double à fleurs rouges, et enfin le plus beau de tous, celui que les Anglais ont baptisé du nom de *Victoria*, dont la fleur, du plus beau rose vif, s'épanouit à fleur d'eau avec un développement d'environ 50 centimètres, et dont les feuilles s'étendent sur l'eau en larges plateaux ronds tuyautés tout autour, ayant au moins 60 à 80 centimètres de diamètre. C'est d'un très bel effet, et tous les jardins soignés en sont dotés avant toute autre chose.

Le jardin où nous entrions est un spécimen de tous ceux de la Chine ; c'est toujours le même modèle reproduit en petit ou en grand. Une infinité de petits kiosques, avec des escaliers descendant dans l'eau, de petits ponts, de petits toits, des vases, des monstres en porcelaine ou en faïence, des terrasses où l'on s'installe pour fumer et boire du thé. Pour vous en donner une idée, regardez vos paravents, vos éventails, vos laques; animez-en, en imagination, toutes les peintures, et vous aurez ce que j'avais sous les yeux.

Malheureusement, dans ce pays, on recueille précieusement chaque matin dans les maisons les produits de la vie animale, et on en arrose soigneusement à mesure fleurs et légumes, ce qui est un grand inconvénient pour la promenade. Aussi le petit flacon que m'a donné Raymond ne quittait guère mon nez, et je n'y perdais rien, car les fleurs sont belles, mais elles n'ont généralement pas d'odeur. J'ai fait cette remarque à partir de Ceylan. La famille des lis seule exhale un parfum exquis.

Une des fleurs favorites des dames chinoises, c'est le chrysanthème. Elles le cultivent dans des vases et en remplissent leurs appartements. Je n'en avais jamais vu d'aussi belles variétés.

Un des enfants, gentil boy de huit à neuf ans, était venu se promener avec nous ; nous ne parlions pas la même langue, mais par son intelligence il nous faisait tout comprendre. Il avait pris Max en amitié et ne voulait plus s'en séparer. C'était un joli petit Chinois.

Aussitôt notre retour au salon, on nous offrit encore du thé, puis les deux dames dirent au chancelier de présenter leur requête à Max, qu'on leur avait dit être un grand médecin. Il s'agissait d'une consultation pour la plus âgée, qui avait une glande au cou. Max s'empressa de passer avec elles deux dans la chambre à côté et lui fit une ordonnance dont il ne connaîtra jamais le résultat.

Nous avions fini notre visite, nous prîmes congé. Les hommes du logis n'avaient pas paru, naturellement. Il est rare du reste que les hommes soient chez eux, excepté les marchands. Ils vivent beaucoup au dehors, le jour et la nuit. Les femmes gardent la maison, et les messieurs vont s'amuser ailleurs ; aussi, si l'on en croit les chroniques, bien des petites fêtes se passent au foyer, en l'absence du seigneur et maître, et le diable n'y perd rien.

Peu de temps après notre visite, nous apprenions que cette maison si belle, si bien installée, venait d'être confisquée au profit de l'Etat avec tous les biens de son propriétaire : la sollicitude toute paternelle du gouvernement jugeait ce particulier beaucoup trop riche pour un simple sujet chinois! C'est un usage, mis assez souvent en pratique ; aussi les grandes fortunes s'efforcent-elles de se dissimuler le plus possible, quand elles n'appartiennent pas au monde officiel, lequel tient une place immense dans le pays.

Nous sommes restés bien longtemps; la journée s'avance. Pourtant il nous faut voir le temple d'Onam, qui est un des plus considérables de Canton. Mais c'est de l'autre côté de la rivière, et pour cela nous devons traverser la ville flottante, c'est-à-dire les milliers de sampans et de jonques bondées de familles chinoises, qui couvrent littéralement la surface de l'eau. Je ne sais comment on parvient à passer au travers de cette multitude sans en chavirer trente-six ou chavirer soi-même. Il y a bien un certain ordre, il y a bien des rangées qui forment des rues ; mais c'est si étroit, qu'il faut être batelier du pays pour arriver à se tirer de là sans encombre. Les femmes, tout aussi bien et en aussi grand nombre que les hommes, manœuvrent adroitement ces bateaux.

Dans notre traversée, nous rencontrons les fameux bateaux de fleurs tant célébrés, tant vantés par les marins. Nous en faisons le tour : les fenêtres et les portes sont ouvertes et laissent voir à l'intérieur des salons ornés de lustres et de divans, avec des lanternes et des guirlandes de feuillage, comme dans nos cafés-concerts. Aux fenêtres du premier étage se montrent des têtes de jeunes Chinoises, artistement coiffées avec des profusions de fleurs et de bijoux. Elles paraissent fort gaies et font à nos messieurs des mines suffisamment provocantes. Nous passons, jugeant inutile d'en voir davantage. En somme, le luxe parisien laisse loin derrière lui ces ébauches d'une somptuosité barbare; et la musique qu'on fait chaque nuit dans ces lieux de plaisir n'aurait certainement rien de tentant pour les oreilles de ceux de nos compatriotes qui s'y sont le plus amusés, s'ils devaient l'entendre plus souvent et sur nos boulevards.

Cependant c'est là que vont gâcher leur vie et leur fortune les gens riches, les viveurs et les *gommeux* de Canton !

Nous abordons à l'autre rive. L'entrée du temple donne juste sur la rivière. En débarquant, on entre sous une allée d'arbres séculaires, toujours des banians, dont on a grand soin de couper les branches trop envahissantes dans la ville comme dans les endroits cultivés.

L'avenue est ombreuse, large et grandiose ; on aperçoit au fond la grande porte du temple, défendue par de formidables géants en pierre, peints de toutes les couleurs ; ils font d'affreuses grimaces, mais on n'a pas peur, on passe. On entre dans une grande salle au milieu de laquelle est un autel supportant trois Bouddahs d'environ dix mètres de haut avec des brûle-parfums devant eux. La salle est entourée de génies de toutes sortes, très ornementés, très richement décorés.

On fait le tour de l'autel en admirant les choses précieuses qui y sont déposées, on salue le bonze de garde en lui présentant dix cents (valeur dix sous), dixième d'une piastre ; c'est le prix accoutumé. Alors il se met en travers de la porte en disant qu'il lui faut autant de dix cents que de personnes, d'autres bonzes viennent autour de vous, on a un peu peur ; cependant on refuse, il insiste ; alors, comme il y a des portes latérales, on en avise une et on sort par là ; ils rient et ne vous poursuivent pas.

On passe à un autre corps de logis, on entre ; c'est exactement la même chose : seulement la statue qui est sur l'autel du milieu est en marbre blanc et représente une femme. Pour sortir, on répète la même cérémonie.

Le troisième bâtiment est encore tout pareil ; les sculptures en bois, du dehors, sont fines et délicates. Mais, une fois entré dans l'enceinte, vous vous engagez dans un méandre de corridors qui vous conduisent à des ruelles entre deux murailles reliant entre elles des cours sans nombre, des pièces d'eau, des terrasses qu'on parcourt sans pouvoir s'expliquer leur utilité, ni le plan qu'on a pu concevoir en les établissant. Tous ces détours indescriptibles vous conduisent au sanctuaire des cochons sacrés. C'est une cour à peu près carrée, très bien dallée, avec une petite pièce d'eau et un petit hangar pour abriter les six animaux qui sont là, admirablement soignés, et destinés à mourir de leur belle mort. Leur mission en ce lieu est d'absorber le souffle des mauvais esprits afin d'en soulager le pauvre monde ; ils sont gras à ne pouvoir bouger et n'ont même plus de formes. Deux d'entre eux ont des défenses, poussées en spirale comme des cornes de bélier ; je n'ai pu savoir leur âge. Cet endroit est tenu très proprement et n'exhale pas la moindre odeur.

De là, on va voir les poissons sacrés, qui doivent aussi vivre leurs longs jours sans être jamais inquiétés. Mais poissons et viviers ne sont plus qu'à l'état de souvenir ; car notre cicérone, après nous avoir promenés pendant trois quarts d'heure entre de hautes murailles de pierre, aux allées étroites et tortueuses, nous ouvrit une porte donnant sur un jardin tout fleuri de chrysanthèmes au bout duquel une immensité marécageuse, desséchée aux trois quarts, dut nous donner l'idée de ce qu'aurait pu être l'étang sacré : malheureusement, il n'y avait plus ni eau ni poissons.

Peu satisfaits de cette vue, nous avons poussé nos investigations plus loin ; alors, en cherchant, nous avons découvert le cimetière des bonzes. Nous avions vu dans une des innombrables salles du temple un bûcher tout préparé. Maintenant nous étions devant une espèce de four, grossièrement construit ; c'est là qu'on les brûle. Lorsqu'il y en a un de mort, on le couche sur le bûcher, qui a la forme d'une civière, et on le porte au four. Ensuite on recueille ses cendres dans un petit pot qu'on va ranger avec les autres sur des rayons dans une petite maison *ad hoc ;* cela ressemble beaucoup à une provision de beurre. Quelques-uns des plus importants ont les honneurs d'un mausolée ; mais ils sont rares.

Il y a dans ces établissements tout un peuple de bonzes, ils y vivent en famille ; aussi, à la fin de notre promenade, étions-nous entourés d'une telle foule de gens et d'enfants nous suivant et nous regardant, sinon d'une façon hostile, au moins d'un air de grande curiosité, que je finissais par n'être pas bien sûre que nous en sortirions tranquillement. A ce moment, le chancelier jugea prudent de glisser une pièce d'argent à celui qui nous guidait, à seule fin de mieux assurer la sécurité de notre retraite et de pouvoir arriver sains et saufs à la grande porte.

Je dois avouer que, sortie de là, je respirais plus largement. Pourtant, en longeant l'avenue, je reçus de la part d'un jeune bonze qui rentrait un *good by*, accompagné d'un salut et d'un signe de main qui dénotaient une éducation de gentleman. Il avait du reste la tournure de Chinois la plus élégante que j'aie jamais rencontrée C'était probablement un des supérieurs de la communauté.

Une cohue de bateliers nous assiégea au départ; je me jetai vite dans le premier sampan venu. Il nous conduisit au quartier des jardiniers, qui se trouve sur la même rive. C'est là que Canton vient chercher ses fleurs. Il y en a de fort belles ; la saison est en ce moment celle des camélias et des chrysanthèmes ; ils ont des merveilles dans ce genre. Le dracéna rouge y est cultivé en pleine terre et à l'état d'arbre. Mais leur industrie s'exerce surtout d'une façon prodigieuse à produire toute espèce d'objets, de figures ou de monstres, avec un certain petit arbuste dont je vous ai déjà parlé, qui ressemble au myrte, qu'ils taillent sans cesse pour arriver à gouverner les pousses, de façon à représenter tous les caprices de leur imagination. Ce n'est pas joli, mais c'est drôle !

Ainsi vous êtes tout étonné de vous trouver à côté d'un chien en verdure avec de gros yeux d'émail ; plus loin c'est une pagode, ici un mandarin, là un soldat français, le fusil au repos, beaucoup de poissons et d'animaux sauvages. Tout cela pousse et fleurit ; il y a un moment où ces arbustes sont couverts de petites fleurs blanches qui produisent un effet tout à fait surprenant.

Chaque jardinier a un petit enclos comme un

café ; les gens de la ville y viennent en famille passer la journée. On mange sur l'herbe ou sous des tonnelles, comme dans les environs de Paris. Puis il y a la boutique de pots de fleurs, qu'on achète en s'en allant. J'ai acheté deux camélias que j'ai rapportés au Yamen. La visite de trois de ces établissements nous les faisait connaître tous.

La journée était finie, le temps magnifique, notre embarcation nous attendait. Nous retraversons la grande rivière, croisant des bateaux de tous les genres : jonques de mandarins armées de canons, rentrant après leurs exploits, chargées de prisonniers (toujours des pirates), étalant au soleil couchant leurs couleurs éblouissantes et emplissant l'air de leur musique triomphale ; jonques de pêcheurs s'enfonçant sous le produit du travail de la journée ; bateaux remplis des fleurs les plus merveilleuses qu'on transporte à la ville chez les riches particuliers qui en ont fait l'emplette, puis aussi pour approvisionner le marché du lendemain ; puis d'autres, chargés d'immondices, de fruits, de légumes, de provisions de toutes sortes ; enfin, un va-et-vient aussi actif, aussi affairé, aussi foulé de monde que peut l'être la rue de Richelieu vers les quatre heures de l'après-midi. Seulement, au lieu d'un tout petit espace couvert de voitures, c'est une immensité couverte de bateaux qui remplacent le bruit des roues par les chants, les cris, les hurlements des bateliers. C'est aussi étourdissant ! On ne risque pas d'être écrasé, mais une culbute de la barque serait bientôt faite, et, une fois dans cette eau, jaune et opaque comme le sont presque toutes les rivières de la Chine, je crois qu'il serait difficile de vous repêcher au milieu de ce bouleversement.

Nous voici revenus à terre. Je remonte en chaise, heureuse de la perspective de la course furibonde que nous allons recommencer à travers Canton. Il y a des gens qui n'aimeraient pas cela ; mais j'y trouve un tel attrait d'originalité que je ne voudrais céder ma place à personne.

Il y a aussi un motif qui légitime la clôture de chaque quartier : c'est afin d'empêcher l'évasion des malfaiteurs qui se seraient livrés à des méfaits plus ou moins graves pendant la nuit ; or le mandarin ou le principal personnage du quartier est responsable, et, s'il ne découvre pas le criminel pour le livrer à la justice, c'est à lui qu'on coupe la tête. Vous devez comprendre avec quel soin on ferme les portes chaque soir.

Demain nous irons visiter le temple des *cinq cents génies*, qu'on dit fort curieux. Il est minuit. Je vais dormir et causer avec vous en rêve.

Nous voici donc ce matin de nouveau en route : c'est sur le temple des cinq cents génies que nous nous dirigeons. Nous suivons la longue rue des cercueils ; quels magnifiques coffrets ! je comprends presque qu'on se fasse une fête d'être couché là-dedans pour l'éternité.

Nous sommes mal reçus à l'entrée du temple ; les bonzes de la porte ne nous livrent pas de suite passage ; ils en vont chercher d'autres qui ont l'air louche et malveillant. Ils parlementent entre eux ; nous avons un peu d'inquiétude, entourés que nous sommes par un populaire nombreux et de physionomie peu rassurante ; enfin la conférence se termine par une adhésion. On nous introduit dans une, deux, trois cours ; quatre, cinq, six corridors. Nous voilà dans le temple ! à hauteur de l'épaule règne une estrade sur laquelle sont rangés à côté les uns des autres, formant des galeries dans tous les sens, mais dans la même immense salle, cinq cents statues, de grandeur naturelle, entièrement dorées, à l'exception des mains, des cheveux et de la figure. Chacun a ses attributs ; beaucoup ont des animaux, d'autres un emblème quelconque. J'en remarque un dont le bras gauche est d'une longueur démesurée ; je l'ai déjà vu ailleurs : cela signifie, sans doute, que c'est un génie qui peut atteindre à toutes les distances et qu'on ne saurait lui échapper.

Au milieu de tous, sur un grand autel, s'élève l'éternel Bouddah, entouré de ses assesseurs, qui forment un groupe des plus imposants.

Pourquoi le premier des génies qui se trouve à leur gauche est-il coiffé d'un petit chapeau noir de matelot ? On m'assure qu'il représente Marco

Polo, un des premiers hardis explorateurs de la Chine. L'ont-ils, en témoignage de grande considération, admis au nombre des saints de leur calendrier ? Ce serait à supposer.

Cette visite, fort intéressante, du reste, emploie une partie de la journée. Notre sortie du temple s'effectue sans encombre, moyennant les pièces de monnaie distribuées autour de nous et qui nous procurent des salamaleks fort empressés de la part des bonzes, qui sont, en somme, de meilleure composition qu'ils n'en avaient l'air au premier abord.

Nous passons le reste de la journée à bibeloter dans les boutiques, achetant de jolies choses que je serai bien contente d'avoir à Paris. Nos acquisitions sont nombreuess et assez importantes en vases, bronzes, ivoires, étoffes, vieilles armes, etc. Ce soir, nous bouclons nos malles ; car nous partons demain à huit heures.

La nuit a été bonne. C'est la dernière que nous passions à Canton, dans ce yamen où nous ne reviendrons jamais ! Nos porteurs sont sous les armes et attendent notre bon plaisir ; c'est le cœur serré que nous nous séparons de nos aimables hôtes, emportant avec nous le souvenir reconnaissant de leur large et gracieuse hospitalité. Ils vont bientôt, du reste, revenir en France, et nous les y reverrons.

A notre arrivée au bateau, on embarquait la provision de poisson qu'on envoie chaque jour à Hong-Kong. Je n'en avais jamais vu autant. Imaginez deux énormes bateaux chargés à pleins bords de monstrueuses carpes, devant peser toutes entre quinze et vingt livres (je dis carpes, parce que ce poisson y ressemble, mais je ne sais pas son nom), venant se décharger dans d'immenses cuves préparées dans notre paquebot et soumises à un courant d'eau continu. Ce transbordement avait quelque chose de gigantesque.

Nos halles auraient un aspect bien mesquin, à côté de cet approvisionnement si extraordinaire ! mais tout cela est vite absorbé par ces populations, qui en font la base de leur nourriture ; aussi les campagnes de Canton sont-elles remplies de champs creusés en manière d'étangs, où l'on cultive le poisson, qui y prospère admirablement et s'y reproduit avec une promptitude remarquable. Ils ont des champs d'eau pour y faire paître leurs poissons comme nous avons des herbages pour nos moutons.

La matinée était splendide : le paquebot se mettait en marche, et nous allions avoir une délicieuse navigation, revoir les bords si accidentés, si curieux de cette redoutable rivière aux Perles, dont la piraterie est restée pour nous à l'état de légende. N'importe, je n'en oublierai pas l'aspect. Nous disions de loin adieu à ceux que nous laissions. Petit à petit, la ville s'éloignait, et, quand nous ne distinguions plus les maisons, nous voyions encore s'élever, superbe et majestueuse, cette orgueilleuse cathédrale, à qui Dieu veuille prêter longue vie ! Puis aussi les innombrables tours des monts-de-piété dont l'existence est beaucoup moins problématique.

Il faut vous dire que le mont-de-piété est une institution toute chinoise; c'est une coutume passée dans le sang. Une ville chinoise se passerait plutôt de temples que de monts-de-piété. Outre les engagements d'objets de valeur qui s'y font journellement, les gens du peuple, habitant les rues, les huttes et les jonques, ont toujours une certaine quantité d'habits. Le Chinois ne sait supporter ni le froid ni la chaleur. Prenez-le au mois de juillet, il est tout nu ; quand viennent les premières fraîcheurs, il met un vêtement ; quinze jours après, il en ajoute un autre, si bien qu'au mois de janvier il se trouve matelassé à l'épreuve de la balle. Arrivé au printemps, il ôte la robe de dessus ; mais son logis, s'il en a un, est très restreint : il a besoin de quelques sapèques, le mont-de-piété lui sert de placard et lui donne de quoi manger. Il y porte son habit ; il fait de même la semaine suivante pour le second, et ainsi de suite, à mesure que la chaleur augmente, jusqu'à ce qu'il se retrouve à l'état de nature. Alors, il tâche de regagner des sapèques pour se revêtir à l'automne. Voilà comment le mont-de-piété est toujours en pleine activité et en grande prospérité dans ce pays. Ces établissements sont installés dans des tours carrées bâties en pierres ou en briques, qui les mettent à l'abri de l'incendie. Ces tours dominent la généralité des autres constructions chinoises, qui sont très basses, et provoquent la curiosité du voyageur qui n'est pas au courant des usages du pays.

Nous abandonnions donc pour toujours, et bien à regret, cette ville unique au monde ; nous voyions fuir à nos côtés ces rivages si vivants, si pittoresques et si peuplés (de pirates, il est vrai, mais on se refuse à croire au danger qui ne vous apparaît pas menaçant), et je me plaisais à orner de toutes les vertus et de tous les bonheurs champêtres cette multitude de gens occupés, allant et venant, qui peuplent les nombreux villages installés sur les bords de la rivière aux Perles, depuis Canton jusqu'à Hong-Kong. C'était plus riant et plus agréable que de voir en eux d'affreux brigands qui auraient pu venir nous assaillir d'un moment à l'autre.

En somme, ce retour s'est effectué le plus paisiblement du monde ; je n'ose pas dire trop paisiblement. Cependant, je n'eusse pas été fâchée d'avoir eu une petite aventure à raconter pour nous faire une rentrée victorieuse auprès de l'amiral. Mais rien, pas la moindre rencontre !

Pas le plus petit pirate ! Aussi nous avons dû nous résigner à recevoir les condoléances de ces messieurs du *Montcalm*, qui m'ont exprimé, fort spirituellement du reste, toute leur sympathie pour mon peu de chance en voyage.

Le fait est que jusqu'ici tout nous réussit à souhait, pas un accident, rien d'anormal ! Nous avons eu des mers mauvaises, des orages épouvantables, mais toujours s'arrêtant à la limite du véritable danger, et, si les choses continuent ainsi, nous ne connaîtrons vraiment ni la fatigue ni les anxiétés dont se plaignent un si grand nombre de voyageurs.

Nous restons encore trois jours à Hong-Kong ; je vais en profiter pour fouiller les boutiques afin de découvrir des merveilles de vieux bibelots ; on dit qu'il y en a en assez grande quantité. Max y a aussi une affaire à suivre, qu'il a mise en train avant de partir pour Canton et dont je vous parlerai dans ma prochaine lettre : il s'agit d'avoir la tête d'un certain pirate chinois qui n'est pas encore pendu, mais on pense que ce sera pour demain. C'est un objet de collection qui n'est pas rare dans ce pays, mais qu'il serait impossible de se procurer si l'on n'avait pas des intelligences auprès de la justice britannique dans la personne du *grand juge*, dont l'omnipotence ici n'admet aucune contradiction.

Nous venons donc de revoir et nos jolis rameurs français à la livrée blanche et bleue, et nos nouveaux amis qui sont déjà pour nous de vieilles connaissances. Les jours que nous allons passer ici devraient avoir vingt-quatre heures, tant nous aurons de choses à faire, de monde à voir. Nous dînons ce soir au Consulat, demain chez le directeur des Messageries, etc. Si nous restions quinze jours, nous aurions quinze grands dîners. Ce pays est vraiment charmant !

Le fait est que rien ne peut être plus séduisant que l'aspect d'Hong-Kong, surtout à cette époque de l'année où la chaleur n'a rien d'excessif. Rien de plus harmonieux que la silhouette de l'île, dont l'œil saisit tous les contours du milieu de la rade, ou que les méandres et les sinuosités de la rade contemplés des hauteurs. Dans les rues, l'animation d'une cité commerçante et populeuse, avec le pittoresque des costumes, chinois, artilleurs, cipayes, se coudoyant avec les vestons blancs des pékins, et les chaises à porteurs, et les breaks rapides, et les caisses pesantes sur les épaules des coolis. A quelques pas de là, la verdure, les roches rougeâtres, immenses, la solitude, le silence, et partout des fleurs à profusion.

Je termine ma lettre, et je ne pourrai plus vous écrire que de Shanghaï, où je reprendrai mon récit au moment où je vous quitte. J'aurai vu nos enfants, c'est vous dire combien j'ai hâte d'y arriver.

LETTRE XII

A Shanghaï (2 décembre).

Je viens d'arriver à Shanghaï. J'ai vu mes enfants et mes petits-enfants. Je ne vous dirai pas ce que j'ai ressenti, parce que vous le sentirez vous-mêmes. La jeune mère n'a pas encore repris toutes ses forces. J'ai trouvé une fillette de deux ans, belle et fraîche, d'une vivacité surprenante, qui parle je ne sais quelle langue, pas française à coup sûr, anglaise à ce qu'il paraît, mais panachée d'autre chose. Toutes ses impressions de surprise se traduisent par *Oyo !* Est-ce du chinois ? Le bébé ne dit rien ; il a deux mois à peine, une superbe santé, et paraît enchanté de sa nourrice, une jeune Chinoise, fort gentille en vérité, et qui a du lait à en fournir à toute une famille.

Ma prochaine lettre vous donnera des détails. J'ai beaucoup à voir et à causer avec tout le cher monde qui m'entoure ; c'est pourquoi je vous dis adieu et à bientôt d'autres nouvelles.

LETTRE XIII

Le retour de Canton à Hong-Kong. — Une tête de Chinois. — Acquisitions. — Ascension au Pic. — A bord de l'*Iraouaddy*. — Détroit de Formose. — La rivière de Shanghaï. — Installation. — Les domestiques, le blanchissage et les voitures de place (7 décembre).

Il me faut remonter en arrière pour reprendre et vous continuer la narration de mon voyage. Je vous ai quittés revenant à Hong-Kong, après une description bien imparfaite de Canton, mais que je me réserve de compléter de vive voix dans nos bonnes et longues causeries du retour.

Nous avions trois jours à y passer, pendant lesquels, malgré mon grand désir d'embrasser ma fille, j'ai eu à occuper mon temps de manière à le trouver trop court.

Cette fois, nous descendions chez le jeune et charmant directeur du comptoir d'escompte, M. de Guigné, où nous recevions la plus cordiale et la plus gracieuse hospitalité. Son habitation, qu'il s'est appliqué à européaniser le plus possible, est pourvue de tout ce qui peut rendre la vie confortable. La basse-cour, la vacherie, le jardin, tout y produit, par ses soins, ce qu'on chercherait en vain à se procurer dans le pays, en fruits français, légumes, beurre, etc., etc. Sa situation sur l'amphithéâtre qui domine la rade est ce qu'on peut imaginer de plus délicieux. Lorsque, le soir surtout, on voit par un beau ciel, qu'on ne trouve que là, s'illuminer en même temps la ville chinoise qui est à vos pieds, puis tous les vaisseaux de guerre, paquebots, jonques et sampans, que tout cela va, vient, manœuvre, se croise en tous sens, on pense à une nuée de lucioles qu'on regarderait s'ébattre sur l'immensité de l'eau. On rêve, assis sur cette terrasse, et on se dit que la vie devrait se continuer longtemps ainsi.

Mais la pensée du lendemain vous revient, on se rappelle qu'il faut se reposer pour être prête à faire l'ascension au Pic. Il est vrai qu'elle se fait à dos de Chinois ; mais, pour nous autres Européens, le soleil et la chaleur à supporter pendant le fort de la journée sont toujours une fatigue.

Le lendemain, nous étions attendus à la porte par une quantité de coolis avec leurs chaises, qui se disputaient l'honneur et surtout le profit de nos préférences. Notre choix fait, nous gravissions la montagne d'un pas vif, allègre et cadencé, qui ne devait pas se ralentir jusqu'en haut. Nous avions des hommes de relais; mais, malgré cela, je me demande comment on peut si bien contracter l'habitude de grimper ainsi sans être essoufflé.

Ici, la police anglaise a supprimé le geignement des porteurs, en sorte qu'on n'est pas étourdi comme à Canton. Aussitôt qu'on en entend un *donner de la voix*, on le fourre en prison, ce qui lui ôte vite l'envie de recommencer, car le régime qu'ils ont là-bas est loin d'avoir les douceurs des prisons françaises. On rencontre cependant dans le trajet plusieurs haltes, entre autres une qu'on dit avoir été installée pour un roi légendaire dont on raconte l'histoire. Elle se trouve presque en haut et ressemble à un trône ; on y jouit de la vue de la rade, c'est splendide. Nous rencontrons aussi un officier anglais qui, depuis des années qu'il est à Hong-Kong, n'a pas manqué un seul jour de faire l'ascension monté sur son cheval blanc. C'est vaillant et assez dangereux ; mais ce doit finir par devenir monotone.

Je ne sais pas si je dois dire que, du haut du pic, j'ai éprouvé une petite satisfaction patriotique. C'est la constatation de la première bévue que je voie accomplie par les Anglais. C'est peu important, mais enfin c'en est une. Je jetais les yeux sur l'ensemble de la baie, et je demandais quelles étaient les constructions, assez considérables, qu'on apercevait au loin sur un îlot vert, à notre gauche. « Oh ! me répondit-on en riant, ce sont les prisons ; on n'a oublié qu'une chose en les construisant là : c'est qu'il n'y a et ne peut y avoir une goutte d'eau douce. Il faudrait en amener par bateaux, et cela coûterait des sommes folles, en sorte qu'on préfère abandonner les bâtiments qui, pourtant, sont de vrais travaux d'art. »

Cela m'a fort étonnée de la part des Anglais, dont tous les établissements sont si bien intallés et si souvent irréprochables.

Notre descente nous conduisait par un autre chemin sur le versant opposé de l'île. Nous rencontrions çà et là des tombeaux de Chinois, et nous suivions un tout petit cours d'eau qui descend des montagnes, et vient tomber dans d'immenses bassins destinés à l'aménagement des eaux douces, près de l'établissement des Missions, qui ont construit en cet endroit un *Sanatorium* magnifique où tout est prévu pour le bien-être et la santé.

Pour revenir à Hong-Kong, nous côtoyions la mer, et, tout le long du chemin, nous rencontrions de charmantes villas nommées *bengalow*, où chaque gros commerçant de la ville vient, du samedi soir au lundi matin, vivre un peu avec sa famille, dont il est séparé le reste du temps par les affaires.

Je retrouvais là une habitude parisienne, qui me ramenait par la pensée vers notre France. Mais aussitôt se dressait devant mes yeux un gigantesque soldat cipaye, dont le turban n'avait aucune ressemblance avec le képi de nos agents de police, et je me retrouvais en Chine. A Hong-Kong, plus que partout, on risque d'être assassiné si l'on n'est pas sous la protection de la force armée. C'est pourquoi les Anglais ont organisé une surveillance représentée par des sentinelles à distance calculée, tout le long des routes, à partir du soir jusqu'au matin.

Rentrés chez nous par la plus belle soirée du monde, nous nous hâtons d'aller réparer nos forces pour faire nos courses du lendemain. Nous devons un peu fouiller la ville pour récolter des bibelots.

Effectivement, dès le matin, nous étions en course, entrant chez Hung-Sun, chez Foe, et tant d'autres dont je ne puis dire les noms. Nous voyons, nous marchandons et nous commençons à acheter. Vous verrez des choses splendides, que nous payons un peu cher pour le pays, mais qui, à Paris, seront rares et peut-être même uniques. Bref, nous sommes satisfaits de nos emplettes, dont je ne vous donne pas le détail, aimant mieux vous en faire la surprise.

Max avait aussi ses occupations particulières et fort sérieuses ; il s'agissait de recueillir la ou plutôt les têtes de trois pirates chinois qu'on devait pendre et qui l'avaient bien mérité. Mais la clémence des autorités anglaises fut grande ce jour-là ; on n'en pendit qu'un. On fit grâce aux deux autres. C'était, à ce qu'il paraît, un fort bel homme, affreux brigand ayant massacré naguère, presque à la sortie de la rade, l'équipage d'un navire de commerce, y compris femmes et enfants ; sans compter les autres méfaits dont il avait émaillé son existence. Sa mort fut celle d'un lâche, chose rare dans le pays ; il poussa des gémissements pendant tout le temps de l'opération. Cependant, comme Chinois, il était favorisé, puisqu'il échappait à la décapitation, et qu'ainsi il avait l'espoir de se présenter devant Bouddah avec sa tête sur les épaules : ce qui, pour eux, est un grand adoucissement à leur peine ; car ils rougissent de honte, quand ils sont obligés d'affronter la présence de leur Dieu avec le tronc dépourvu de son chef. Mais, pour ce misérable, cette pensée ne paraissait pas suffisamment consolante.

La cérémonie faite, on le transporta à l'hôpital, où Max, qui avait obtenu l'autorisation d'emporter la tête du pendu, la prépara de concert avec le médecin anglais de la colonie et la mit dans un petit baril d'alcool, destiné à la Société d'anthropologie, qui lui avait demandé un crâne et un cerveau de Chinois.

C'était le 28 novembre que nous quittions définitivement Hong-Kong, dans la coquette embarcation que l'amiral avait bien voulu mettre à notre disposition pour rejoindre l'*Iraouaddi*. Ces messieurs nous ayant fait la conduite jusqu'au bateau, on s'était dit adieu, et au revoir, soit à Paris, soit à Vichy, où ils viendront sûrement bientôt les uns ou les autres. Le signal du départ donné, nous commencions à faire nos évolutions, lorsqu'on s'aperçut que la corde d'une bouée s'était enroulée dans l'hélice, qu'elle pouvait casser, ce qui nous aurait causé de forts ennuis. Deux heures et demie de manœuvres avec des précautions inouïes ont à peine suffi pour nous débarrasser. Pendant ce temps, je contemplais tout ce bel entourage de la baie, qui m'accaparait assez l'esprit pour m'ôter toute espèce de préoccupation des risques que nous pouvions courir.

Enfin, après beaucoup de peines et de travaux, nous étions libres, nous partions. Maintenant notre cœur se tournait vers Shanghaï, dont rien ne pouvait plus nous distraire ; toutes nos pensées nous y portaient, nous aurions voulu hâter la marche du bateau pour franchir la distance, qui, à mesure que nous approchions, nous paraissait s'augmenter davantage. Mais, hélas! une fois en pleine mer, nous vîmes que les vents nous étaient contraires. Nous entrions dans un nouveau courant de mousson qui devait contrarier notre marche, de façon à retarder notre arrivée de plus de deux jours.

Pourtant, je prenais mon mal en patience, car nous avions été installés par les soins aimables du commandant Lorain dans les deux seules cabines du pont qui sont réservées aux grands personnages et que, sur le paquebot, on appelle les *cabines à ministres*. Elles ont un tapis très épais avec un petit salon et un guéridon au milieu ; c'est tout à fait confortable. Mais cela ne m'a pas empêchée de ressentir les effets de la grosse mer et d'être reprise du vertige avec une force extrême, ce qui ne me permettait pas de jouir à mon aise de la vue des côtes de Formose, si pittoresques. Ses habitants sont inhospitaliers et y pratiquent la piraterie d'une façon cruelle.

L'île de Formose est très peuplée, le détroit que nous longeons fourmille de barques de pêcheurs qui entravent la circulation ; aussi arrive-t-il souvent à nos vapeurs d'en couler quelques-unes. Lorsqu'on peut s'arrêter à temps, on le fait, mais ce n'est pas toujours facile. Ainsi, une nuit, je fus réveillée par un bruit étrange et des cris désespérés ; c'est que nous passions entre deux jonques en les entraînant par le filet qui était tendu de l'une à l'autre. Vous voyez d'ici l'effet produit par ce gros goujon ! et quel sort pour les pauvres jonques ! Le lendemain, on nous a dit qu'elles avaient coulé, mais que les gens n'avaient pas péri : je crois bien que personne ne s'est amusé à vérifier le fait ; on y est un peu habitué.

La mousson nous venait toujours en plein

nez, ce qui rendait la navigation très difficile et faisait prendre à notre bateau des allures vacillantes, qui nous occasionnaient des secousses fort rudes. Cela dura tout le temps que nous passâmes dans le détroit. Une fois en pleine mer, nous étions mieux ; puis enfin nous arrivions à l'embouchure de la rivière de Shanghaï, le Wampoo, qui vient là se confondre avec le Yang-tse, ou fleuve Jaune.

A cet endroit, la vue se repose des deux côtés sur une campagne qui a tout à fait l'aspect de nos campagnes d'Europe : le pays est plat, planté d'arbres, et les champs sont cultivés absolument comme chez nous ; beaucoup de jardins maraîchers, du blé dont on venait de faire la récolte. Il y a en outre des rizières, des champs de coton, où l'on n'aperçoit plus que de petits arbustes, plantés le long des sillons, et que, la récolte étant faite, on va arracher pour les brûler.

Nous étions en pleine rivière à huit heures du matin. C'est bien la *Rivière Jaune ;* la couleur en est même très foncée, ce qui n'empêche aps les poissons, les canards, les bécasses et tous les oiseaux aquatiques de s'en arranger très bien, car il y en a un fort grand nombre, et la chasse doit être ici aussi agréable et aussi fructueuse que la pêche. Il ne nous restait plus que trois heures avant d'embrasser nos enfants ; aussi comme cette rivière, malgré sa teinte jaune, me paraissait belle ! Comme ses bords étaient riants ! Comme les Chinois que nous apercevions dans les champs nous semblaient heureux !

Cependant, depuis la veille, nous avions quitté les régions chaudes pour entrer dans l'hiver. Cette transition se fait d'une manière si subite que, bien que nous en eussions été prévenus, nous en avons encore été surpris d'une façon *cuisante*.

C'était donc par un beau froid de décembre que nous remontions le courant et qu'à onze heures du matin nous apercevions les mâts de la rade, les clochers de la ville, les abords de Shanghaï ! Nous arrivions... Mais le bateau restait à distance, et ce n'est qu'avec une bonne lorgnette que je pouvais distinguer les gens du quai et chercher les nôtres dans la foule. J'étais déjà désappointée en ne les y voyant pas, lorsqu'une dame, une compagne de voyage, vint m'appeler en me disant : « Madame, voici une embarcation qui s'approche de l'autre côté; peut-être est-ce madame votre fille qui est dedans? » Effectivement c'était elle. Ils venaient au-devant de nous dans une petite chaloupe à vapeur. On fut encore bien longtemps avant de pouvoir aborder, à cause des manœuvres; nous nous regardions sans pouvoir rien échanger. A la fin, elle put monter sur le pont, et nous nous retrouvions ensemble! Pauvre enfant, elle avait encore la figure un peu fatiguée, et l'émotion du moment ne lui donnait pas bonne mine; mais, en fait, nous la trouvions bien portante et parfaitement acclimatée.

Nous sommes donc installés chez nos enfants. La maison est fort belle et présente le grandiose et le confortable des habitations de ce pays. Elle est élevée d'un seul étage, avec un perron couvert d'une large vérandah, entourée d'une grille, avec une pelouse et un jardin. Elle donne sur *Peking-Road*, une des belles rues de Shanghaï.

Le jardin est spacieux : ils y ont installé un jeu de croquet, exercice fort à la mode ici et que j'aime beaucoup ; mais ces jours-ci nous nous en tenons au billard, à cause du froid.

Les domestiques sont tous Chinois, fort nombreux et assez mauvais. Les femmes sont toujours nécessaires, il en faut dans une maison, mais le moins possible ; car, en dehors du service d'aller et venir, comme femme de chambre, ou de fournir du lait comme nourrice, il ne faut rien leur demander, pas même de faire un point. Ce sont les hommes qui cousent, font le linge et les raccommodages !

Maintenant on a un boy, espèce d'intendant, chargé de surveiller les autres, qui ne marcheraient pas sans cela. Il a la haute main sur les hommes d'écurie, jardiniers, cuisiniers et coolis d'intérieur. C'est lui qui fait les achats, enfin c'est le *grand voleur* de la maison ; mais la ville entière est organisée ainsi, et il serait impossible de faire autrement, surtout à cause de la langue. Le premier boy seul comprend et parle l'anglais ou le français, à peu près au moins, mais les autres n'entendent que le chinois.

Quant au blanchissage, c'est la chose la plus inouïe. Au bout de deux ou trois fois, on vous rend vos affaires tout en loques et hors de service. Les Chinois, ne portant ni linge ni dentelles, n'ont pas cherché à perfectionner ce genre d'industrie. Ainsi, au lieu de frotter une pièce de linge avec du savon ou même la brosser, un homme la prend par un bout, la trempe dans la rivière et la tape de toute sa force sur une large pierre, jusqu'à ce qu'il la croie suffisamment propre ; puis ensuite il l'étend pour sécher sur une pelouse ; voilà pour le nettoyage. Quant au repassage, c'est encore pis. Ils ont une casserole très épaisse en fer battu, ils la remplissent de charbon en combustion et la promènent, en la tenant par la queue, sur l'objet qu'ils ont à repasser : qu'il soit simple ou double, uni ou froncé, tout est aplati ou collé ensemble par l'amidon. Vous jugez si l'on déchire ses manches de mousseline lorsqu'on veut les ouvrir pour fourrer son bras dedans.

En revanche, la vie n'est pas chère : le gibier, la volaille, les fruits et les légumes y sont pour rien. La viande de boucherie est plus chère, parce qu'on n'y a pas encore acclimaté de nos grosses espèces, mais le porc est très commun. Les bœufs de travail qu'on emploie dans les champs sont de gros buffles dont la viande n'est pas agréable à manger. La race bovine comestible est très petite, et cependant nous mangeons de bons filets. Le mouton est petit aussi, mais il a très bon goût.

Les chevaux sont réservés pour les voitures de luxe, les cavaliers et les courses. Ce sont de doubles poneys indigènes, très jolis et très vigoureux.

Les charrois se font tous à dos d'hommes. Pierre, charpente, fer, bois, terre, marchandises, tout est suspendu à des bambous qu'ils portent sur leurs épaules, presque toujours au pas gymnastique, lequel, combiné avec l'élasticité du bambou, doit alléger la charge. C'est très singulier de voir que plus le fardeau est lourd, plus le pas est accéléré.

Les voitures de place, qui sont assez nombreuses, sont traînées par des hommes. Ce sont de petits cabriolets à deux roues, appelés djinrik-it-sha : on y peut tenir deux au besoin, mais il est plus agréable de prendre chacun le sien. Le cooli se met dans le brancard et vous traîne. On a toujours l'air d'enfants qui s'amusent en attendant qu'on amène le cheval.

Un autre genre de véhicule, ce sont les brouettes. Je vais essayer de vous en donner une idée. Imaginez un brancard posé sur une seule roue, ou plutôt un fond de brouette à clairevoie et très large. Au milieu s'élève une séparation à hauteur du coude de celui qui est assis. Cela fait deux côtés, sur chacun desquels on peut venir prendre place. On s'y assied dos à dos, les jambes pendantes ; alors l'homme prend sa brouette et la pousse devant lui comme nos maçons qui roulent du mortier ou des pierres ;

seulement, comme il se trouve souvent des gens d'un poids très inégal, le brouetteur doit avoir l'adresse, en donnant une certaine inclinaison, de maintenir l'équilibre. Ils ont pour cela une grande habileté. C'est un genre de transport inepte, mais il est dans les mœurs ; tous les Chinois se font voiturer ainsi. J'en ai vu jusqu'à six sur une brouette roulée par un seul homme. Ils trouvent sans doute du charme à ce mode d'équipage.

J'ai voulu en essayer, bien qu'on m'ait dit que ce fût une espèce de dérogation de la part d'une Européenne. Mais je suis venue ici pour voir, connaître et m'instruire, en sorte que j'ai mis de côté cette petite parcelle de décorum. Nous sommes donc partis l'autre jour pour aller voir les travaux du chemin de fer (car on fait un chemin de fer, le premier qu'on verra en Chine et dont je vous parlerai plus tard); nous étions une société assez nombreuse, et on avait fait la partie d'aller en brouettes : seulement nous ne devions y monter qu'au sortir de la ville. Nous étions tous très gais, on riait beaucoup. Nous avions une brouette pour deux personnes. Régine et moi nous prenons la même, notre homme donne l'inclinaison nécessaire pour établir le contre-poids, et nous voilà nous engageant dans des terrains nouvellement remués, avec des hauteurs et des creux dans lesquels il était assez difficile de manœuvrer. Tout alla bien pendant quelque temps, mais tout à coup, nous trouvant devant une mare d'eau et prévoyant que mes jambes allaient y tremper, je sautai à terre, et, comme le brouetteur n'était pas prévenu, le poids de Régine l'emporta; ce fut alors la pauvre enfant qui prit le bain de pieds à ma place; heureusement que ce n'était pas aussi creux de son côté que du mien. Plus loin, ce fut mon tour de tomber à terre, parce que la roue s'enfonçait dans un trou. Mais, comme en aucune circonstance on ne peut faire de chutes dangereuses, on s'en amuse et on en rit.

Cependant je choisirais de préférence la djin-rik-it-sha, dont j'aurai peu à me servir ici, les chevaux et voitures de la maison étant à notre disposition à toute heure du jour.

Nous reprenons donc une vie normale : le billard, la musique, les visites remplissent nos journées, et les font si courtes que nous nous inquiétons déjà de la rapidité avec laquelle s'écoulera le temps de notre séjour. Max commence à prendre des notes : nous aurons beaucoup à voir et à étudier. Mais il faut d'abord nous installer et nous acclimater, et ma prochaine lettre vous dira la vie qu'on mène dans le Shanghaï européen.

LETTRE XIV

La vie qu'on mène à Shanghaï. — Le paper-hunt. — Les gens de la campagne (14 décembre).

Je viens d'indiquer au cuisinier de Régine la manière de faire un foie de veau aux carottes. Les grands savants ignorent souvent les choses les plus simples !

Depuis que je suis ici, je ne me crois plus du tout en voyage. Notre temps est employé à rendre les visites que, suivant une coutume que je trouve très hospitalière, on m'a faites à mon arrivée, puis à aller dîner en ville, en sorte que nous vivons tout à fait à l'européenne. Si nous étions servis par d'autres domestiques que des boys ou des amas, nous pourrions nous imaginer être à Bordeaux, Marseille ou Orléans. Il est vrai que la majeure partie de la société est anglaise ou américaine ; mais ils vous font tous un accueil cordial et bienveillant qui fait plaisir à rencontrer.

On fait beaucoup de musique, il y a des concerts, on joue la comédie, enfin on est fort gai, et, si l'on prenait son parti d'y rester, on s'y trouverait admirablement. Mais on y vit les regards tournés vers la France où l'on a laissé ses affections de famille et ses souvenirs d'enfance; on veut y revenir, et ce sentiment empêche d'appré cier les bons côtés d'une existence largeet facilecomme on ne peut l'avoir dans nos pays.

Pourtant je suis un peu désappointée du climat que je rencontre. Il fait un froid de loup, malgré le beau soleil que nous avons tous les jours. Certes, je ne m'attendais pas à venir ici grelotter aussi fort qu'à Paris. Seulement nous n'avons ni brouillards ni humidité, ce qui rend ce froid à peu près acceptable. Aussi le *paper-hunt* de samedi était-il très brillant.

Quarante chevaux montés par leurs maîtres étaient alignés pour partir; et, comme il faut débuter par sauter une assez large rivière, beaucoup ont refusé, d'autres sont tombés dedans pendant que les derniers se culbutaient sur eux ! C'est très drôle de voir cette salade d'hommes et de chevaux, grouillant et se débattant dans l'eau trouble ! Mais c'est aussi assez dangereux ; par bonheur, aucun n'a été blessé. Une vingtaine seulement ont continué ; ils ont couru sur la trace des petits papiers pendant trois heures, et sont revenus au rendez-vous du retour se précipiter dans une rivière pareille à la première, après une course forcenée qui ne laissait plus de souffle aux pauvres animaux. Ce qui fait qu'une dizaine seulement ont pu faire le dernier saut ! On jouit ainsi, à l'arrivée, du même spectacle qu'au départ, et cela provoque de grands éclats de rire.

Vous connaissez cet exercice qui a été importé d'Angleterre en France, sous l'Empire, je crois. Il est ici de fondation tous les samedis à trois heures de l'après-midi, pendant l'hiver. C'est, pour les riches commerçants, la clôture du travail de la semaine, et pour les amateurs, diplomates ou autres, une distraction fort appréciée.

Tous ces poneys ont de fort mauvais caractères ; mais, comme ils sont de petite taille, les chutes en sont peu dangereuses. Cependant il arrive quelquefois des accidents. Le prix est ordinairement une coupe ou autre objet d'une certaine valeur décerné par le Club.

Toute la fashion de la ville, une centaine de voitures au moins, se donne rendez-vous au point choisi pour le départ ; puis, une fois les coureurs partis, on remonte en voiture et on se rend à l'endroit désigné pour l'arrivée. Là, les dames se promènent ; on se rencontre, on cause, on doit toujours dîner le soir chez les uns ou chez les autres, on critique les équipages ou les toilettes, et, comme tout le monde se connaît, c'est un attrait de plus. Puis, le dernier coureur à l'eau, on s'en revient chez soi par de belles routes, bordées de riches habitations, dont les jardins donnent à ce pays l'aspect d'une promenade intime et recréent la vue d'une façon charmante.

Depuis mon arrivée, je suis à peine sortie de la concession, en sorte que j'ai peu de chose à vous dire de curieux. Cependant j'ai fait hier une promenade à pied dans la campagne, avec Max ; nous avons visité des habitations de paysans. C'est moins sale que dans l'intérieur des villes ; les gens qu'on y rencontre ont généralement plus d'aménité. Serait-il vrai que la culture, les champs, la vie de la campagne, adoucissent le caractère de l'homme? Je ne le crois pas; je pense seulement que la réunion en société l'aigrit et l'exaspère. Je le sens par moi-même : depuis que je voyage et que je n'ai personne à subir par bienséance ou par une obligation quelconque, il me semble que je suis améliorée de beaucoup et que mes bons sentiments se développent d'une manière démesurée. C'est pourquoi, si je pouvais vous avoir tous à ma portée, dans une île qui n'aurait d'habitants que nous autres, j'aimerais tant la vie sauvage. Mais ce n'était pas mon lot, je devais subir les bienfaits de la civilisation.

Aujourd'hui, je suis en grande occupation avec Régine pour préparer l'arbre de Noël. Il sera très beau et nous fera bien déplorer l'absence des chers petits enfants que nous avons laissés au milieu de vous et que nous embrassons de tout notre cœur.

LETTRE XV

Aspect de Shanghaï à l'arrivée. — Les environs. — Tombeaux, cercueils et enterrements. — Baby's wells. — Les Chinois couturières. — Visite au temple de Confucius et au temple de Koen-ti. — La police à Shanghaï (23 décembre).

Je ne puis dire que nous menions en ce moment une vie tout à fait tranquille, puisque nous avons toutes nos soirées prises, par des dîners, des bals ou des concerts. Mais, en comparant cela au temps que je viens de passer à parcourir les mers et les terres les plus étrangères, je me regarde comme jouissant du plus grand calme, puisque je ne change plus ni de nations ni de climats.

Nous avons toujours froid malgré la splendeur du soleil ; aussi a-t-on été obligé d'ajourner les courses du paper-hunt, pour ne pas casser les jambes des chevaux dans des terres gelées où ils pourraient rencontrer des mares de glace. On a remplacé cela par le skating-ring, car il ne faut pas rester inactif ni perdre une occasion de s'amuser.

Je ne vous ai rien dit de l'aspect que présente Shanghaï au voyageur qui débarque, et cependant j'ai été bien agréablement impressionnée par l'animation de la rade, la beauté des quais et l'aspect riant et confortable de toutes ces jolies maisons anglo-françaises ou franco-anglaises qui règnent tout le long, en laissant devant elles une large esplanade plantée d'arbres et parcourue tout le jour par une population active, affairée ; les uns portant ou traînant les autres dans les véhicules que j'ai dépeints ; puis il y a les gens à pied, puis les vraies voitures, enfin, tout un centre européen. On aborde à côté du jardin public qui est délicieusement exposé sur le bord de la rivière ; on entre ensuite dans la ville par de belles rues larges et bien percées : il semble qu'on se retrouve en Europe. Je parle là du Shanghaï *concession* et par conséquent bâti en terrain neuf par les nations européennes ; mais, si l'on continuait de remonter la rivière, on trouverait tout de suite la ville des jonques, précédant, comme à Canton, la vieille ville en terre ferme, entourée du côté de la campagne par la muraille crénelée traditionnelle dans toute l'étendue de la Chine. Mais j'en remets à plus tard la description; j'aime mieux, pour aujourd'hui, rester de l'autre côté et me promener un peu dans les environs.

Pour une personne qui se trouverait tout à coup transplantée dans les champs qui entourent Shanghaï, l'impression serait triste et même assez lugubre. Il est impossible de faire vingt-cinq pas hors de la ville sans rencontrer, soit en long, soit en large, sur son chemin, un ou plusieurs cercueils. Les uns sont neufs, bien sculptés et vernis comme des meubles de luxe; d'autres sont empaquetés dans des nattes et ficelés avec des cordes, les autres en simple bois blanc. Tous sont posés n'importe où, sans qu'on puisse imaginer l'idée qui a pu les faire déposer là plutôt qu'ailleurs, dans un sens plutôt que dans un autre, quelquefois par groupe de cinq ou six, plus souvent isolés ou par deux.

La cérémonie des funérailles consiste à apporter à l'endroit convenu le cercueil en grande pompe et avec de grands frais de cortège et de costumes, à brûler à l'entour les habits du défunt et des papiers d'or et d'argent; puis on l'y laisse jusqu'à sa destruction par le temps, qui y fait pousser la mousse, puis l'herbe; la terre s'y amasse on ne sait comment, et cela finit par faire de petits monticules que l'acquéreur des champs s'engage à ne jamais déranger, ce qui rendrait la culture impossible à la charrue. Heureusement qu'il y a assez de Chinois pour que tous ces travaux se fassent de main d'hommes. Mais il semble que, si tous les morts restent ainsi sur terre, il finira par n'y avoir plus de place pour les vivants. Il y en a aussi qui construisent une petite maçonnerie en briques, couverte en tuiles, de la forme du cercueil, haute d'environ quatre-vingts centimètres. Celles-ci se détruisent à la longue, on y voit les squelettes et on peut en retirer les os, mais à la condition qu'on ne sera pas aperçu, car dans ce cas il vous arriverait malheur (j'ai la chance d'avoir ainsi pu dérober un petit osselet que je mets dans ma collection). Ou encore, si on se hasardait à s'asseoir sur un de ces cercueils qui vous barrent le chemin, ce serait alors qu'on vous ferait un mauvais parti... Il n'est pas même permis aux fils télégraphiques d'y projeter leur ombre, et on les trouve souvent coupés à cause de cela.

L'émeute qui a eu lieu à Shanghaï, il y a quelques années, avait été provoquée par le tracé d'une rue de faubourg dont l'arrêté avait été pris par nos autorités françaises. Ce tracé forçait de déranger quelques cercueils qui se trouvaient sur la ligne. Il y a eu une fusillade, quelques maisons incendiées, quelques Chinois tués, et on a eu gain de cause; mais ce sera là toujours une pierre d'achoppement. On s'étonne de ne sentir aucune exhalaison en passant auprès de ces étranges sépultures; mais cela tient à la chaux vive dans laquelle ils ensevelissent les cadavres. Quelques sectes creusent la terre et y enfouissent leurs morts comme chez nous, mais plus profondément; ils plantent dessus une pierre longue et étroite. Celle-ci porte toujours une inscription, laquelle n'est autre que le nom du défunt; on ajoute, je crois, une date commémorative. Enfin chacun est libre de faire comme il l'entend; c'est rempli de fantaisie et d'imprévu, mais cela tient trop de place au soleil.

Autour de la cité chinoise et de ses murailles crénelées, vous trouvez, comme autour de toutes les villes chinoises, des puits de babys (*babys' wells*). Ce sont de petits pavillons en rotonde, couverts d'un toit assez élégant et qui sont bâtis à des distances régulières. Ces pavillons sont en maçonnerie et n'ont d'autre ouverture qu'un trou rond au-dessus de la hauteur d'un homme. Ce sont les cimetières des petits enfants. Lorsqu'ils sont morts, on les jette par ce trou; puis, de temps à autre, on y répand de la chaux. Quand le puits est plein, on mure le trou et on en construit un autre.

Au contraire de celles des grandes personnes, les funérailles de ces petits êtres se font sans aucun cérémonial, attendu que, jusqu'à l'âge de sept ans, le corps n'ayant été habité par aucun esprit, il ne doit compter pour rien dans l'autre monde. Il paraît que Bouddah n'y ferait pas la moindre attention.

Mais je voudrais bien savoir ce qu'il dit, lorsqu'il voit paraître devant lui une misérable créature comme celle dont on vient de me raconter l'histoire. Il y a quelques jours, une femme, ayant empoisonné son mari, de concert avec son amant, a été condamnée à la *mort lente,* c'est-à-dire à être coupée en petits morceaux, à partir des extrémités, jusqu'à ce que mort s'ensuive. Il n'y a que des Chinois pour inventer de pareilles horreurs.

Quant à l'amant, qui n'avait pas les mêmes raisons de culpabilité, il a été simplement décapité. Je trouve cela très bien, parce qu'un crime doit toujours être puni : je voudrais même la peine du talion; mais de telles cruautés sont bien révoltantes.

Je m'aperçois, mes chers enfants, que je ne suis pas gaie du tout et que ma lettre, en continuant ainsi, finirait par vous donner le cauchemar. Parlons plutôt un peu de notre existence ici. Quand je pense que déjà un mois va s'achever depuis notre arrivée, je n'y peux pas croire. Cette pauvre Régine est si heureuse de nous avoir que je n'ose pas penser qu'il y aura un départ. Elle se porte très bien, et nous continuons d'employer activement nos journées. Le matin nous vivons avec les enfants, à midi on déjeune, presque aussitôt les visites commencent, nous les recevons jusqu'à trois ou quatre heures, puis nous montons en voiture pour faire les nôtres. Nous prenons le panier s'il fait beau, le coupé s'il fait froid, et nous faisons nos courses, que nous terminons généralement, comme toute la fashion, par une promenade à *Bubbling Well*, autrement dit les Champs-Elysées de Shanghaï. Là, on se rencontre, voitures et cavaliers, on rivalise de tenue pour les chevaux et les équipages : les nôtres ont un assez bon rang, et nous sommes, sur ce terrain, dans des conditions fort satisfaisantes.

La même rivalité existe pour les toilettes, qui sont, ici comme partout, un objet de grandes préoccupations. Heureuses les femmes qui peuvent les faire venir de Paris; elles sont enviées, regardées, admirées. Il y a cependant deux maisons de confections, parfaitement montées, où l'on vous fait des robes que Worth lui-même ne renierait pas! C'est que l'art du Chinois consiste à imiter d'une façon absolue les modèles qu'on lui donne. Il copie tout, jusqu'à la grâce qu'il peut reproduire! Cela vous étonnera de la part d'un Chinois. Aussi ces maisons, dirigées par des Européens, ont des ateliers d'une soixantaine d'hommes, qui coupent, cousent, disposent, chiffonnent, rubans, dentelles et étoffes, avec autant de facilité que nos demoiselles de Paris. Seulement, il leur faut un modèle. Lorsqu'ils l'ont, on peut être tranquille, on sera bien habillée. Il est vrai de dire que, si la chose qu'on leur donne à copier a une tache ou un trou, ils reproduisent la tache ou le trou avec la même exactitude.

Vous devez remarquer que dans tout ceci je ne vous parle pas d'ouvrières chinoises. C'est qu'il n'y en a pas; ce sont les hommes qui vont en journée pour tout ce qui est couture, reprises, raccommodages de toutes sortes. Les femmes restent à la maison avec les enfants, et ce sont elles qui font les belles broderies que nous apprécions à un si haut degré. Un Chinois vient ici toutes les semaines un jour ou deux pour les raccommodages et la confection du linge des enfants.

Avant-hier, il y avait bal chez le grand juge, personnage anglais très important. Salons très beaux, souper d'une opulence rare, très bonne musique et magnifiques toilettes. La soirée a été fort gaie ; il y avait beaucoup de monde. Le luxe est le même ici que dans nos salons parisiens.

Le journal avait annoncé pour le lendemain une fête au temple de Confucius. Tous les mandarins devaient s'y trouver; c'était une partie à faire, et nous ne manquâmes pas de l'organiser avec une dame et plusieurs messieurs de la société. Effectivement, le lendemain matin, par une gelée fort dure et un soleil splendide, nous étions sous les armes; toutes les voitures au rendez-vous. Nous nous acheminons vers la cité chinoise que ses hautes murailles noires, aux créneaux frimatés par le givre de la nuit, faisaient ressembler à un palais formidable, dans lequel nous pouvions nous attendre à rencontrer tous les enchantements les plus fantastiques. J'avoue même qu'en franchissant les ponts pour entrer sous ces voûtes, dont les portes venaient à peine de s'ouvrir, je me sentais un peu impressionnée. Mais, hélas! nous ne devions y trouver qu'un fort désappointement. Le journal avait été mal informé. La fête était pour un autre jour, le temple se trouvait dans le plus grand silence. Nous en prîmes vite notre parti en le visitant dans ses moindres détails. Nous n'y vîmes qu'un luxe paisible, aucune statue ni peinture rappelant des êtres animés. Sur une estrade sont dressées sept tablettes représentant l'esprit de Confucius et de ses six principaux disciples. Ces tablettes portent chacune une maxime chinoise, probablement de grande sagesse et de saine philosophie.

La simplicité de ce temple, comparée à l'ornementation exagérée de tous ceux que nous

avions déjà passés en revue, me faisait penser
à celle des temples protestants, eu égard à nos
églises. Cela a un certain air de sagesse et d'aus-
térité, mais ne parle pas à l'imagination. La religion de Confucius est aussi le protestantisme
des religions chinoises, elle est toute philoso-
phique, elle proscrit les idoles et toutes les démonstrations extérieures.

J'aimais mieux entrer dans le temple d'à côté.
Celui-ci est fréquenté par les sorciers et ceux
qui les affectionnent, aussi ne désemplit-il pas.
L'entrée est imposante par la petitesse de ses
portes et l'immensité des statues monstrueuses
dont la vue est frappée en entrant. C'est Koen-ti
et son entourage, c'est-à-dire son cheval et son
fils, ses écuyers, ses bons et ses mauvais génies,
tous bariolés à qui mieux mieux de toutes les
couleurs de l'arc-en-ciel, dominées par l'or en
grande quantité. C'est d'un ensemble assez
éblouissant. Il faut vous dire que ce Koen-ti est
un guerrier qui vivait à peu près au temps d'At-
tila et qui, par de hauts faits d'armes, a sauvé
l'empire chinois, en récompense de quoi il a

été promu au grade de divinité par l'empereur d'alors : en sorte qu'on lui a édifié une pagode dans chaque ville et qu'il est adoré partout comme le dieu de la guerre et des sorciers.

Je remarquai dans un des bas-côtés une chapelle sur l'autel de laquelle est une femme assise, tenant un petit enfant, comme qui dirait un autel de la Vierge. Il paraît que c'est une divinité secondaire, préposée à la fécondité, et c'est à elle que vont s'adresser, avec succès, dit-on, les femmes jusque-là privées du bonheur de la maternité. Les croyances sont les mêmes dans toutes les religions.

Cependant on fait, dans tous ces temples, des sacrifices d'animaux qu'on offre aux dieux, et dont les bonzes font des distributions au peuple, après avoir mis en réserve ce qu'il leur convient de garder pour eux.

Il était dix heures quand nous sortions de la pagode; notre visite matinale avait amoncelé une foule prodigieuse de Chinois, tout ébahis de nous voir faire une incursion dans leur ville presqu'au soleil levant et par un froid aussi intense. Il est vrai que nous étions à l'extrémité de la cité opposée aux concessions, laquelle est fort peu habituée aux visites de ce genre. Eux n'avaient pas froid, car nous étions en hiver, et, comme je vous l'ai dit, ils avaient sur eux tous les vêtements qui constituent leur garde-robe. De plus, ils y ajoutent des capelines ouatées bien mieux faites que les nôtres, encadrant le visage et fermant très hermétiquement, sans négliger pour cela de mettre de petites oreillettes en fourrures ou en soie brodée qui, sans être absolument un ornement de coquetterie, doivent avoir le bon côté de les préserver de névralgies dans la tête. Enfin, ils ne négligent aucun soin de leur corps, excepté la propreté. Max les prend en sympathie à mesure que nous vivons au milieu d'eux; mais moi je ne partage pas encore ce sentiment. A la vérité, il les voit dans les hôpitaux; ils sont peut-être meilleurs là que dehors. Enfin cette matinée a été employée à visiter certains quartiers populeux et fort intéressants de la vieille ville. Nous n'avons donc nullement regretté nos peines.

Sur les concessions, à Shanghaï comme à Hong-Kong, on a interdit aux coolis qui portent les fardeaux de geindre en marchant, sous peine de réclusion. C'est comme pour les brouettes dont ils ne voulaient pas graisser les roues, ce qui produisait une musique absolument insupportable. Lorsqu'un agent de police en rencontre une dans ce cas, il emmène l'homme et la brouette, fait graisser cette dernière et ne la rend à son propriétaire qu'en échange de cinquante cents, ce qui est une forte somme pour un cooli, puisque cinquante *cents* représentent dix sous ou environ cent vingt sapèques, et que la course d'une brouette ne leur est souvent payée que 5 ou 6 sapèques. En résumé, la police est bien faite à Shanghaï, on y vit à l'aise, et fort paisiblement. Je m'y trouve tout aussi en sûreté dans les rues, même dans la vieille ville, que sur le boulevard des Italiens.

Nous formons le projet d'aller au Japon avec Régine. M. de Rochechouart nous écrit de Pékin : « Venez aussitôt la fonte des glaces. » Mais les glaces ne devant pas être fondues avant le mois de mars, nous ne pourrions être de retour en France au mois de mai; nous serons donc obligés de renoncer à voir la capitale de l'empire, ce que je regrette. Nous pourrions peut-être entreprendre le voyage par terre, mais il n'y a pas de route tracée, il faudrait aller dans des chaises, à cheval ou en mauvaises charrettes, à travers des pays où l'on risque d'être assassiné à chaque pas. Toutes ces considérations nous engagent à donner la préférence au Japon.

LETTRE XVI

Les House-Boats. — Promenades dans la cité. — L'église de Tonkadoo. — Familiarité avec les marchands chinois. — Les incendies et les voleurs (30 décembre).

Voici le temps très radouci ; cela donne envie de se promener et de faire des excursions.

Un des grands plaisirs du pays, ce sont les parties de chasse en *house-boats*. Chaque particulier européen un peu à son aise doit posséder sur la rivière un *house-boat*, c'est-à-dire un bateau dans lequel on peut faire une installation de dix ou quinze jours. Ce sont de petits bâtiments à vapeur ou à voiles, avec salon, chambre à coucher, etc., etc., enfin toute une maison fort luxueusement meublée. On s'embarque toute la famille, cuisiniers, domestiques, et on passe ainsi une série de jours à remonter la rivière. Lorsqu'il se rencontre un pays où la chasse doit être agréable, les messieurs mettent pied à terre et vont y faire une tournée généralement très fructueuse, après quoi ils rallient le bateau et on continue la route. Seulement ils sont souvent obligés de partager leur gibier avec les indigènes, qui sans cela feraient infailliblement tourner au drame une partie commencée avec les intentions les plus pacifiques.

Pendant ce temps, les dames font de la musique, lisent ou se livrent aux travaux d'aiguille. L'inconvénient de ce genre de divertissement est d'être fort dispendieux ; mais, à Shanghaï, l'aristocratie, c'est le commerce, et le commerce gagne beaucoup d'argent. On y attrape bien par-ci par-là quelques fluxions de poitrine, comme vient de faire le consul italien, qui est mort l'autre jour; mais tout a ses inconvénients.

Je vous dirai, mes chers enfants, que votre père et moi, après avoir un peu étudié le terrain, nous commençons à nous émanciper.

Jusqu'ici, on nous avait fait des histoires de Croquemitaine, nous disant qu'il est de la dernière imprudence de s'aventurer dans les rues de la cité sans être bien accompagné, que les Chinois jettent des pierres aux Européens, que tout peut vous arriver, etc., etc. Cependant, peu de temps après notre arrivée, nous sommes partis pour une expédition de ce genre, Régine, Max et moi, avec un jeune homme de nos amis, M. Henri Cordier, un des rares Européens qui se soient livrés à des études sérieuses et approfondies sur la littérature chinoise, sachant assez la langue pour nous piloter avec sécurité dans cet étrange milieu.

C'était un dimanche, par un bel après-midi. Nous nous mettions en route hésitant un peu, l'esprit légèrement troublé par les récits que nous avions entendus, et pas très sûrs de rentrer tranquillement chez nous. Mais cette impression disparut aussitôt que nous eûmes franchi la première porte : rien dans la curiosité des gens qui nous entouraient ne pouvait nous donner l'idée d'un mauvais sentiment de leur part, et je remarquais plutôt de la bienveillance dans l'expression de leurs physionomies. Le but de notre promenade était d'aller visiter une église bâtie par les Jésuites dans le centre d'un faubourg de la ville, le faubourg de Tonkadoo. Je me demande encore comment les Chinois les ont laissés faire ; et il y avait certainement beaucoup de hardiesse et de résolution de leur part, car, s'il prenait fantaisie aux indigènes de les exterminer, il n'en échapperait pas un. Mais, en réalité, les Chinois sont les gens les plus tolérants du monde. Sans doute il faut se garder de les troubler, et surtout de les blesser dans leurs habitudes. Mais, dans la plupart des tragédies qui ont dû faire couler le sang de nos missionnaires, ce n'est pas au peuple qu'il faut s'en prendre, mais au gouvernement central ou aux gouvernements locaux, sans parler du manque de circonspection auquel se laissent trop souvent entraîner les zélés propagateurs de notre foi religieuse.

Après avoir fait une pause dans cette simple mais jolie petite église où venaient d'entendre dévotement la messe une centaine d'indigènes convertis, les hommes d'un côté de la nef, les femmes de l'autre, et avoir parcouru un ou deux quartiers de la ville, nous rejoignîmes la porte Montauban, où nos voitures nous attendaient, et nous revînmes entièrement satisfaits de notre journée, riant beaucoup des prétendues avanies dont on nous avait menacés, et jetant nos plans pour de nouvelles explorations, dont le succès de celle-ci rendait la perspective attrayante et fort réalisable.

Depuis, nous en avons pris l'habitude. La rencontre que nous avons faite dans la rue d'un petit *voyou* chinois, d'environ seize à dix-sept ans, comprenant un peu le français, nous facilite beaucoup ces promenades. Il parle nègre et nous mène à *bon boutique*. Là, nous regardons, nous marchandons. Le marchand chinois est de bonne composition et ne s'offense pas des réductions qu'on lui propose. Les prix qu'il vous fait sont généralement insensés, on lui fait des propositions aussi étranges en sens inverse; il ne s'en émeut pas et vous répond en *piggin* : *Pas finished, vous combien?* vous lui répondez : *No more*. Alors il dit : *Y en a pas!* On se quitte bons amis pour entrer chez le voisin, ce qui ne les offusque pas non plus; et ce n'est souvent qu'à la quatrième ou cinquième visite qu'on obtient la diminution qu'on désire.

Aussi, maintenant que nous connaissons quelques-unes des principales rues, nous y allons seulement tous deux; nous y sommes connus dans beaucoup d'endroits. Les marchands nous appellent en passant, pour nous montrer leurs belles choses. Comme les rues sont fort étroites et que les boutiques n'ont pas de devantures, on se parle d'un auvent à l'autre, et je finis par me trouver là comme chez moi. Les rues sont très peuplées. Presque toujours il se fait un attroupement devant la boutique où nous sommes; mais la foule nous livre passage, quand nous voulons sortir, avec un empressement silencieux qui rend nos évolutions très faciles. Nous avons déjà pas mal de jolis bibelots, et je crois que notre collection est bien commencée. Shanghaï, comme toutes les villes chinoises, a sa ville des jonques qui couvre une grande partie de la rivière. Nous en apercevons les mâtures, et nous irons la visiter un jour; mais je ne pense

ARRESTATION DE VOLEURS

y trouver rien de plus intéressant qu'à Canton.

Nous apprenons que nous ne devons pas attendre notre courrier aujourd'hui, parce qu'il serait arrivé un accident à la malle, entre Singapore et Hong-Kong. Heureusement, nous ne sommes inquiets que de nos lettres!

Vous êtes sans doute toujours tourmentés par les domestiques; je vous plains, sans pouvoir vous conseiller les Chinois. Dans cette catégorie, ils valent moins que rien. Nous devons en ce moment serrer nos clefs plus que jamais. Leur jour de l'an se trouve à la fin de janvier, et, pour cette époque, il leur faut de l'argent à tout prix. Ils se vendraient les uns les autres, sous prétexte de se procurer de quoi faire des offrandes aux ancêtres; mais c'est bel et bien pour se livrer à des orgies d'opium et d'autres choses. Ils volent tous, et ils volent tout. Il n'est pas jusqu'aux marchands qui mettent le feu à leurs maisons pour ne pas régler leurs comptes. Hier au soir, quelques maisons ont brûlé ainsi dans le quartier chinois de la concession française, une douzaine seulement, grâce aux secours apportés par les pompiers européens. Quand un incendie se déclare, les Chinois n'ont d'autres soucis que de piller à l'entour. On a arrêté une soixantaine de voleurs qu'on a jugés ce matin. Max les a accompagnés au tribunal. On aurait dit chez nous qu'on les conduisait à la queue-leu-leu. Ici, on pourrait employer cette expression dans un sens littéral, car on les avait tous attachés ensemble par la queue. Une vingtaine ont été condamnés à vingt ou trente coups de bambou. Max doit aller demain matin assister à l'exécution du jugement.

La fête de l'arbre de Noël a été des plus réussies. Journée complète, vingt-neuf enfants, autant de mamans, sans compter les papas : trois lots à chaque enfant, goûter, lanterne magique, danse, enfin bonheur général! Vous nous manquiez bien.

LETTRE XVII

La bastonnade et la cangue. — Le bal des francs-maçons
(6 janvier).

Voilà notre jour de l'an passé loin de vous, mes chers amis. Mais, à coup sûr, vous étiez aussi présents à notre pensée que si vous eussiez été ici.

La journée a été employée à recevoir les visites de tous les hommes de la société. Ils sont dans l'usage de les faire autant que possible toutes le premier jour. Cela a le bon côté de les débarrasser tout d'un coup. Mais c'est une course au clocher qui n'a rien de bien agréable pour eux ni pour les femmes qui les voient ainsi traverser leurs salons!

Ce soir, on joue la comédie chez un riche commerçant. Ce sont des amateurs. En somme, la société me paraît agréable, on s'amuse autant qu'on le veut. Quelques cancans courent le monde; mais quelle société pourrait exister sans cela? Pour mon compte, je vous assure que je me plairais beaucoup ici.

Quand je vous ai quittés l'autre jour, Max devait aller voir bâtonner des Chinois. Il en était un peu saisi à l'avance et s'imaginait voir des choses terribles. Mais il a vite été rassuré, dès le premier qui lui a passé sous les yeux; c'est une exécution tout à fait sans conséquence. Le voleur est amené devant le tribunal mixte, composé d'un juge français ou anglais, et d'un mandarin chinois; on le juge, et la sentence est exécutée séance tenante. Le coupable condamné à la bastonnade se déculotte, se couche à plat ventre, on lui prend les pieds dans une planche percée de deux trous, un homme lui tient la tête, et deux autres armés de bambous lui administrent sur la partie découverte le nombre de coups décrétés par la justice. Quand ce sont des méfaits envers les Européens, les bourreaux se donnent bien de garde d'entamer la peau de leurs compatriotes, et ils tapent pour faire semblant; ce qui n'empêche pas ceux-ci de pousser des cris et des hurlements, comme si on les tuait. Mais, aussitôt le dernier coup reçu, ils se relèvent, se rhabillent avec la plus profonde tranquillité et s'en retournent dans la rue comme si de rien n'était.

Les choses ne se passent pas aussi doucement sous la juridiction purement chinoise. Les coups sont alors administrés sérieusement, à moins que le patient n'ait le moyen de glisser une pièce de monnaie dans la main de son bourreau. Ils préfèrent cela à la cangue, qu'ils sont obligés de promener plus longtemps et qui, sans être un supplice écrasant comme autrefois, est cependant restée un collier assez gênant à porter. Ce sont de petites tables carrées en bois léger; un trou de la grosseur du cou est pratiqué au milieu, et la table, faite en deux compartiments, s'ouvre lorsqu'on veut la mettre au cou du condamné. On la ferme avec une serrure; et il reste ainsi plus ou moins de temps selon la teneur de sa condamnation. La table lui vient un peu près du menton lorsqu'il s'agit de prendre son repas; pour se coucher, c'est encore une gêne; mais, pour se promener, c'est d'un poids très supportable. Lorsqu'on a été volé par un Chinois et qu'il est condamné à la cangue, le tribunal vous demande si vous voulez qu'il fasse son temps exposé à votre porte; si vous dites oui, on l'amène chaque matin, et il passe ainsi ses journées sur le théâtre de son crime. Mais vous pensez qu'on se prive volontiers de cet agréable spectacle. Alors l'homme reste à la prison, où on l'expose dans une petite cour à claire-voie donnant sur la rue, pendant plusieurs heures par jour, après quoi on lui fait faire une promenade en ville accompagné de deux gardiens.

Ces misérables n'inspirent généralement pas la moindre pitié, car ils ont ordinairement mérité dix fois la peine qu'on leur fait subir.

Décidément, les incendies se multiplient d'une façon formidable. Cela tient à l'entassement des maisons chinoises, qui sont en bois, où les allumettes pour les ancêtres sont toujours en combustion, mais surtout, comme je vous l'ai déjà dit, à la préférence qu'ils donnent souvent à cette manière de régler les comptes à la fin de l'année.

Je finis ma lettre en rentrant d'une longue promenade dans la campagne; le temps est superbe. Nous avons rencontré un grand nombre de cercueils, mais presque autant de paysans vivants; ils cultivent la terre, de main d'homme, et sont bien arriérés dans les moyens qu'ils emploient pour leur agriculture. Ainsi, pour irriguer leurs rizières, ils ont encore recours à la noria primitive tournée par un buffle. Il y a loin de là à nos pompes et à nos machines.

Nous venons d'acheter deux magnifiques nappes de martre zibeline; cela coûte fort cher même ici; mais c'est extrêmement beau et nous fera en France des vêtements de grande valeur.

Voici la neige qui tombe, je ne la trouve pas plus agréable ici qu'à Paris. On patine au champ de courses, nous irons voir.

Maintenant, il est tout à fait arrêté que nous ne reviendrons pas par l'Amérique, à cause du temps qu'il nous faudrait. Je le regretterai toute ma vie. Mais qu'y faire? La compensation sera pour moi de me retrouver une fois encore dans ces chauds climats de l'Inde que je regrette tant en ce moment, de revoir ces belles végétations et de leur dire un dernier adieu! C'est si beau!

Et puis, je resterai un mois de plus avec Régine, en sorte que mon sacrifice me coûte moins. Quant à votre père, mes chers enfants, il est occupé ici comme il trouve à le faire partout; le travail qu'il fait sur la Chine sera, je crois, très intéressant, et, après avoir lu mes descriptions superficielles, vous serez tous bien aises de lire le résumé de ses observations sérieuses et approfondies.

Ce soir, il doit partir à minuit, avec un ami de la maison. Ils iront dans les tripots, dans les bas quartiers de la ville, pour voir de près cette population chinoise dans ses ébats les plus excentriques. Ils seront protégés par un agent de police qui ne les perdra pas de vue. C'est votre père lui-même par exemple qui se chargera de vous rendre compte de son excursion, car il verra certainement des choses que je serais malhabile à vous dépeindre.

Le jeu et l'opium sont le *nec plus ultra* pour

les gens de ce pays. Pour satisfaire ces deux passions, ils vendent leurs filles et se vendraient eux-mêmes. Mais l'ivrognerie leur est peu connue; ils ne boivent que leur vin de riz, dont ils ne font généralement pas grand abus. Seulement, ils arrivent vite à l'hébétude par l'opium, et ceux qui s'y abandonnent meurent de bonne heure.

Nous sommes entrés dans quelques maisons d'opium. Ce sont des espèces de boutiques, partagées en petites salles, où une suite de lits carrés, en guise de divan, règnent le long des murs. A l'entrée, un comptoir où le maître du lieu débite à ses pratiques, contre argent comptant, de petites boules d'opium ou une pâte noire, qu'il extrait de petits pots semblables aux pots de pommade de nos pharmaciens. On voit étendus sur les lits des individus assoupis, ou se livrant paresseusement à la manœuvre de leur pipe, la débouchant avec une longue aiguille, ou se servant de celle-ci pour introduire dans le fourneau une petite parcelle de la drogue bienheureuse, aspirant quelques bouffées, puis se laissant retomber lourdement dans la somnolence qui leur est chère.

Une odeur vireuse fort désagréable remplit l'atmosphère. Il règne un demi-jour silencieux. Tous les établissements de ce genre se ressemblent, comme se ressemblent tous les fumeurs d'opium, avec leur teint hâve, leurs yeux hébétés et leurs membres pesants.

Nous avons eu hier un grand bal offert à la société par les francs-maçons. Ce bal se donnait au club : il y avait au moins trois cents invités, les salons somptueusement décorés, un souper suffisant pour six cents personnes, des toilettes très parisiennes; et ces messieurs, dans le costume de leurs grades maçonniques, produisaient un effet très pittoresque. On a dansé avec entrain et gaieté jusque fort avant dans la matinée; aussi je me sens un peu fatiguée, et je voudrais bien me reposer ce soir, mais nous avons quinze personnes à dîner.

LETTRE XVIII

Le tsin-tsin d'un mandarin au temple de Bouddah. — La maison de thé. — L'école dans la rue. — Le jour de l'an chinois. — Saturnales et pétards (29 janvier).

Nous venons de passer une quinzaine de jours confinés chez nous, une partie du temps, par la neige ou la pluie.

Néanmoins, nous profitons avec Max des moindres éclaircies pour continuer nos reconnaissances dans ce pays, que nous savons déjà presque par cœur. Nous nous chargeons même de piloter des dames qui sont ici depuis dix ans et à qui leurs maris, soit excès de prudence, soit pour tout autre sentiment, n'ont pas encore fait franchir le seuil des portes de la cité. Aussi quelle joie c'est pour elles de nous accompagner !

La journée promet d'être belle : nous partons de bonne heure, Mme Jamieson, femme d'un médecin anglais de nos amis, sa sœur, Max et moi (remarquez que nous n'avions qu'un seul cavalier). Mais nous rions maintenant des *énormes* dangers dont on nous menaçait au commencement. Aujourd'hui, l'habitude est prise par les Chinois de nous souhaiter la bienvenue par un bienveillant tsin-tsin qui encourage tout à fait nos fréquentes visites. Les rapports que nous avons avec les marchands sont sur un pied d'anciennes connaissances, et nous nous regardons chez eux comme parfaitement à l'abri de tout désagrément.

C'était plaisir de voir l'étonnement de ces dames à l'aspect de ces rues étroites et tortueuses, bordées de deux côtés par tant de bibelots d'une si grande richesse. Nous leur apprenions à marchander, à acheter; cela m'amusait beaucoup.

Puis, comme nous avons certains points de repère pour savoir trouver notre chemin, nous nous enfonçons quelquefois dans des quartiers inconnus. Ce jour-là, nous passions dans une petite rue sombre : beaucoup de personnes entraient sous une petite porte surmontée de sculp-

CÉRÉMONIE DANS UN TEMPLE

tures. Nous nous demandions ce que ce pouvait être, lorsqu'en nous retournant nous vîmes notre petit cicerone qui nous avait suivis, épiant le moment opportun pour nous offrir ses services. Il venait à point pour nous faire comprendre qu'une cérémonie allait avoir lieu dans le temple qui se trouvait derrière cette petite porte, dérobé à nos yeux par une haute muraille. C'était une occasion à saisir.

Nous voilà entrant avec la foule dans une petite cour garnie d'idoles, puis dans une première salle, toujours ornée de dorures, de peintures, de dieux et de génies. Là encore, une petite porte donnant accès à un escalier en échelle de meunier, ayant trente-cinq marches, dont l'aspect n'avait rien de grandiose ni d'engageant. Cependant la cérémonie se passait là-haut, il fallait bien se risquer.

Une fois grimpés, nous nous trouvons dans une première grande salle que nous traversons pour entrer dans une autre plus grande. Nous vîmes alors, rangés devant un autel surmonté des Bouddahs habituels, sept prêtres, vêtus en pénitents blancs de nos derniers siècles. Leurs cagoules cachaient entièrement leurs figures. Ils psalmodiaient lugubrement et restaient immobiles. La pièce était sombre, les lumières rares; je me rappelais la scène des cercueils de *Lucrèce Borgia*. Ces prêtres regardaient l'autel; derrière eux, une grille les séparait d'un second plan sur le sol duquel s'étendait un grand coussin de satin rouge brodé d'or. Tout auprès, de grandes flammes bleuâtres s'élevaient d'un magnifique brûle-parfum en bronze ciselé, d'un grand prix. La foule était rangée, laissant le passage libre, et regardait la porte en répétant en langue chinoise : grand mandarin !

Nous ne savions pas trop si notre présence à la cérémonie qui allait se passer serait regardée comme très opportune, et nous nous demandions s'il ne serait pas prudent de nous retirer, lorsqu'un bonze s'approcha de nous et nous fit entrer dans une embrasure de fenêtre, où étaient une petite table et des tabourets. Dès que nous fûmes assis, on nous apporta du thé, des gâteaux, des boules de riz, des olives, des oranges, enfin tout un lunch. Vous voyez que c'était gracieux.

Enfin il se fit un mouvement : le gong annonça l'arrivée du grand mandarin. C'était un bel homme et magnifiquement habillé; la plume de son chapeau, tombant en arrière, était d'une longueur extrême. Il entra majestueusement, croisa ses bras sur sa poitrine, se précipita à genoux sur le coussin et toucha au moins vingt fois la terre de son front, pendant que les psaumes allaient toujours leur train et que nous buvions tranquillement notre thé. Après une demi-heure de cet exercice, au son continu d'un petit tambour qu'un homme frappait auprès de lui, il se leva, s'en alla comme il était venu et descendit rejoindre son cortège, qui l'attendait en bas. Il s'était rendu là, nous a-t-on dit, pour faire un *tsin-tsin* à Bouddah et le remercier des bienfaits dont il le comblait. D'autres ont prétendu que c'était l'accomplissement d'une pénitence : nous n'avons jamais pu le savoir au juste, et nous ne le saurons jamais.

Nous sortîmes derrière lui sans le moindre encombre, et le bonze à qui nous remîmes une pièce d'argent nous salua avec reconnaissance.

Cependant nous respirions, nous étions dans la rue : il nous restait à faire voir à ces dames la *maison de thé*, où nous avions déjà nos habitudes. Pour y arriver, on traverse une grande place où c'est toujours la foire. D'abord vous voyez le quartier des oiseleurs; rien n'est joli comme la diversité des oiseaux rassemblés ainsi ; puis les Chinois excellent à les dresser, et nos oiseaux savants leur paraîtraient bien ignorants à côté de ce qu'ils font faire aux leurs. Il y a ensuite les faiseurs de tours, qui n'ont rien de remarquable. Mais ce qui m'a étonnée, c'est de voir des classes d'enfants établies sur la place publique. Les tables sont installées comme dans nos écoles, et le maître donne ainsi ses leçons en plein air. Tous ces petits Chinois sont drôles et ont l'air très attentifs, malgré le froid un peu piquant qu'il fait aujourd'hui. Leurs doigts sont bien rouges; malgré cela, ils écrivent très courageusement.

Nous passons à travers tous ces établissements ambulants, boutiques et autres, et nous traversons la place qui entoure une immense pièce d'eau au milieu de laquelle s'élève la célèbre maison de thé. On y arrive par un chemin en zigzags, large d'un mètre, construit à fleur d'eau, en planches sur pilotis, et bordé de chaque côté d'une jolie rampe à jour, en bois brut. La maison a deux étages. La construction est très pittoresque; c'est un café. L'intérieur est décoré, comme nous sommes accoutumés à le voir partout; des salles peintes, des brûle-parfums, des cloisons à claire-voie, puis aussi des cabinets particuliers. On vous sert toujours du thé et, je pense, tout ce dont on peut avoir besoin. Le thé nous a suffi.

Notre journée était remplie, elle avait même été assez fatigante, et le chemin que nous avions à faire pour regagner nos demeures l'eût été aussi, sans la satisfaction que nous emportions avec nous d'avoir accompli, *à nos risques et périls*, une excursion réputée dangereuse, mais dont, en fin de compte, il ne nous restait que des impressions agréables et des souvenirs intéressants. Cela nous donnait des jambes. Les Chinois excellent à faire les jouets d'enfants, et nous en rapportions à nos bébés.

Notre départ pour le Japon est décidément fixé au 16 février; c'est un mois trop tôt pour le bien voir. Mais la nécessité d'être de retour au mois de mai ne nous permet pas de retarder davantage cet intéressant voyage. Nous reviendrons donc par Shanghaï, où nous passerons encore quelques jours, après quoi nous reprendrons le chemin des Indes.

Je vous écris en ce moment au milieu des pétards chinois. C'est la semaine de leur jour de l'an. Pendant huit jours, aucun d'eux ne travaille; on ne peut avoir ses domestiques. Tout ce qui est Chinois fait bombance. C'est le beau moment pour étudier leurs mœurs, et Max en profite. Les maisons de jeu, celles de thé et d'opium, les restaurants, tous ces endroits regorgent de monde, surtout la nuit, car le Chinois vit plus la nuit que le jour; on fête les ancêtres, et les orgies s'ensuivent de la façon la plus effrénée. Il n'est pas jusqu'aux coolis qui, moyennant une faible rétribution payée au gouvernement, acquièrent pour ces jours-là le droit de porter des habits de mandarins et de se faire traîner en chaises ou en djin-rik-it-shas par ceux de leurs camarades qui sont plus misérables qu'eux. Ce sont de vraies saturnales, à cela près que ce sont toutes les classes de la société qui se livrent aux mêmes excentricités, chacune dans sa sphère.

Or une des grandes joies de ce peuple est de faire partir des pétards; en sorte que, à toute heure du jour et de la nuit, vous vous trouvez surpris par une cinquantaine de détonations qui éclatent sous vos fenêtres, ou, dans la rue, entre vos jambes. C'est extrêmement désagréable; d'abord on ne peut dormir une demi-heure de suite, et, le jour, les chevaux sont effrayés, ce qui cause souvent de graves accidents. Jusqu'ici, la police européenne n'a pas osé interdire ce genre de réjouissances. Inutile de dire que pendant ces huit jours tout commerce a cessé et que toutes les boutiques sont fermées.

La pluie qui tombe en ce moment n'empêche pas les pétards dont j'ai la tête fendue, mais je jouis par la fenêtre du singulier coup d'œil de cette multitude de parapluies chinois, agités dans tous les sens et dont vous connaissez la forme : il y en a de bruns et de jaunes. On croirait voir toute une plaine de champignons, bolets et oronges, mis en danse par la baguette d'un enchanteur et se livrant aux sarabandes les plus vives et les plus animées. C'est un spectacle étrange.

LETTRE XIX

Chacun observe à sa manière. — Théâtre chinois. — La salle. — Les dames chinoises au théâtre. — Une pièce militaire (3 février).

Je vois que vous avez du plaisir à lire mes lettres ; seulement les dernières sont beaucoup moins intéressantes, car le froid et le mauvais temps nous empêchent de mettre à exécution des projets d'excursions lointaines, qui nous auraient fait connaître une assez grande étendue du pays qui nous entoure. Au lieu de cela, notre vie se dépense sur place, et nous sommes fort ennuyés de voir arriver l'époque du départ, qui nous forcera de laisser sans les avoir visités une foule d'endroits curieux que nous regretterons toujours de n'avoir pas vus.

Je suis bien aise de me trouver d'accord, dans mes récits, avec les auteurs que vous pouvez lire ; cela augmente l'intérêt que vous prenez à me lire moi-même et vous fait voir que les voyageurs racontent *souvent* des choses vraies ! On a reproché beaucoup d'*écarts* au comte de Beauvoir ; mais je ne le trouve pas du tout si menteur que cela. Les uns voient certaines choses qui passent inaperçues pour les autres ; cela dépend des caractères et des aptitudes d'observation. Aussi les démentis en matière de voyages ne doivent jamais se donner qu'avec une extrême réserve. La manière de voir de chacun diffère d'une façon si extraordinaire !

Ces affreux Chinois ne vont pas encore nous laisser dormir cette nuit : les pétards continuent ; c'est à ne savoir où se fourrer. Ils emploient bien leur huitaine. Mais ce qui me gêne le plus, c'est que leurs boutiques restent fermées : impossible de bibeloter.

Eh bien, non, mes enfants, nous ne sommes pas entièrement privés de théâtre. D'abord, il y a les amateurs qui sont d'une certaine force et qui jouent de temps en temps ; et, bien que ce soit en anglais, c'est amusant tout de même. Puis nous avons eu plusieurs représentations de minstrels : ce sont des Américains qui se déguisent en nègres et, sous ce costume, se livrent à toutes les excentricités de chant, de parole et de culbutes qu'on puisse imaginer. C'est très drôle.

Ensuite nous sommes encore allés au théâtre chinois. Les rôles de femmes y sont remplis par des hommes, comme dans toute la Chine. Quels splendides costumes! Ce ne sont que satins de toutes les couleurs, brodés d'or et de soie de la façon la plus merveilleuse. Ce jour-là, on donnait une pièce belliqueuse : des batailles, des défilés d'armées, tous les soldats vêtus de satin blanc, vert ou rose, admirablement brodé et valant des sommes considérables. Ils attaquaient une ville. On apporte une toile en percaline qu'on tient en biais sur la scène; cette toile représente les murailles de la ville avec une porte qui consiste en une fente dans l'étoffe. Mais la porte est dessinée, et les assises de pierres sont peintes en raies blanches. Derrière ce mur, le général assiégé (satin vert) est monté sur une chaise, et il avance la tête au dessus pour regarder les assiégeants. Il parlemente beaucoup avec le général ennemi (satin blanc); pendant ce temps, un traître, sous un costume de balayeur, s'approche, soulève le morceau de toile qui simule la porte et fait entrer l'ennemi dans la place. Alors on enlève la muraille, et la mêlée occupe toute la scène. Dès ce moment, les culbutes, les sauts, les cabrioles n'ont plus de bornes.

Cependant il est à remarquer que tout se fait avec ordre et en ménageant les costumes. Ces gens ont un talent d'évolutions qui en remontrerait à nos maîtres de ballets; ils savent remplir la scène de manière à faire croire qu'ils sont deux cents là où il n'y en a qu'une cinquantaine. Leurs clowns, par exemple, sont d'une faiblesse au-dessous de la critique. Quant à leur musique, qui ne s'arrête ni ne se module dans aucune circonstance, c'est un tintamarre inouï : heureusement que l'orchestre est toujours placé derrière les acteurs. Néanmoins on finit par prendre plaisir à les voir ainsi s'escrimer, et on reste là des heures sans se demander pourquoi. Ce sont de vrais jeux d'enfants de douze ans!

On peut prendre une loge, ce que nous avions fait, ou bien s'asseoir au parterre, autour d'une table, comme à nos cafés chantants; l'un est aussi *bien porté* que l'autre. Pendant tout le temps du spectacle, un boy passe incessamment, remplissant vos tasses de thé, vous servant des soucoupes d'olives, des graines de melon grillées, des bonbons, des boulettes de riz bien blanches nageant dans l'eau chaude, et des oranges à discrétion. Tout cela est compris dans le prix des places, qui est de six francs. J'oubliais de petites serviettes à thé, trempées dans l'eau presque bouillante, que les Chinois s'appliquent sur la figure à peu près toutes les demi-heures, pour provoquer une transition qui les rafraîchit. Vous comprenez que nous n'avons pas été tentés d'en faire usage.

Il y avait des loges de dames chinoises en grande toilette; c'est toujours la même coupe de vêtements, sans linge ni dentelles, mais plus ou moins richement brodés. Elles mettent beaucoup de fleurs en papier de riz et de bijoux dans leurs cheveux.

Une servante est toujours derrière sa maîtresse,

au théâtre comme partout, pour lui entretenir sa pipe et la lui présenter de temps en temps; la dame prend une bouffée ou deux, puis la servante se remet à la bourrer de nouveau. Ces pipes sont faites d'une façon particulière; elles sont très grosses et contiennent de l'eau dont la vapeur tamise la fumée du tabac. J'en rapporte une.

On parle d'un bal costumé, pour la semaine prochaine, donné par l'aimable et jeune directeur du comptoir d'escompte, M. Ewald. Ce doit être très brillant; nous nous occupons de trouver un costume pour Régine; mais nous ne l'avons pas encore.

LETTRE XX

Un bal costumé au comptoir d'escompte. — Le chemin de fer de Shanghaï. — Mauvaise humeur des autorités chinoises à ce sujet (14 février).

En vérité, vous avez eu des inquiétudes bien terribles à notre sujet, et, quand j'y pense, j'en ai vraiment du chagrin. Mais aujourd'hui vous voyez qu'il n'y a de la faute de personne, et que dans des voyages comme ceux-là on ne doit pas s'inquiéter trop vite de l'absence des nouvelles. Il est toujours temps de s'effrayer quand on les reçoit mauvaises. Ce retard est venu simplement de ce que nous étions arrivés à Ceylan le lendemain du passage de la malle venant en France, de sorte que nos lettres sont restées quinze jours à attendre.

Mais, vraiment, nous avons eu bien de la chance dans les mers de Chine, malgré les tempêtes que nous y avons éprouvées; car, de tous les paquebots qui sont arrivés cet hiver, l'*Hoogly* et l'*Iraouaddy* sont, je crois, les seuls qui n'aient pas eu d'accident. L'un a cassé son hélice, l'autre son piston, l'autre encore son hélice, etc., ce qui leur a causé des retards considérables.

Malgré cela, nous allons partir le 16 pour le Japon, devant nous arrêter à Nagasaki, Kobé, Yokohama, puis Yedo. Décidément, Régine vient avec nous, emmenant la petite Marcelle ; cela nous causera bien un peu d'embarras, mais de cette manière nous serons plus longtemps ensemble, car il est décidé aussi qu'elle attendra son mari pour revenir en France. Je crois que c'est plus raisonnable, et je l'y engage, malgré le chagrin que nous aurons de la laisser loin de nous.

Je vous quitte pour aller dîner en ville. Je commence à m'habituer un peu à la cuisine anglaise ; c'est elle qui domine ici, mais je préférerai toujours la nôtre. Ils ne feront jamais des jus ni des sauces fines comme chez nous. La base de leur cuisine, c'est la volaille et le gibier, avec force piment, kari, etc. ; cela fatigue, et je ne puis plus entendre parler de faisans ni d'autre gibier, tant on nous en sert souvent. Cependant notre cuisinier a été dressé par des Français, et nous mangeons à la française, ce que j'apprécie beaucoup ; nos sauces appliquées aux ailerons de requins, aux huîtres de Ningpo, aux œufs de pigeons, qui abondent ici, ne laissent pas d'avoir un certain charme.

Nous devons faire bientôt un dîner dans un restaurant chinois, avec un Anglais très aimable de nos amis, M. Little, qui nous a déjà accompagnés dans plusieurs excursions, et son frère le docteur, que nous voyons souvent et qui a aussi une très jolie habitation.

Je reprends ma lettre après plusieurs jours; nous avions été très occupés toute cette semaine du costume de Régine pour le fameux bal qui a eu lieu hier. Elle était en Polonaise : satin bleu de ciel, ornements d'argent, bordure de cygne, délicieuse toque, tous ses diamants et autres bijoux. Elle était vraiment belle et a eu un grand succès.

Max et moi, nous avions obtenu avec force insistance d'être admis en *Parisiens*. Comme nous étions les seuls, celà a fait un costume très réussi. Ce bal a été magnifique ; les autres costumes étaient tous très beaux, il y en avait de splendides. Seulement pas de Chinois. Soixante dames et cent cinquante messieurs. Beaucoup de gaieté et d'entrain. Un maître de maison affable et très attentionné, un souper comme on sait les comprendre à Shanghaï. Bref, le jour s'est levé avant qu'on ait eu la pensée d'aller se coucher.

Aujourd'hui, nous faisons nos préparatifs pour le Japon. Demain, lundi soir, nous irons coucher à bord pour lever l'ancre dans la nuit. Nous pensons être absents un mois, ce qui nous donnera au retour dix-huit jours à passer ici, avant notre départ définitif, qui sera le 1er avril. Je ne sais ce que nous allons voir au Japon ; tout le monde s'accorde à dire un bien extrême de ce pays et de ses habitants. Nous partons par un beau temps ; le bateau, quoique américain, est confortable, et je crois que nous aurons une bonne traversée. C'est sur la *Névada* que nous nous embarquons.

Nous reviendrons, je pense, au moment où les travaux qu'on fait pour le chemin de fer seront très avancés; mais nous ne le trouverons pas encore en activité. Car il faut vous dire que la compagnie anglaise, après s'être vu refuser par le gouvernement chinois le cadeau qu'elle voulait lui faire d'un petit chemin de fer desservant Pékin, s'est décidée à venir l'établir sur la concession de Shanghaï. C'est le premier qui se fait en Chine, et c'est une grande joie pour le commerce, qui en tirera de grands bénéfices. Mais le gouvernement est furieux. Imaginez-vous que, l'autre jour, un malheureux propriétaire chinois a vendu à la compagnie un petit bout de terre attenant à la concession sur laquelle se font les travaux. Alors le Taotaï, sorte de préfet de Shanghaï, le fit saisir et rouer de coups de bambous, si bien qu'il en mourut quelques jours après. N'importe, on travaille avec beaucoup d'activité : mais pourra-t-on jamais s'en servir en toute sécurité comme on le fait au Japon, où il y a déjà plusieurs villes reliées ensemble par des chemins de fer qui en rendent les abords extrêmement faciles et agréables?

Je pense vous écrire sur le bateau si je ne suis pas trop malade ; mais, dans tous les cas, m'éloignant au nord, vous ne pourrez recevoir de lettres avant quinze jours, à cause des correspondances qui se font irrégulièrement.

Malgré la saison peu favorable que nous sommes forcés de prendre pour notre voyage, j'espère encore le faire agréablement. Nous aurons peut-être un peu froid ; mais, si la pluie ne s'en mêle pas, nous ne devrons pas nous plaindre. Il nous faudrait une année entière pour faire, d'une manière tout à fait complète, le voyage que nous avons entrepris. Mais je suis toujours bien aise de ce que nous aurons accompli. C'est assez intéressant pour ne pas vous laisser l'impression de la fatigue, et je crois qu'il vaut mieux quitter un pays avec le regret de n'y avoir pas tout vu que de l'abandonner parce qu'on n'y trouve plus rien de nouveau.

Ainsi je suis persuadée que, si jamais je me décidais à refaire un grand voyage, ce serait le même que je préférerais recommencer afin de visiter l'Inde, qui reste pour moi un livre dont je n'ai lu que la préface. Que de belles pages j'aurais encore à ouvrir !

Il nous est venu des nouvelles de Pékin et de Tien-Tsin. On s'y amuse beaucoup ; il y a, je crois, vingt-cinq Européens. On y joue la comédie, on danse, on monte à cheval ; c'est M. de Rochechouart qui dirige tout cela avec l'entrain et le brio qui le caractérisent.

Mais, de communications sociales avec les Chinois, il n'y faut pas penser. Le peuple accepte encore assez facilement le contact avec les Européens, quand il pense y trouver son profit. C'est ainsi qu'il se porte en foule aux consultations médicales instituées par les médecins anglais, près de nombreux dispensaires. Les petits lettrés offrent volontiers leurs services dans les légations, dans les maisons de commerce, ou près des érudits qui se livrent à des recherches de linguistique ou autres. Les relations entre commerçants sont faciles, et généralement très sûres. Mais le Mandarinat se tient encore dans la plus absolue réserve. Sauf quelques réceptions officielles, un déjeuner quelquefois offert aux consuls, ou accepté, toutes relations directes sont impossibles. On cite bien quelques exceptions personnelles ; mais elles sont infiniment rares.

Comme ville, Pékin est peu intéressant à visiter ; il n'y a guère que le palais qui doive piquer la curiosité du voyageur. Mais c'est à peine si nos ministres y peuvent pénétrer dans les plus grandes circonstances. Les rues sont démesurément larges et fort mal entretenues, le commerce y est languissant par le manque de moyens de communication. Il s'ensuit une absence d'activité dans la population, qui donne à cette capitale un aspect morne et désert formant avec Canton un contraste des plus frappants.

Nous aurons ce soir à dîner M. Godeaux, consul général à Shanghaï, qui vient d'arriver, et M. de Chappedelaine, qui faisait l'intérim et doit partir avec nous pour le Japon.

LETTRE XXI

Voyage au japon (16 février). — Nagasaki. — Les débardeurs Japonais. — Une course folle dans la ville. — Coutumes japonaises. — Kobé. — Chemin de fer. — Osaka. — La citadelle. — Un champ de foire. — La mer intérieure. — Nouvelle phosphorescence de la mer. — Simonosaki. — Les Daïmios et les Samouraïs. — Arrivée à Yokohama.

Après une journée de préparatifs des plus fatigantes, nous voici enfin partis de Shanghaï emmenant la petite Marcelle. Dieu veuille qu'elle n'ait pas le mal de mer !

Il est onze heures du soir, on doit partir à minuit; mais il y a le chapitre des accidents... On lève l'ancre, on part; tout le monde se couche, nos cabines sont commodes, nous sommes bien, on s'endort.

Le matin, en s'éveillant, on se dit : Quel bon bateau ! Aucun bruit, aucun mouvement.

On se lève tout satisfait : c'est Shanghaï qui se présente à vos yeux ! on est encore à la barre de Voosung. Le bateau, au lieu de filer, s'est engravé à l'embouchure du Wampoo par la faute du pilote, et on doit attendre la marée haute, qui ne fera son apparition que dans l'après-midi.

En effet, vers deux heures, les flots grossissent, mais notre paquebot ne bouge pas. Alors nous voyons arriver un petit vapeur, notre espérance ; il vient nous attacher un câble et se met à faire une foule d'évolutions ayant pour but de nous ébranler ; vains efforts... Nous commencions à penser au débarquement, quand enfin une dernière secousse parvint à nous remettre à flot. Nous voilà en pleine mer, après bien des heures de perdues. Enfin nous voguons : la mer n'est pas très mauvaise, mais l'habitude ne me vient pas, ma tête se reprend, et mon lit est mon seul refuge. Heureusement, le temps est gris, et la pleine mer n'a plus rien de curieux pour moi. Je passerai ma journée au repos. Je n'écris plus aujourd'hui.

Ce matin je suis tout à fait bien ; on commence

à voir la côte : nous approchons de Nagasaki. Le soleil nous manque, mais nous avons la pluie. N'importe, cela ne fait qu'atténuer un peu notre admiration. C'est un délicieux tableau de la Suisse. Nous avons laissé Shanghaï défeuillé, gelé, transi, et nous retrouvons ici le printemps avec sa verdure, sa gaieté et sa nature souriante. Je dis le printemps, et c'est vrai, parce ce que les arbres ont toutes leurs feuilles, les gazons ont toute leur fraîcheur ; mais cela n'empêche pas un petit froid vif de vous cingler le visage, ni la chaleur du soleil d'alterner avec des giboulées de neige, qu'on est tout étonné de voir tomber sur les camélias sans en altérer la beauté.

Nous aurons peu de temps à passer à terre, et, bien que nous devions nous arrêter plus longtemps en revenant, nous voulons aller faire un tour dans la ville. En attendant, nous voyons les manœuvres d'embarquement et de débarquement des marchandises. Les moutons ne peuvent vivre ici ; on en apporte de Chine pour la consommation, et je m'aperçois que nous en avions transporté avec nous une grande quantité.

Pour ces sortes de travaux, nous avons sous les yeux des échantillons nombreux de la population japonaise, arrivant sur les *boats* de transport. Les uns sont absolument nus, sauf la plus étroite des ceintures, avec le plus mince des nœuds qui ne cache rien du tout. Et, comme ils sont à peu près blancs, c'est plus *shocking* que chez les Hindous. Les autres ont sur le dos une houppelande en étoffe de coton ouatée, qu'ils déposent quand c'est leur tour de travailler. On se demande comment les fluxions de poitrine n'en emportent pas les trois quarts, à les voir ainsi barboter dans l'eau jusqu'au ventre, quand la neige leur tombe sur les épaules et que mon manteau de fourrure n'est pas de trop sur les miennes.

Je n'arrange pas bien dans mon idée ce climat du Japon, où les montagnes sont toutes couvertes des plus riches tapis de verdure, où les arbres et les arbustes restent garnis de feuilles, où le soleil resplendit et où, dans cette saison, on se trouve tout à coup sous une averse de pluie ou de flocons de neige !

Je continue de considérer mes Japonais. Ils sont bien faits, mais petits ; ils ont la physionomie épanouie, l'air ouvert. Au contraire des Africains et des Asiatiques du sud, ils ont les mollets très développés et la jambe bien faite. Ils se rasent sur le milieu de la tête une raie large d'environ trois ou quatre centimètres. Les autres cheveux restent longs, attachés en une queue dont ils font une espèce de rouleau bien ficelé et serré en chignon, qu'ils ramènent sur la tête dans l'espace rasé. C'est moins embarrassant que la queue des Chinois, mais ce n'est pas une coiffure très seyante.

Maintenant, je ne trouve plus rien de laid, mais j'ai peine à accepter le costume des femmes japonaises : il est insensé. Elles ne peuvent écarter leurs pieds de plus de dix centimètres l'un de l'autre, parce que leur robe, qui est extrêmement étroite et ouverte tout du long, ne leur en laisserait pas la liberté si elle était attachée ; mais elles sont obligées, pour marcher, de la tenir fermée avec une main, sans quoi la traîne, étant fort longue, resterait derrière et ferait ouvrir la robe jusqu'au haut. Elles sortent ordinairement en chaises fermées ; cependant elles sont moins rigidement tenues que les Chinoises et peuvent quelquefois sortir à pied, accompagnées de servantes. J'en ai rencontré de très belles. Elles portent des chaussures d'un bois plus ou moins précieux, qui sont faites comme les petits bancs de nos théâtres, munies de courroies, et dont les supports sont plus ou moins hauts, selon la richesse ou le rang de celle qui est perchée là-dessus ; il en est de même pour les hommes.

Mais j'anticipe. Lorsque nous sommes descendus à Nagasaki, la pluie tombait. Régine préféra rester au bateau. Alors Max et moi, nous prîmes un petit sampan, qui, pour dix cents, nous conduisit au rivage. Nous avions quatre heures seulement à dépenser. Il s'agissait de ne pas perdre de temps.

A part quelques maisons européennes situées sur la rade, ce ne sont que des constructions en bois, extrêmement primitives, avec un seul étage et formant des rues étroites, très entrecroisées et très compliquées. Partout des boutiques, soit de porcelaines, soit de bric-à-brac, ou de laques, ou de toute autre chose, comme en Europe, mais toutes ouvertes au vent et sans vitrage. Telle est du reste la physionomie très uniforme des villes japonaises. Celle-ci possède peut-être quatre-vingt ou cent mille habitants.

Nous voilà tous les deux avec nos parapluies, nous enfonçant dans ce labyrinthe, marchandant de ci, de là, achetant peu, puisque nous devons le faire au retour. Enfin, la pluie redoublant, nous montons chacun dans une djin-rick-it-sha. Nos conducteurs sont de véritables sauvages, vêtus seulement d'une espèce de manteau fait en feuilles de roseaux attachées au cou par une corde et dont les pointes tombantes servent à égoutter l'eau. Ils ont en plus un chapeau en feuilles tissées, du diamètre d'un mètre au moins. Leurs pieds et leurs jambes restent sans protection. C'est singulier de voir le brancard de sa voiture occupé par ce genre d'animaux.

Dans cet équipage, nous nous faisons mener chez un marchand d'écaille, nous choisissons de petits objets, plus loin quelques vases ; mais notre flânerie avait été plus longue que nous ne pensions, l'heure avançait, nous voulions rejoindre le port. Nos hommes semblent le comprendre ; les voilà prenant leur galop, et, après nous avoir fait tourner dans un tas de petites rues, ils nous déposent triomphalement devant une belle boutique de porcelaines. Nous nous récrions en français, en anglais, en piggin, en espagnol, nous ne sommes pas compris ; je crois reconnaître une rue, nous la prenons, et nous nous trouvons à un autre bout de la ville. Alors, nouvelles tentatives de notre part. « *No, no more shops, we ask you, sea, bund, the american ship, boat, el mar, water !* » Là-dessus, nos hommes croyant avoir compris reprennent leur course folle, et, après un bon quart d'heure de petit galop, posent leur brancard à terre et nous regardent avec les figures satisfaites et victorieuses de bons chiens de chasse, qui reviennent déposer le gibier aux pieds de leur maître.

Mais nous nous trouvions en face d'une boutique de laque ! c'était à la vérité la plus belle de la ville.

Le temps passait, que faire? pas une créature qui connût nos langues. Enfin, Max eut l'idée de dessiner un vaisseau sur son calepin et de le montrer à un marchand qui paraissait plus intelligent que les autres. Celui-ci donna alors des indications à nos coureurs, qui repartirent avec plus de feu que jamais; la pluie continuait. Nous nous croyions sauvés, nouvelle déception; ils nous amenaient sur une place de marché encombrée de légumes et précédant un temple d'assez belle apparence; vous pensez si nous avions envie de le visiter? Nous gesticulions, nous nous mettions en colère, nous simulions la natation, pensant que la pantomime est de tous les idiomes, rien, rien! Jusque-là, j'avais ri de tout mon cœur; mais l'inquiétude de manquer le départ commençait à nous gagner, surtout à cause de Régine qui était à bord. Enfin, enfin, un Chinois béni sortit la tête de sa boutique et nous dit : *you are going out, on the sea?* Pour le coup, nous tenions la planche. Il dit deux mots à nos bêtes, qui reprirent philosophiquement, et toujours avec le même entrain, le chemin du port. Enfin nous respirions! le navire nous ouvrait ses bras.

S'il n'avait pas plu c'eût été très amusant : cependant je n'ai pas été fâchée d'avoir eu cette petite émotion; c'est une variante à notre vie réglée du bord. Je dis réglée, et j'ai tort, car sur ce bateau on ne part que cinq ou six heures après celle annoncée. Ainsi, hier, nous n'avons levé l'ancre que dans la nuit, et cela après nous être tant émus pour être rentrés à l'heure dite.

Je vous disais que Nagasaki est pauvrement construit; mais c'est la première ville japonaise que je vois, et, en y réfléchissant, je crois que j'ai besoin de la revoir pour en juger. En tout cas, les rues sont dallées de façon à rester propres même par les plus mauvais temps. Ces dalles ont 1 mètre de longueur sur 45 centimètres de large, et sont posées en long, à côté les unes des autres, de manière à former le dos d'âne sur le milieu de la chaussée. Cela fait que le monde y marche proprement, mais ce serait impraticable pour tout autre quadrupède qu'un chat ou un chien.

Les femmes mariées se laquent les dents; c'est horrible. Lorsqu'elles ouvrent la bouche, on voit un trou noir qui rend leur rire bien plus repoussant qu'agréable, malgré la teinture d'un rouge vif dont elles s'enduisent les lèvres. C'est dommage, car elles sont généralement plus jolies que les Chinoises. Il y a deux types bien distincts : l'un à face plate, nez écrasé : ce sont les femmes du peuple; l'autre à nez aquilin, figure longue, un peu dédaigneuse, tournure élégante : c'est la classe aristocratique; on les rencontre peu dans la rue.

La même différence de types n'existe pas dans la partie masculine de la population.

Nous sommes, en ce moment, dans la *mer Intérieure*. On n'y sent pas le mouvement de la marée. Nous avons louvoyé toute la journée entre une quantité de petites îles, toutes plus jolies les unes que les autres, toutes peuplées de petits villages admirablement situés, à l'abri de montagnes couvertes de culture et couronnées de bouquets de bois qui produisent un effet charmant. Il semble qu'on se trouve entouré d'une foule de petits jouets d'enfants, disposés de façon à faire croire à un décor de théâtre.

Nous passons à Simonozaki, où l'on ne descend pas. Il fait nuit, et je le regrette : c'est là qu'a expiré, dans une action non sans gloire pour eux, le dernier effort des grands Daïmios contre l'introduction au Japon des étrangers, déjà subie par le gouvernement impérial.

Je n'entreprendrai pas de vous retracer ici l'histoire actuelle de ce pays.

Je vous dirai seulement que toute la noblesse du Japon, consistant en Daïmios, seigneurs territoriaux, et en Samouraïs, noblesse d'épée, ayant le droit de porter deux sabres et des pantalons larges, se trouve, par suite des arrangements qu'elle a été forcée de prendre avec son gouvernement, réduite à un tel état de dénuement que beaucoup sont obligés de vendre leurs bibelots pour vivre; quelques-uns même se font traîneurs de djin-rik-it-sha. Le droit de porter deux sabres leur étant interdit, il leur reste comme unique consolation le privilège de conserver les pantalons larges : cela les distingue des autres coolis, dont les pantalons sont serrés aux jambes. Quelques petites immunités leur sont aussi acquises dans les démêlés avec la justice, mais ce sont des nuances dont je ne saurais rendre compte.

Dans tous les cas, on dit que les Samouraïs, avec leurs deux sabres, étaient fort dangereux et s'en servaient par trop souvent. Cela ôtait la sécurité en voyage pour les étrangers, car leur rencontre était généralement funeste, s'ils se trouvaient mal disposés pour le moment.

Aujourd'hui, les Daïmios sont dépossédés de leurs terres, dont les revenus appartiennent au gouvernement, lequel leur a, en échange, constitué des rentes qu'il ne leur paye pas; mais il les laisse continuer à vivre dans leurs châteaux, sous sa haute surveillance, et sans le sou, en sorte qu'ils sont dans l'impuissance de lui nuire. Voilà pourquoi les pauvres gens ne sont pas contents, et ils en ont bien le droit.

En somme, le pays s'organise à l'européenne. S'en trouvera-t-il mieux? *Quien lo sabe?*

20 *février*. — C'est hier au soir que nous avons mouillé dans la baie de Kobé. Au premier abord, l'aspect ne m'en a pas séduite, d'abord parce que le froid était revenu, et ensuite que ses montagnes me paraissaient tristes et dénudées. Je me suis donc levée sans enthousiasme, comptant cependant bien partir de bonne heure pour aller visiter la ville et y prendre le chemin de fer qui conduit à Osaka, ville de trois cent mille âmes et ancienne résidence du Taïcoum.

Effectivement, ce matin à neuf heures, nous quittions le bateau, accompagnés de notre aimable consul, le comte de Chappedelaine, et décidés à employer utilement notre journée. Il faisait un froid piquant avec du soleil; la cime des montagnes était couverte de neige, et il en tombait encore des rafales de temps en temps.

De coquettes djin-rik-it-shas nous attendaient au rivage (elles sont plus soignées au Japon qu'en Chine). Quelques pas seulement nous séparaient de la gare, en sorte que nous avons pu dédaigner ces véhicules et gagner le chemin de fer en nous promenant sous un beau rayon de soleil qui venait de se montrer, pour durer toute la journée.

C'est bien étonnant de se retrouver là, comme en pleine France, avec des salles d'attente, des employés, des gardiens costumés à la française, mais beaucoup plus soignés que chez nous, tout cela européen, sauf les figures et le langage. Le soleil resplendissait, le chemin longeait la mer au milieu de la vallée ; c'était admirable. Nous traversions de petits villages dominés par de coquettes habitations étagées en amphithéâtre ; rien de ravissant comme ces six ou sept lieues, le long desquelles tout est cultivé à la main et soigné comme un jardin. Le village semble même n'être pas interrompu, car les maisons qui peuplent le flanc de la montagne sont à des distances tellement rapprochées qu'elles forment une guirlande reliant Kobé à Osaka par une suite de tableaux charmants à voir.

Nous avions une lettre de recommandation

pour un jeune avocat français, M. Lipmann, chargé par le gouvernement japonais d'installer à Osaka une cour et un tribunal sur le modèle de la jurisprudence française. Il y est depuis un an, et tout cela marche déjà très bien. Malheureusement il n'était pas prévenu et se trouvait absent de chez lui quand nous sommes arrivés. Nous avons donc dû entreprendre notre visite en ville sans lui. La principale chose à voir était la citadelle et les ruines du palais.

Après un excellent déjeuner à l'hôtel, nous montons en djin-rik-it-shas, et nous voilà courant les rues d'Osaka, au petit trot de nos bipèdes munis des instructions de notre maître d'hôtel, un Français, qui leur avait tracé leur itinéraire. Nous étions pleins de confiance.

En effet, ils nous firent passer par les rues les plus populeuses et les plus marchandes. Rien ne donne envie d'acheter comme ces boutiques ouvertes et remplies d'objets si tentants.

Les abords de la citadelle nous parurent bien imposants. Ces fortifications sont gigantesques. Elles entourent un plateau qui domine de très haut la ville tout entière et les campagnes environnantes. Les fossés pleins d'eau sont quatre fois larges et profonds comme ceux de l'enceinte de Paris; les parois de ces fossés et toutes les murailles sont en monolithes de granit, de proportions surprenantes. Plusieurs d'entre eux, que nous avons mesurés, avaient quinze mètres carrés de surface, et leur épaisseur était en proportion. Quels moyens ont-ils eus de remuer ces pierres? Nous ne pouvons le savoir. Les portes d'entrée des cours sont faites de lames de fer boulonnées, d'une hauteur et d'une largeur prodigieuses. A coup sûr, aucun Samson, d'aucun des âges qui nous ont précédés, n'aurait pu les ébranler à lui tout seul. Aussi, lorsque, malgré notre pantomime expressive et pleine de condescendance, nous nous en sommes vu refuser l'entrée, il ne nous est pas un instant venu à l'idée de la forcer.

Nous prenions lentement, mais philosophiquement, notre parti de nous en retourner, lorsque nous vîmes s'avancer, au pas et en tenue réglementaire de voltigeurs français, deux soldats la baïonnette au fusil. Ils étaient envoyés par les officiers du poste qui, nous ayant vus, trouvaient très dur, sans doute, de se priver de la visite, si rare pour eux, de Parisiens et de Parisiennes que tout Japonais est aujourd'hui si désireux de pouvoir copier. Ces soldats nous firent signe de les suivre, ce que nous nous empressâmes de faire.

L'intérieur n'est plus composé que de ruines. Cependant, sur un des côtés de la vaste esplanade qu'elles occupent, s'alignent une série de baraquements qui nous parurent servir de casernes. Le palais de Taïkosama, qui en occupait le centre, a été brûlé par le Shogun lui-même, lorsqu'il se vit forcé d'évacuer la place il y a quelques années; mais il reste des murailles et surtout des escaliers de géants. Ce qui existe encore des ruines donne le plan de l'édifice; à une telle hauteur, ce devait être splendide! De là, on domine tout le pays, la vue est immense et d'une variété que viennent compléter au loin de hautes montagnes neigeuses bordant l'horizon de deux côtés seulement.

Après avoir gravi partout et admiré ce que

nous avions sous les yeux, en déplorant le vandalisme des révolutions qui détruisent tant de belles choses, toujours escortés de nos deux soldats à baïonnette qui nous suivaient d'assez près pour nous inspirer parfois quelques inquiétudes sur leurs intentions, nous redescendions avec le projet de saluer et de remercier les officiers du poste, lorsque ceux-ci nous prièrent de vouloir bien inscrire nos noms sur leurs registres, ce que Max s'empressa de faire pour nous tous. Puis on se dit au revoir, et nous vîmes se refermer derrière nous ces formidables portes, grinçant sur leurs gonds et contrastant d'une manière frappante avec la petite taille des guerriers chargés de les défendre.

Une fois dehors, nous retrouvons nos équipages, et nous voilà repartis au trot de nos hommes, nous abandonnant entièrement à leur direction ; ils avaient leur idée pour nous conduire, mais nous ne la connaissions pas, en sorte que, quand nous rencontrions une belle maison, un beau jardin, quelque chose de remarquable, nous disions : C'est là ! Mais, le trot ne se ralentissant pas, nous passions sans murmurer.

Enfin nous fûmes déposés à l'entrée d'un grand temple avec des jardins, une grande pagode en bois sculpté à dragons coloriés, et ayant cinq étages que nous jugeâmes inutile de gravir. Les bâtiments qui l'entouraient étaient d'ailleurs assez intéressants à examiner. C'étaient de petits temples, ayant tous leur autel et leur dieu particulier dont chacun a sa spécialité et son genre de clients, qui sont toujours fort nombreux. Les salamaleks sont les mêmes en tous lieux, des prosternements, des génuflexions, des extases, etc. L'aspect de ces pratiques produit un singulier effet sur le spectateur indifférent ; on se demande de quel côté est la raison ?

Au Japon, les cours qui environnent les temples sont des lieux de fête et de réunion : on y trouve des restaurants et des jeux de toutes sortes ; comme ornementation, c'est moins riche qu'en Chine, mais c'est plus riant.

Notre visite achevée, nous reprîmes nos équipages, qui nous ramenèrent par une partie de la ville où se tenait une grande foire qui, paraît-il, a lieu tous les ans à pareille époque. Il me semblait être à Saint-Cloud, ou à la barrière du Trône à la foire au pain d'épice.

Les rues étaient complètement pavoisées de drapeaux, d'enseignes, d'annonces des théâtres en plein vent, avec des parades à la porte, des baraques de serpents, de bêtes féroces, de monstres, de figures en bois peint de grandeur naturelle, mues par d'ingénieux mécanismes, enfin tout ce qui constitue, et au delà, nos divertissements parisiens; le même tapage de tambours, de cris, et de cloches remplacées par le gong, ce qui est pis encore. Quant à la foule, elle est indescriptible. Pour traverser tout cela, nous avions mis pied à terre; c'était plus amusant.

Ici, on trouve la porcelaine de Kiotto, une des plus belles du Japon; mais je n'ai pu avoir une assiette à moins de vingt francs.

Il en est de même pour la laque, lorsqu'on la veut belle; on ne se fait pas, en France, une idée de la différence qu'il y a entre les qualités de laque. Il y a celle en cuivre et celle en or, puis le nombre de couches superposées, la finesse des dessins ; tout cela fait qu'une petite boîte grande comme la main, avec presque la même apparence, peut coûter 15 francs ou 1500. Aussi, jusqu'à ce qu'on ait fait une véritable étude de la laque, on ne peut pas assigner une valeur aux objets qu'on a sous les yeux. Ces petites coupes rouges et or, où l'on met des épingles, valent depuis cinq sous jusqu'à trente francs, sans qu'un œil qui n'est pas exercé puisse faire la différence. Cette industrie est très développée et tout à fait spéciale à ces contrées, bien qu'on en fasse aussi à Paris ; mais cela ne se ressemble pas.

Les Japonais n'apprécient pas plus le confortable que les Chinois ; ils sont très propres, mais ils n'ont pas de meubles, pas de lits, pas de fauteuils, pas de chaises. Les nattes remplacent tout cela pour eux. Leur luxe d'intérieur consiste en bibelots, en bronzes, en écailles ou en porcelaines, et leur grande jouissance est de les contempler. Ils ont de beaux habits, mais toujours pas de linge ! Les étoffes de soie ouatées sont portées par les riches ; le peuple porte des tissus de coton. Les seuls meubles que je vois à leur usage, ce sont de grandes boîtes carrées en laque, dont il y a de fort belles à vendre en ce moment dans les boutiques. Elles proviennent de ces malheureux Daïmios qui sont obligés de s'en défaire pour avoir à manger. Nous en avons acheté deux, d'une certaine valeur, aux armes du taïcoum, et aussi plusieurs sabres. Ce sont de très belles boîtes et de très bonnes armes.

Voici une longue digression qui me fait oublier que nous étions en route pour rejoindre le navire. M. Lipmann nous attendait à la station ; il nous fit promettre de descendre chez lui au retour, ce que nous ferons, car nous avons encore bien des choses à voir dans la ville, et, guidés par lui, nous profiterons beaucoup mieux.

Le mer était bonne, la nuit le fut aussi ; mais je ne puis passer sous silence le phénomène qui nous fit rester sur le pont, malgré un froid des plus piquants, jusqu'à minuit passé. Nous naviguions dans des flots de feu ; la phosphorescence de la mer était telle qu'il nous semblait fendre une immense étendue de lave en fusion. C'était une impression tout à fait saisissante. A Saïgon, nous avions pensé feu d'artifice, ici nous pensions Enfer ! Je m'étonnais de ne pas rencontrer Caron dans sa barque chargée d'ombres en peine. Cela a duré plusieurs heures. C'est une chose que je n'oublierai jamais.

Le matin, l'eau était redevenue bleue, le soleil resplendissait ; mais il n'arrivait pas à réchauffer assez l'atmosphère pour nous permettre de demeurer longtemps sur le pont, malgré le désir que nous avions de rester en contemplation devant le délicieux panorama que la marche du navire faisait se dérouler devant nos yeux.

Le trajet entre Kobé et Yokohama est d'un pittoresque inimaginable. A chaque instant, un site charmant est remplacé par un autre plus joli encore. C'est toujours le dernier qu'on admire le plus. Tous les voyageurs vantent les beautés de la mer Intérieure ; mais ils n'en diront jamais assez. Cependant, le froid nous forçant à passer plus de temps au salon qu'au grand air, nous jouions au piquet avec notre fidèle compagnon de voyage, le comte de Chappedelaine ; mais, comme il n'a pas au jeu un caractère meilleur que le mien, ce genre de distraction n'aurait pas duré très longtemps, si notre voyage avait dû se prolonger quelques jours de plus.

Personne ne nous attendait à Yokohama ; mais une chanteuse russe de talent s'y était annoncée avec la troupe qui l'accompagnait. Ses bagages étaient depuis huit jours à l'hôtel, en sorte que j'eus l'honneur d'être prise pour elle, et notre entrée dans la ville excita la curiosité générale ; cette méprise nous amusa beaucoup. La chanteuse arriva le lendemain.

Cependant, à peine débarqués, nous recevions la visite de plusieurs de nos compatriotes, qui venaient gracieusement se mettre à notre disposition pour la durée de notre séjour, ce qui nous fut très agréable et fort utile, car c'est ici et à Yedo que nous devons faire nos acquisitions capitales.

Les prix modérés que nous rencontrions à l'hôtel nous firent bien augurer des rapports que nous devions avoir avec les habitants.

Nous voici donc bien et confortablement installés, dans un hôtel fort bien tenu, dont le maître, M. Bonnat, est Français ; j'avoue que cela me fait plaisir. Nous allons prendre nos dispositions pour y vivre quelques jours, que nous emploierons le plus fructueusement possible à voir le plus de choses que nous pourrons.

Et d'abord nous nous mettons en quête d'une ama pour notre petite Marcelle, la sienne nous ayant plantés là au moment du départ. On nous en présente une assez gentille, dix-sept à dix-huit ans, figure aplatie, nez écrasé, néanmoins d'un aspect agréable; elle rit, comme tous les Japonais, et doit avoir le caractère doux. Elle s'appelle Nami; c'est un joli nom. Son mari l'a abandonnée avec un petit enfant. On ne dit pas pourquoi, mais il paraît que les maris japonais n'y mettent pas plus de formes que les maris chinois, et les pauvres femmes ont l'air de trouver cela tout simple. Est-ce affaire de nature ou de pure éducation?

LETTRE XXII

Promenade à Yedo. — Les rues et les maisons. — Le temple de Shiba, sépulture des impératrices. — Magnifique végétation. — Le temple d'Assakoussa. — Les idoles et les amusements populaires.

Nous avons pris hier le chemin de fer pour aller à Yedo ; depuis quelque temps, on a changé le nom de cette capitale, qui s'appelle maintenant Tokio. Elle est située à une trentaine de kilomètres de Yokohama.

Le temps s'était mis au froid sec, avec un ciel des plus purs, et, comme l'hiver ici ne fait pas tomber les feuilles, nous avons pu bien jouir de l'aspect du pays. Nous côtoyions la mer d'un côté ; de l'autre, la route était bordée de jardins, de maisons ; plus loin, la campagne, et, comme fond de tableau, de riantes montagnes toutes boisées, dominées par le Fusihama, blanc de neige du haut jusqu'en bas, et d'un très grand effet. C'est bien sa forme, c'est bien lui qui est représenté dans toutes les perspectives japonaises, sur nos boîtes, nos paravents et nos éventails. Je l'ai parfaitement reconnu : c'est le chef de toutes les petites montagnes plus ou moins volcaniques qui constituent les quatre mille cinq cents îles dont se compose le royaume du Japon. On en fait rarement l'ascension, qui est fort pénible ; il faut deux jours pour y monter, et on ne cite encore qu'une seule Anglaise qui ait eu le courage de se risquer dans cette expédition aventureuse. Si nous en avions le loisir, j'aimerais assez à l'entreprendre.

Les abords de la ville sont assez misérables, les faubourgs sont de grands terrains vagues presque sans rues tracées, les maisons groupées sans ordre et sans aucune symétrie, des gens qui traînent partout ; on croirait qu'on entre dans un des plus pauvres villages dont on ait conservé le souvenir. Puis, petit à petit, les rues se dessinent, s'arrangent et s'alignent; enfin on arrive au cœur de la ville, qui est entièrement bâtie en bois.

Les maisons, sans étages, sont couvertes en chaume; le sol en est élevé à soixante centimètres au-dessus de celui de la rue. La distribution de la maison consiste généralement en deux grandes salles, séparées par un petit corridor. Le parquet est recouvert d'une natte; on y voit tous les marchands assis par terre et travaillant ou causant de leurs affaires, car les boutiques sont toutes sans aucune devanture. On les ferme le soir avec des cadres de vitrages en papier huilé.

Maintenant, il y a les constructions nouvelles, qui sont toutes neuves et faites à l'européenne, à l'instigation du Mikado. Elles forment un long boulevard qui me rappelait nos anciens boulevards, avec leurs boutiques, leurs restaurants, leurs théâtres et leurs petits marchands en plein vent. On y voit aussi des voitures et on pourrait un instant se croire à Paris, tant c'est animé.

Les quartiers japonais le sont au moins autant. Au contraire des villes chinoises, les rues, ici, sont presque toutes d'une grande largeur, mais mal entretenues; et, malgré leurs dimensions, la population est si nombreuse qu'on s'y presse et s'y coudoie presque autant qu'à Canton. Il n'y a à voir d'autres monuments que des temples et le palais d'Eté, que nous reviendrons voir demain.

Nous nous contentons pour aujourd'hui de visiter le gros de la ville et ses deux temples principaux, qui sont aux deux extrémités opposées. Celui de Shiba, construit pour servir de tombeau à la première impératrice que son mari ait aimée assez pour en vouloir conserver les cendres : elle était morte jeune ! Cela remonte à beaucoup de siècles avant notre ère. Depuis, on continue d'y déposer les cendres des *mikadesses* qui sont estimées par leur noble époux dignes d'un tel honneur. On les brûle, puis on met le résidu dans une petite boîte de laque qu'on range à côté des autres, ce qui commence à faire une assez jolie collection et prouve en faveur des vertus impériales japonaises.

Ce temple, du reste, est une merveille comme échantillon de laque ; la sculpture en est assez grossière, mais les dorures et les ornements sont d'un fini extraordinaire. Cette laque si ancienne des parquets, sur laquelle on marche depuis tant de siècles, est toujours unie et transparente comme une glace ; il est vrai que l'habitude est de se déchausser pour entrer et de mettre des semelles de paille que l'on trouve en grande quantité à la porte. On nous laisse pénétrer avec nos chaussures, mais nous voyons que ce n'est pas sans un sentiment pénible. Notre bonze conducteur marchant à côté de nous me gênait beaucoup, parce que j'avais envie d'emporter un petit souvenir de ce lieu de recueillement. Enfin j'avisai une petite fleur de lotus en bois doré, détachée de la boiserie ; je fis signe à Max, et nous parvînmes à nous en emparer. Je l'emporte pour ma collection ; vous la verrez. Il faut dire que, si nous ne l'avons pas demandée, c'est que nous savions qu'on nous l'aurait refusée pour cause de profanation.

L'architecture de ces temples au dehors est toujours le genre chinois, mais plus fini, plus soigné que ne l'est ce dernier. Les monstrueux personnages qui précèdent l'entrée des temples chinois sont remplacés ici par un cheval de bronze, et des colonnes de porcelaine hautes d'environ deux mètres, dont le fût est terminé par une lanterne ; puis, sous la vérandah formée par le toit qui avance, ils suspendent une foule de petits bibelots de cuivre, d'argent, de cristal, qui font une très jolie ornementation et dont une partie est agencée pour produire, en s'entrechoquant, certains sons musicaux, lorsque le vent vient agiter les longues chaînes auxquelles ils sont suspendus.

Le temple de Shiba est situé sur une petite montagne où toute végétation prend d'immenses proportions. Les tuyas sont à perte de vue comme hauteur, et lisses comme des mâts. Les camélias atteignent plus de soixante pieds. En ce moment, ils sont couverts de fleurs et de boutons, malgré la neige qui est tombée ces jours-ci ; mais il faut croire que le sous-sol volcanique du Japon leur met une chaufferette aux pieds, qui les réchauffe assez intérieurement pour leur donner la force de résister au froid du dehors. Il en est de même de beaucoup d'arbustes que nous voyons, chez nous, ne pouvoir supporter un seul degré de froid, et qui, ici, ne perdent jamais leurs feuilles ; je citerai, par exemple, l'arallia, qui pousse en arbres et en buissons énormes. J'en rencontre beaucoup d'autres encore que je reconnais pour les avoir vus dans nos jardinières de salon. Mais je ne saurais vous citer les noms.

Nous quittons ce temple et ses admirables bosquets pour nous diriger sur celui d'Assakoussa, le plus grand de tous. C'est un lieu de pèlerinage, absolument comme les nôtres ; les malades y viennent pour toutes les infirmités. Le Bouddah principal, qui est seulement de grandeur naturelle, est une statue en bois dur ; mais il est usé et n'a plus aucune forme, à force d'opérer des guérisons. En effet, chaque malade vient lui passer la main sur les endroits où il a mal, puis il enveloppe une pièce de monnaie dans une prière de papier et la jette dans un grand coffre qui sert de tirelire. Il y a toujours foule. C'est très amusant de voir tous ces pauvres pèlerins venir se frotter l'œil, le genou, n'importe quoi ! Puis ils frottent ensuite l'idole à la même place et s'en vont convaincus de leur guérison. Je me croyais à Lourdes ; seulement le miracle ne s'accomplissait pas sur place. Les bonzes nous ont vendu des images et des petits tableaux que je rapporte.

Les abords du temple, comme ceux de la longue avenue par laquelle on y arrive, sont couverts de théâtres, de jeux, de baraques de foire, remplies de figures de cire, de monstres, de géants, etc., etc., puis des boutiques de jouets d'enfants, car les Japonais et les Chinois gâtent énormément leurs enfants et leur prodiguent des jouets de toutes sortes. Beaucoup de restaurants capricieusement installés, des maisons de thé, des tirs à l'arc tenus par de jeunes amazones badigeonnées et fardées, assez jolies du reste, et qui ne sont certainement pas dans l'usage d'effrayer les visiteurs... Nous avons tiré de l'arc assez adroitement pour des personnes qui n'en font pas leur métier ; et, ce qu'il y a de plus fort, c'est que nous devions pour cet exercice nous asseoir sur nos talons, selon la coutume du pays.

Il y a, pendant toute l'année, cent mille personnes réunies chaque jour autour de ce temple et qui viennent pour s'amuser, boire le thé, vendre ou acheter, se promener ou guérir leurs maux.

Nous ne pouvons avoir aucune idée, chez nous, d'une telle affluence de population. Un détail que j'oubliais, c'est de signaler la quantité innombrable de pigeons dont le temple d'Assakoussa est, on peut dire, infecté. Ces oiseaux ont leurs coudées franches dans cet édifice; ils y font leurs nids et y pullulent d'une façon prodigieuse; et, comme le caractère de leur habitation les rend sacrés, leur multiplication ne doit pas avoir de bornes, et on ne doit les y troubler en aucune façon. Ce n'est donc pas précisément de l'encens que l'on respire dans le temple d'Assakoussa.

Je continuerai dans ma prochaine lettre à vous donner le plus de détails que je pourrai. Mais il faudrait un grand travail pour vous dire la millième partie des choses intéressantes qu'on a sous les yeux, et je dois me contenter de le faire aussi succinctement que possible.

LETTRE XXIII

Seconde promenade à Yedo. — Un Samouraï, homme à deux sabres. — Amagoten, palais d'Été. — Intérieurs japonais. — Quartier officiel. — Siro, palais d'Hiver. — Les traces d'un incendie. — Splendeurs du parc de Siro. — Les corbeaux. — Les collections de M. Boissonnade. — Les théâtres japonais. — La scène et les coulisses. — Excursion dans les environs d'Yokohama. — La belle Espagnole.

Nous voici de nouveau à bord de *la Névada*, qui nous avait amenés à Yokohama et qui nous ramène à Shanghaï. La mer est calme, le temps est superbe ; mais, bonté du ciel, quel tangage !

Je vous ai raconté une première visite faite à Yedo, qui n'avait pu nous laisser qu'une idée très incomplète de la capitale du Japon. Nous avions traversé la ville dans une course rapide pour ne nous arrêter qu'auprès des principaux temples. Heureusement, nous avions pour compagnon et pour guide M. Kaizer, chancelier, faisant l'intérim du consulat, dont l'extrême et toute gracieuse obligeance nous avait permis de voir une foule de choses qui, sans lui, nous auraient échappé.

Nous attendions une autorisation qui nous permît de visiter les palais impériaux.

Cette autorisation devait nous venir par l'entremise de M. Boissonnade, le savant jurisconsulte chargé par le gouvernement japonais de réorganiser la jurisprudence du pays et de lui préparer un code qui, tout en conservant une certaine homogénéité avec les mœurs et le caractère de ses habitants, se rapprochât le plus possible de nos mœurs et de nos coutumes françaises. M. Boissonnade, avec le tact et l'esprit éminent qui le caractérisent, est déjà arrivé à opérer d'immenses transformations, qui seront une grande amélioration pour ce peuple intelligent et désireux de s'assimiler les bienfaits des civilisations européennes.

Toutes ces réformes sont provoquées par le Mikado, qui, dit-on, est un homme supérieur et disposé à tous les sacrifices nécessaires pour l'élévation et la régénération de son pays. La Mikadesse, dont l'esprit est non moins élevé que celui de son mari, partage entièrement ses idées, l'encourage et le soutient dans la tâche si difficile qu'il a entreprise.

Mon mari avait écrit d'avance à M. Boissonnade : la réponse ne se fit pas attendre ; et hier matin, à onze heures, par un temps superbe, nous arrivions à Yedo, où nous descendions du chemin de fer pour monter dans les pittoresques véhicules dont je vous ai déjà fait faire la connaissance. Notre aimable correspondant nous recevait à la gare, avec l'accueil le plus cordial, et nous dirigeait ensuite vers *Amagoten*, le palais d'Été, chacun dans notre voiture respective, attelée de trois coureurs en flèche et marchant à la file, ce qui faisait un joli ruban de queue galopant de toute la vitesse des jambes humaines.

C'est pendant cette course, à un détour de sentier, que nous avons rencontré un Samouraï, ou homme à deux sabres : c'est le seul que nous ayons aperçu, car il leur est sévèrement interdit de se montrer en pareil équipage, et le fait de sortir ainsi armé constitue un acte de rébellion qui doit être rigoureusement puni. Mais il survit encore quelques individualités opiniâtres, sur les infractions desquelles la police a ordre de fermer les yeux. Elles sont du reste assez rares pour n'être pas dangereuses.

Cependant les gens de Satzouma ne sont pas encore soumis, et leur attitude résolue exigerait des mesures entièrement radicales si l'on voulait absolument les réduire ; c'est pourquoi le gouvernement, qui juge inutile de provoquer de nouvelles révoltes, a pour le moment l'air de n'y pas faire attention [1].

Tout en écoutant ces détails donnés par mon voisin de promenade dont l'équipage était venu se mettre de front avec le mien, nous arrivions devant les fossés du palais, qui sont larges comme les trois quarts de la Seine. Ils baignent le pied d'une forte muraille dont le parc est entouré jusqu'à la mer, qui vient battre de ses flots le mur

1. Depuis que ceci est écrit, plusieurs tentatives d'insurrection ont eu lieu dans les provinces et à Tokio même ; mais elles ont été promptement étouffées, grâce à l'énergie du gouvernement et à la discipline de l'armée.

de soutènement d'une magnifique terrasse par laquelle il est clos de ce côté. On a de cette terrasse un horizon immense. Du reste, rien de joli comme ces bosquets coupés de canaux et de petites rivières, avec de petits monticules gazonnés, des ponts de bois rustiques, dont plusieurs même sont entièrement formés de branches de glycine artistement dirigées, et d'autant plus solides qu'elles sont en pleine végétation ; puis des pavillons où nous trouvions des officiers nous attendant pour nous offrir du thé et des cigares. Partout il y a des tapis et des nattes sans aucun meuble. Seulement quelques chaises commencent à faire leur apparition, depuis qu'ils semblent vouloir prendre nos habitudes françaises.

Le palais, par lui-même, n'a rien de monumental ; il est élevé d'un étage seulement, et son architecture est moitié japonaise et moitié européenne. La porte du milieu s'ouvre sur une grande rotonde soutenue par des colonnes de marbre formant vérandah au-dessus du perron aussi en marbre blanc, ce qui rappelle un peu nos constructions du premier Empire, un peu aussi les temples grecs.

On avait allumé du feu dans le grand salon pour nous recevoir, et la tasse de thé traditionnelle nous attendait encore ; heureusement, les tasses ne sont pas grandes et on en peut venir à bout ; mais en buvant ainsi du thé sans sucre, je pensais aux pauvres petits enfants qu'on met au pain sec, et je les plaignais bien.

L'intérieur de toutes ces habitations japonaises est surprenant comme manque de confortable. Dans ce palais, nous trouvons quelques fauteuils ; mais, jusqu'à présent, ils n'ont su avoir que de grandes boîtes carrées et ce que nous appelons des *cabinets*. Ce sont des meubles en laque avec une multitude de petits tiroirs plus ou moins inutiles ou incommodes. Au lieu de lits, ils étendent par terre plusieurs couvre-pieds en soie, ouatés et assez longs pour pouvoir recouvrir un petit oreiller en bois dont j'apporte un spécimen.

En revanche, leurs parquets, leurs boiseries et leurs plafonds sont en laque, chez les gens riches, et partout il est d'usage de se déchausser pour entrer, ce dont on nous exempte toujours.

Dans ce palais nous avons donc admiré les laques splendides et les vases de cloisonné du Japon. Malheureusement, ils accompagnaient des pendules venant du boulevard Saint-Denis, ayant pour sujet un berger aux pieds de sa bergère, ou un esclave tenant par la bride le coursier de son chevalier, le tout doré et recouvert d'un globe. Ce qu'ils ont de beau, ce sont leurs papiers à tapisser les murailles, ornés de peintures éclatantes sur fond d'or. C'est d'une richesse extrême et d'un très grand prix par conséquent.

Un magnifique piano en boule se trouvait dans le salon. Régine a exécuté dessus un boléro, à la satisfaction très évidente de ces messieurs, dont nous prîmes congé avec force salutations des plus expressives, ne pouvant nous exprimer que par des gestes de part et d'autre.

Nous avions vu le palais d'Été.

De là au *Siro* ou château-fort, palais d'Hiver, nous avions un grand trajet à parcourir. Nos coursiers, pleins de feu, se mirent à dévorer l'espace, sans souci des coupures de ruisseaux, des dalles aux inégalités de dix ou quinze centimètres. Notre course semblait une danse infernale, tandis qu'ils cabriolaient, n'étant tenus les uns devant les autres que par la corde qu'ils se passent sur l'épaule, pour tirer leur léger fardeau. A tout moment, nous croyions qu'ils voulaient jouer au cheval fondu !

C'est ainsi que nous traversions la ville, ne restant dans nos voitures que par des miracles d'équilibre. Nous allions à l'autre extrémité, et une ville de plus d'un million d'habitants, dont les maisons n'ont qu'un étage, présente une traversée d'une assez grande étendue ! Enfin nous arrivions au quartier officiel. Palais de justice, ministères, conseil d'Etat, casernes, parcs d'artillerie, champs de manœuvres, tout cela couvre d'immenses espaces, à loger une grande ville. Les édifices sont ici tous de construction récente et européenne ; les rues, d'une largeur extrême, sont bien macadamisées. Des sonneries françaises sortaient d'un quartier de cavalerie. Nous oubliâmes un instant que nous étions au cœur du Japon.

Le palais, ou plutôt l'emplacement du palais, domine la ville à une grande hauteur. En effet, il y a trois ou quatre ans, il a été complètement détruit, en une nuit, par un incendie dont on n'a jamais connu la cause. Le Mikado a dû s'enfuir précipitamment, comme toute la population de l'immense édifice. Il habite actuellement un autre palais, situé à peu de distance. Il ne reste plus rien de l'habitation impériale. Mais quel site, quel aspect, quels fossés immenses, quelles fortifications ! Mais aussi quelles réflexions vous viennent alors sur la fragilité des choses humaines !

Ce palais, si défendu, si inabordable, s'élevant si fort au-dessus de cette immense cité qui semble prosternée à ses pieds, à des profondeurs incommensurables, une étincelle a suffi pour l'anéantir ; et deux heures après, rien n'existait plus que le sol ! Car tous ces édifices, avec leur luxe d'étendue et d'ornementation, avec les richesses qu'ils renferment, sont entièrement construits en bois, en sorte qu'après un incendie, quand on a enlevé les lingots d'or et d'argent, avec toutes les ferrailles, un coup de vent suffit pour déblayer le reste.

Nous arrivions donc à la plate-forme de ce *défunt* palais, en gravissant la pente rapide qui y conduit, traversant des ponts à triple étage, nous faisant ouvrir des portes, comme celles d'Osaka, qui auraient rendu bien des points à celles de Ninive ou de Babylone, mais qui ne renferment plus que des arbres et des points de vue impossibles à décrire. Aucune situation ne peut égaler celle qu'occupait ce palais, planant sur le fleuve, sur la ville, sur les montagnes, au loin, avec un horizon sans limites. Ceux qui ont habité ce lieu ont pu se croire parfois au-dessus de l'atteinte des maux qui frappent inexorablement notre pauvre humanité, car il semble qu'à de telles hauteurs on ne doive plus rien avoir de commun avec les misères terrestres.

Quelques herbes commencent à pousser là; bientôt elles couvriront les dés de pierre, qui sont restés en place et marquent ainsi l'endroit des poteaux qu'ils soutenaient et qui formaient les murs de séparation des salles intérieures.

Avec un peu de temps et d'étude, on pourrait, d'après leur situation, se faire encore une idée des distributions qui existaient. Moi, je ne puis que cueillir une feuille d'un tout petit fraisier que je vois à mes pieds, dont j'emporterai ce souvenir, tandis qu'il continuera de s'épanouir en ce lieu splendide, inconscient des beautés qui l'entourent et prodiguant avec la même insouciance ses fleurs et ses fruits à tous les visiteurs du globe.

Mais nous entrions dans le fantastique, et ce que nous devions voir dans le parc n'a pas été atteint par l'imagination même de Gustave Doré, comme solitude immense, comme arbres gigantesques, affectant toutes les formes possibles de monstres ou de géants par le contournement de leurs branches énormes.

Depuis la nuit où le Mikado a été obligé de s'enfuir sans regarder derrière lui, cet endroit n'est visité que par quelques étrangers curieux, et ses hôtes habituels sont seulement les gardiens qui entretiennent les allées et les pelouses avec un soin extrême, puis les corbeaux : mais des corbeaux quatre fois plus gros que ceux de nos pays, ayant des voix qui vous parlent, dont les inflexions vous questionnent, vous blâment, vous approuvent ou se moquent de vous ; enfin, ces oiseaux en troupes innombrables vous suivent et vous poursuivent, au point d'empêcher toute conversation qui ne s'adresserait pas directement à eux. On ne les a jamais inquiétés, en sorte qu'ils sont les maîtres et vous semblez être chez eux. Avec le demi-jour et l'imagination un peu excitée, on se croirait, avec ces singuliers arbres et ces croassements aux intonations humaines, au milieu d'une armée d'enchanteurs cherchant à vous enlacer dans leurs immenses bras, et vous poursuivant de leurs vociférations.

Des rivières, des montagnes, des vallées se rencontrent à chaque pas dans cette étrange promenade ; un petit vallon entre autres, une rizière où pousse le riz sacré. Chaque année, le Mikado en vient couper lui-même une poignée qu'il offre aux dieux. Le reste de la récolte, respecté par les hommes, mûrit et retourne à la terre, autant que les oiseaux du ciel, qui n'ont pas les mêmes scrupules, veulent bien le lui permettre. On sort de ce lieu sacré par des sentiers sinueux, tracés au-dessus d'une cascade dans des rochers ombragés d'arbres de cannelle, de dracénas et de rhododendrons.

Nous avions marché bien longtemps, nous étions harassés, cependant je voulus encore cueillir un bouquet de camélias. M. Boissonnade me regardait faire; quand j'eus les mains pleines, je lui dis : « Le Mikado me le permettrait, n'est-ce pas? — Oui, dit-il en riant, surtout maintenant qu'il vous en verrait parée ! » Tranquille sur cette aimable réponse, je m'acheminai avec nos compagnons vers le point où nous avions laissé nos djin-rik-it-shas, traversant une foule de petits ponts, vrais bijoux jetés sur les nombreux cours d'eau qui arrosent cet admirable parc ; il y a des endroits où le niveau de l'eau est à de telles profondeurs, qu'en regardant en bas on se sent pris de vertige. Les petits canards que vous admirez tant au jardin d'Acclimatation sont ici par myriades à la surface de l'eau. Ils y vivent, je crois, à l'état sauvage, et les grands fossés qui entourent l'ancienne demeure impériale en sont tout couverts.

Notre bande d'esclaves manifesta une vive joie de notre retour, et, aussitôt que chacun de nous se fut casé, ils reprirent de plus en plus gaiement leur course diabolique; nous dirigeant vers la demeure toute japonaise et si pittoresque de M. Boissonnade; nous trouvâmes là un excellent dîner français, confectionné et servi par de gentilles Japonaises aux talents desquelles nous fûmes heureux de rendre hommage. L'habitation est charmante, située au-dessus de la ville; un beau jardin nouvellement planté l'entoure et en fait une résidence ravissante, car on plante ici de grands arbres, qui n'en manifestent pas la moindre mauvaise humeur et continuent à pousser comme si l'on ne les avait pas dérangés.

En sortant de table, nous n'avions pas assez d'yeux pour admirer la collection d'objets de grande valeur, commencée depuis les premiers temps du séjour de notre hôte au Japon. J'ai remarqué surtout une série de vieux vases de Satzouma qui sont certainement uniques dans le monde. Il a aussi des laques et des armes de la plus grande beauté. Il a offert à Régine une très belle boîte de daïmios, qu'elle a acceptée avec joie.

Puis nous avons pris congé pour regagner au plus vite le chemin de fer, car nous craignions d'être en retard. Aussi, comme les hommes du char de Régine avaient les meilleures jambes, nous les laissâmes prendre les devants, et ils les prirent si bien qu'à un moment donné, moi qui venais après elle, je l'avais tout à fait perdue de vue. La nuit tombait, j'étais inquiète, la foule nombreuse et les courbes des rues nous ayant entièrement séparés. Je tapais du pied sur la croupe de mon homme, argument qu'ils acceptent et comprennent à ravir; mais, malgré ses efforts, mon attelage ne pouvait suivre celui que je voulais atteindre, et le tumulte de la rue empêchait que je pusse communiquer mon inquiétude à ces messieurs qui, venant derrière nous, étaient espacés à de trop grandes distances pour être mis au courant de la situation. Je courais de mon mieux, anxieuse de savoir si je retrouverais ma fille à la gare, et je vous assure que ma joie fut grande en la voyant s'avancer à notre rencontre.

Elle était arrivée depuis un quart-d'heure, et, voyant que nous ne la suivions pas, elle avait quitté sa voiture pour regarder dans notre direction si elle ne *verrait rien venir !*

Le retour à Yokohama fut gai. Cependant la lune radieuse éclairait, au sortir de la ville, un vaste cimetière qu'on aperçoit de la route et que nous avions visité le matin. Ce cimetière contient les cendres de quarante jeunes seigneurs japonais dont la légende est un culte pour le pays; elle se raconte comme un fait récent, malgré l'époque déjà assez reculée à laquelle elle remonte, car l'impression en est restée ineffaçable dans le cœur de tout bon Japonais. Voici l'histoire :

Le conseil des ministres était réuni. L'un d'eux se laissa emporter dans la chaleur de la discussion jusqu'à injurier son collègue. Celui-ci, se considérant dès lors comme déshonoré, revint chez lui et s'ouvrit le ventre au milieu de sa famille, de ses amis et de son état-major, composé des jeunes gens de la plus haute noblesse. Ils étaient quarante qui jurèrent de le venger. Aussitôt ils coururent surprendre le malencontreux interlocuteur, le tuèrent, rapportèrent sa tête et la présentèrent à leur seigneur et maître, dont le corps reposait sur sa couche funèbre. Cette action accomplie, ils s'installèrent séance tenante et s'ouvrirent le ventre, sans qu'aucun d'eux faiblît devant une pareille résolution.

Leur mémoire est vénérée dans tout le Japon. Pas un étranger ne va visiter Yedo sans payer son tribut d'admiration et de curiosité aux tombeaux des quarante *Ronines*.

Aujourd'hui, les progrès de la civilisation ont beaucoup modifié cette coutume barbare. On ne la retrouve plus que dans les provinces très reculées, et encore est-ce devenu extrêmement rare; mais quand la circonstance se présente, comme cette mort est extrêmement lente et douloureuse, l'ami le plus intime du patient se tient debout, armé, derrière lui, et, aussitôt le sabre enfoncé, il lui abat la tête afin de mettre un terme à ses souffrances.

Mais nous voici bien loin de la gaieté de notre retour et du beau clair de lune qui donnait à la campagne un aspect nouveau pour nous; le

Fusihama se rencontrait ainsi sous un jour différent, mais qui ne lui faisait rien perdre de ses avantages. En descendant du chemin de fer et en traversant les quartiers japonais, nous trouvâmes les faubourgs comme illuminés avec toutes les lanternes de papier, les petites boutiques étalées à terre et vivement éclairées, les rues pleines de promeneurs : c'était un aspect très pittoresque. Les quais et les rues qui mènent aux théâtres sont surtout le soir d'une animation particulière.

Nous étions allés la veille au théâtre des hommes. Nous y avons trouvé moins de richesse dans les habits que chez les Chinois; mais les pièces y sont mieux conçues, il y a plus de dialogue, on en peut suivre l'intrigue : mais quelles intrigues! Les choses les plus énormes se passent sur la scène, à la satisfaction générale du public. Leurs trucs et leurs décors sont plus développés qu'en Chine; mais il y a encore bien à faire pour arriver à l'illusion.

Pour les scènes dialoguées, ils sont toujours assis à terre, rangés en ligne devant la rampe.

Le souffleur est derrière eux, habillé en noir, ce qui signifie qu'on ne le voit pas ; il tient sa brochure à la main et va de l'un à l'autre interlocuteur en se courbant assez pour arriver à son oreille : ce doit être un métier éreintant. Une autre chose très drôle, c'est qu'on voit sortir de la coulisse, de chaque côté de la scène, un bougeoir ayant une queue assez longue pour arriver à se placer, avec la bougie allumée, devant l'acteur qui doit parler, n'eût-il que deux mots à dire. Un homme, dans la coulisse, fait mouvoir ledit bougeoir, l'avance ou le recule alternativement, suivant que la parole est à celui-ci ou à celui-là. Du reste, ils sont très expressifs dans leur pantomime, et l'on peut très bien suivre leur conversation rien qu'en les regardant. Les hommes qui remplissent les rôles de femmes le font à s'y méprendre ; ils en atteignent la démarche et le timbre de voix dans la perfection. De plus, la race japonaise, comme toutes les races asiatiques, n'ayant que peu ou point de barbe, l'illusion est complète.

Pendant un entr'acte, nous allâmes visiter les

coulisses. Tout y est fort ingénieusement compris et agencé ; les décors sont montés sur des trucs, encore bien imparfaits, mais qui suffisent à faire osciller une jonque au milieu de la mer, qui est en toile peinte ; des fontaines et des chutes d'eau simulées par des gazes et des rubans de papier ; des jardins, des maisons, des intérieurs, fonctionnant très bien. Nous constations là une grande supériorité sur le théâtre chinois. Puis, poussant plus loin nos investigations, nous gravissions les escaliers tortueux conduisant aux loges et au foyer des acteurs, que nous trouvions parfaitement installés. Chacun d'eux a sa loge, où il peut s'habiller et se maquiller à son aise, avec un nombreux personnel de serviteurs. Ils accueillent très volontiers les visiteurs étrangers et les laissent être témoins de leurs petits arrangements de toilette.

Dans le foyer, vous les voyez se promener, allant, venant, parlant, gesticulant, enfin repassant leurs rôles, sans se préoccuper des gens qui circulent à côté d'eux.

Le spectacle commençant généralement vers

les onze heures du matin, et durant jusqu'à minuit, ils ont là toute une vie installée. Ils y mangent, ont des lits pour se coucher : nous en avons vu qui dormaient profondément; et Max, en furetant, souleva un rideau qui nous laissa voir, dans une petite cuve ronde, deux hommes accroupis qui prenaient un bain et se frottaient mutuellement les épaules.

La toile allait se lever, les acteurs prenaient leurs places sur la scène, nous revînmes à notre loge, où l'on nous apporta une petite table couverte d'excellents bonbons, de fruits, de gâteaux et de thé. Nous étions assis par terre, comme tout le monde; la table avait la hauteur d'une chaise, cela ressemblait à une dînette de petits enfants. La balustrade de notre loge était juste assez haute pour qu'on pût y appuyer son coude, étant assis sur ses talons. Tout le monde ne s'arrangerait pas de cette position; moi, je ne la trouve pas désagréable.

Les Chinois placent l'orchestre derrière les acteurs, sur la scène; ici, ils le séparent en deux parties qu'ils installent à droite et à gauche du théâtre, à la place où sont à Paris les baignoires de la direction. Dans leurs drames à grand spectacle, ils font souvent arriver leurs acteurs par le fond de la salle, sur une planche à hauteur de la scène, et par conséquent au niveau de la tête des gens du parterre. C'est sans doute pour produire une plus grande impression sur le public.

Nous avons passé à ce théâtre deux heures que je ne regrette pas du tout.

Hier, nous prenions rendez-vous avec ces messieurs pour aller au théâtre des femmes. Ici, les rôles d'hommes sont tenus par des femmes. L'affiche promettant un *arakiri*, vous comprenez que, pour rien au monde, je n'aurais voulu manquer une occasion de voir un peu la manière dont ils s'y prennent pour s'ouvrir le ventre. C'est en effet à cette opération qu'ils donnent le nom d'*arakiri*.

La disposition de ce théâtre est tout à fait la même que celle du théâtre des hommes. Les actrices sont admirablement grimées et tout à fait bien dans leurs rôles. La pièce était un drame très noir, rempli d'assassinats et de vilaines actions. Puis enfin l'homme vertueux en vient à être obligé de s'ouvrir le ventre; il s'installe, on fait tous les apprêts. C'est un grand personnage, la famille est réunie, les femmes, les enfants pleurent, et cependant aucun d'eux ne pense à empêcher ou même à retarder l'opération. Quelle que soit leur douleur, ils l'acceptent comme une nécessité absolue. Vous comprenez, le malheureux homme, qui est tout ce qu'il y a au monde de plus honorable, a été accusé d'un crime, il doit s'ouvrir le ventre!... S'il était coupable, il n'aurait certainement pas cette vergogne; mais, non coupable, il ne peut, ainsi l'exigent les mœurs du pays, survivre à l'injure. On s'attend à voir jaillir des flots de sang, quand survient un courrier qui d'un mot change la situation. Alors tout est fini, la joie rentre au logis et chacun s'embrasse. Les seuls qui ne soient pas contents, ce sont les spectateurs dont la curiosité se trouve désappointée.

Il paraît que, dans les pièces où la chose s'exécute, ils s'appliquent sur le ventre une vessie remplie de sang, de manière à rendre l'illusion complète au moment où ils se percent de leur sabre.

Après la pièce, nous avons fait comme la veille, nous sommes allés voir les secrets du théâtre. Tout y est installé comme je vous l'ai déjà décrit; les femmes sont aussi accueillantes que les hommes. Nous sommes entrés chez la principale actrice; elle était en train de s'habiller et continua sa toilette comme si de rien n'était; sa mère se chargea de nous recevoir, tandis que ses femmes la coiffaient : elle avait déjà mis son jupon, mais pas encore son corsage, et comme dans ce pays on ne met pas de chemise, elle demeura, sans aucun embarras, complètement découverte, jusqu'à ce qu'on lui eût passé une sorte de veste et la grande robe à queue qui complète le costume.

Avec les mœurs faciles de ce peuple, les hommes ne recherchent pas plus les femmes au théâtre qu'ailleurs, en sorte que tout s'y passe beaucoup plus simplement que chez nous. Et cette femme, qui était fort belle, pensant trouver plutôt des moyens de séduction dans la beauté et la richesse de son habit, le passait sous nos yeux à la ronde, avant de s'en couvrir, comme nous vous faisons voir un chapeau que nous allons nous mettre sur la tête.

Ma fille avait dans les cheveux des épingles d'écaille dont elle lui fit cadeau. Elle en parut très reconnaissante et s'en para tout de suite pour entrer en scène. Elle devait danser un ballet! Nous retournâmes nous coucher sur nos nattes pour voir ce dernier acte.

Deux femmes et un guerrier cherchent à s'attraper en courant après des papillons voltigeant dans l'air. Le sujet est gracieux, mais les femmes ne le sont pas. Elles avaient conservé leurs costumes longs, de sorte que leurs danses n'étaient que des poses lourdes et grotesques; elles semblaient vouloir tourner en ridicule nos ballets européens.

Maintenant c'est le tour des explorations; nous sommes entourés de prévenances et d'offres de services dont nous usons sans aucune discrétion. Aujourd'hui, nous venons de faire une promenade en voiture, offerte par M. Vouillemont, un des aimables résidents. Hier, c'était M. Kraetzer qui nous faisait visiter l'emplacement où doit être construit le nouveau consulat de France. La situation en sera magnifique, dominant la baie immense qui sépare Yokohama de Yedo, au milieu d'une végétation dont la splendeur est indescriptible. Nos chevaux étaient bons, le breack élégant et confortable, la campagne splendide, semée de pittoresques maisons de paysans dont les habitants aux figures épanouies semblaient tous heureux d'être au monde. J'ai remarqué que c'est le signe caractéristique des physionomies du Japon. La route que nous parcourions s'appelle la promenade du Mississipi.

Aujourd'hui, c'est l'autre côté de la ville que nous venons de visiter dans l'équipage de M. Vouillemont. Il nous a conduits à la *belle Espagnole;* c'est un but de promenade, comme, à Paris, le pavillon d'Ermenonville. On s'y rend en côtoyant la mer, par une route entièrement macadamisée en coquillages broyés. Cela produit une poussière dense qui ne s'élève pas sous les pieds des chevaux et donne un sol uni et doux sur lequel les voitures roulent comme sur du velours.

Il faut vous dire que la *belle Espagnole* n'est autre chose qu'une belle et courageuse Japonaise qui, fort jeune encore, tenait avec sa sœur un petit restaurant à l'endroit où on la retrouve aujourd'hui, et qui portait un autre nom. A cette époque, elle sauva, au péril de ses jours, grâce à son adresse et à son énergie, des Espagnols poursuivis, sur le point d'être massacrés par des Japonais, et qui étaient venus lui demander un asile.

Depuis, ce lieu a reçu le nom de la *belle Espagnole*, et c'est l'endroit de prédilection où viennent se réunir tous les Européens de la colonie. On y mange d'excellente cuisine. On peut aller pêcher soi-même les huîtres qui bâillent au bord de la mer d'une façon fort appétissante et dont on se régale dans des bosquets admirablement disposés. La belle Espagnole est vieille aujourd'hui. Chaque printemps lui enlève une feuille, tandis qu'il en prodigue de nouvelles à tous les buissons de cet asile enchanteur; son histoire sera fraîche encore, alors qu'elle aura disparu depuis longtemps. Pourquoi passons-nous si vite ?

C'est en avalant nos délicieuses huîtres que je faisais ces réflexions, sans m'en attrister outre mesure, d'autant que nous étions fort en train de rire. On nous servait en même temps des grillades d'algues, dont les Japonais sont très friands, mais que je n'apprécie pas beaucoup. C'est une pâte mince faite avec des algues pilées, puis aplatie et séchée comme des feuilles de papier. J'en fais provision pour vous en faire goûter.

Le soir, nous avions un grand dîner où M. Vouillemont réunissait tous les Européens marquants de la colonie; il fallait nous en revenir à l'heure. Aussi notre retour se fit-il d'un train d'enfer, qui n'empêcha pas le *beto* de se tenir toujours à quelques pas devant la voiture. Le beto est un coureur dont la mission est de précéder les équipages et les cavaliers, dans toutes les excursions, quelle que soit la vitesse des chevaux. Chacun au Japon doit avoir son ou ses betos. Si c'est une voiture légère conduite par le maître, je conçois l'utilité de cet homme qui sert à tenir la bride du cheval; mais, lorsqu'il y a un cocher et d'autres boys, comme valets de pied, cela me paraît trop régence.

Le comte de Chappedelaine nous quitte demain et s'en retourne à Hong-Kong, pour se rendre ensuite à Bombay. C'est un regret pour nous, car il nous a été un bien agréable compagnon de voyage.

Nous quittons le Japon sans avoir pu échapper à la séduction que ce pays a exercée sur la plupart de ceux qui l'ont visité. L'aspect enchanteur des sites qui se déroulent devant vos regards, de quelque côté qu'on les porte, la splendeur de la végétation, la bonne humeur de sa population, son aisance apparente, enfin l'empressement avec lequel nos coutumes y semblent recueillies, contrastent vivement avec la sévérité du Céleste Empire, le peu d'attraits que revêtent ses paysages et ses habitants, et le dédain affecté avec lequel le Chinois repousse encore le contact de notre civilisation. Peut-être y a-t-il là quelque chose d'artificiel. Si l'armée japonaise, le personnel des chemins de fer, les employés de la douane ont revêtu le costume européen, si nous retrouvons dans les institutions gouvernementales des dessins calqués sur les nôtres, et une tendance plus ou moins sincère à en reproduire l'esprit, il faut dire que la physionomie de la contrée, ni les mœurs de ses habitants, n'en ont encore subi aucune atteinte apparente. Il est vrai qu'il faut, pour que de tels changements s'accomplissent, plus de temps que pour opérer une révolution politique ou administrative.

Vos lettres nous ont fait un bien énorme, mes chers enfants. On ne se blase pas sur le bonheur de se retrouver ainsi, pour quelques instants, au milieu de tout son monde. Bientôt je ne vous écrirai plus, car notre retour est proche, et ma première lettre sera datée de Shanghaï.

LETTRE VINGT-QUATRIÈME

Achats à Yokohama. — Gaieté de la douane japonaise. — Retour à la foire d'Osaka et à Nagasaki. — Quelques coutumes au Japon.

Nous sommes ici depuis trois jours, mes chers amis, et je n'ai pas encore eu le temps de reprendre ma causerie avec vous. Nous avons trouvé en arrivant la lettre de Raymond; mais, dans notre voyage, je crains qu'il n'y en ait eu quelques-unes d'égarées. C'est impossible autrement, quand on ne sait pas d'avance où l'on passera, ni combien de temps on restera n'importe où.

Je vous parlais en dernier lieu d'Yokohama, que nous avons quitté avec regret, à cause de la vie agréable que nous y avons menée et des charmantes relations que nous y avons laissées.

Le commerce de cette ville consiste surtout en laque et en soie; les bronzes y sont aussi fabriqués en quantité, mais ils restent d'un prix inabordable. Ce qui est amusant, c'est de courir les boutiques de bric-à-brac. On y trouve une foule de vieilles choses curieuses, et souvent de très bonnes occasions; ce sont pour la plupart des objets venant de ces malheureux Daïmios, que les marchands ont eus pour presque rien et qu'ils revendent à des prix encore fort avantageux pour nous. En sorte que notre temps qui n'est pas employé en visites, parties ou excursions, nous l'employons à bibeloter; mais il y a tant de belles choses qu'on regrette toujours de ne pouvoir les acheter toutes.

Cependant notre collection commence à devenir assez respectable. Il y a tout au bout de la grande rue un certain Musashia, le Tahan de l'endroit, dont la boutique, à elle seule, pourrait engloutir plusieurs de nos belles fortunes françaises. Ce sont des objets d'art, mais quel art! Vous verrez les ivoires et les écailles que nous en rapportons.

Nous achetons des soies et des robes de chambre brodées chez Shobei, c'est le plus grand magasin de soieries; on n'y voit que de belles choses : chez Khün et chez Sho-Jiro, ce sont de grands cabinets de laque pour vous, mes chers enfants, puis beaucoup d'autres objets rares encore dont nous ferons au retour le dénombrement ensemble.

Enfin, il nous faut partir. C'est à deux heures que *la Névada* reprend sa route pour Shanghaï. Huit jours passés à Yokohama ne sont pas suffisants; mais, lorsqu'on les a bien employés, on en rapporte encore un joli groupe de souvenirs.

Tous nos aimables cavaliers s'étaient donné rendez-vous pour nous conduire au paquebot dans une de leurs légères et élégantes embarcations. Mais, pour y arriver, il fallait passer devant la douane, qui ne laisse rien sortir sans payer, et, comme nous emportions avec nous pas mal de soieries, nous étions assez embarrassés, préférant ne pas les déclarer. Alors l'idée nous vint de les mettre dans nos malles et de garder avec nous plusieurs cartons spéciaux dont la forme est bien connue, comme devant contenir des objets assujettis aux droits; et, pendant que nos malles passaient et allaient se caser dans le bateau, nous étions retenus par les douaniers pour déficeler et visiter nos cartons. Quelle ne fut pas leur stupéfaction en les trouvant remplis d'oranges et d'autres comestibles! Alors un gros rire s'empara du chef; ce rire, que nous partageâmes, se communiqua aux employés, qui le communiquèrent à la foule, en sorte que tout le monde riait quand nous quittions le quai d'Yokohama.

J'aime à croire qu'ils sont calmés à l'heure qu'il est, et qu'en ce moment le Japon a repris son sérieux. Il est à remarquer que ce peuple est doué d'une humeur douce, égale et généralement gaie. Ainsi, nos Européens nous faisaient observer que nulle part nous n'avions vu de querelles ni de rixes, et que, dans toute la multitude d'enfants qui inondent les rues, nous n'en avions jamais rencontré un pleurant, ou battu, ou même mécontent! Les coolis sont voleurs comme partout; ils vous attrapent s'ils le peuvent sur les prix convenus; mais, lorsqu'ils vous voient décidés à ne pas vous laisser faire, ils vous envoient un baiser avec un sourire et vous souhaitent un bon voyage. Ceci nous est arrivé l'autre jour à la gare d'Yedo et m'a rappelé que la même circonstance s'était présentée à notre départ de Port-Saïd. C'est du reste le seul point d'analogie qu'il me paraisse y avoir entre un Arabe et un Japonais.

Bref, notre départ d'Yokohama fut des plus gais; ces messieurs ne nous abandonnèrent qu'au coup de cloche de la mise en mouvement du paquebot, et nous pûmes, pendant bien longtemps encore, nous faire, en agitant nos mouchoirs, des adieux pleins de sympathie, auxquels ne venait se mêler aucun sentiment de tristesse. Nous filions sur Kobé, où nous devions reprendre le chemin de fer qui conduit à Osaka. Il nous restait encore beaucoup à y voir, et nous y étions, cette fois, attendus par M. Lippman, duquel nous recevions l'accueil le plus cordial et le plus hospitalier.

Au débarquer, nous apprîmes que le lendemain de notre départ, il y avait quinze jours à peine, six cent cinquante maisons avaient été la proie des flammes. C'était justement le quartier de cette *foire à Saint-Cloud*, dont je vous avais parlé, qui m'avait paru si brillant et si populeux. Vous comprenez mes regrets de n'avoir pas assisté à ce spectacle triste, mais qui a dû être assurément fort grandiose.

Cependant, notre premier mouvement fut de courir au lieu du désastre, nous nous attendions à voir des misères et des désolations; mais notre surprise fut grande en voyant l'animation qui y régnait; les constructions toutes en train de se refaire, les gens gais et actifs, les baraques de monstres, les spectacles forains, les théâtres à trucs, remontés et fonctionnant, enfin c'était à se dire : Mais où est le désastre ? Il restait bien quelques grands espaces vides, mais ils étaient déjà entièrement nettoyés de toute espèce de débris d'incendie.

M. Lippman nous pilota au milieu de la multitude, il nous fit explorer ces quartiers détruits et presque reconstruits en dix jours, et nous pûmes entrer dans une grande baraque renfermant des automates comme je ne pensais pas qu'on pût parvenir à les perfectionner. Ils sont de grandeur naturelle, faits en bois ou en pâte, avec des articulations telles qu'on croit voir des gens vivants et se mouvant selon les besoins de leur situation. Cet établissement est fait en rotonde, avec une allée de jardin circulaire. Cette allée entoure douze groupes au milieu desquels est une machine invisible qui fait agir et mouvoir tous les personnages en même temps; de façon que, en se promenant dans ce jardin, on rencontre des scènes tellement vraies qu'il vous semble assister à des réalités saisissantes.

Nous voyons d'abord une entrevue d'ambassadeurs faisant leurs salutations et leurs salamalecs. Ensuite un rendez-vous d'amoureux sous une fenêtre; puis des apparitions; puis des têtes coupées et saignantes, avec leurs dernières convulsions, enfin les supplices les plus affreux. Le sang coule, les victimes se tordent et vous regardent en roulant les yeux, avec toutes les contractions musculaires possibles; leurs traits, leurs lèvres tremblent et se crispent de façon à exprimer la douleur de la torture qui leur est infligée; tant et si bien qu'on s'étonne de ne pas entendre leurs gémissements et leurs cris.

Sortis de là avec la chair de poule, nous entrons dans un théâtre d'acrobates, où notre surprise augmente encore, en comparant ce que nous avons sous les yeux avec ce que nous a offert Paris jusqu'ici ; certes, nos Français et les Américains eux-mêmes ont bien à travailler pour être aussi forts en équilibre que le sont les Japonais.

Il nous fallait ensuite faire de nouvelles visites aux boutiques, car nous ne cessons d'acheter ; mais notre excuse est dans les tentations dont nous sommes environnés, et aussi dans la valeur que devront acquérir en France les objets que nous ne pouvons nous procurer qu'ici.

La colonie est très restreinte à Osaka, et M. Lippman avait eu la délicate attention de réunir les quelques Européens à sa portée. Nous fîmes honneur à son succulent dîner en devisant sur nos étonnements de la journée.

Mais le temps marche, et l'heure de retourner au paquebot venait de sonner. Nous étions bien à vingt minutes de la gare, en accélérant le pas de nos bipèdes, et nous avions une assez grande quantité d'objets à emporter avec nous, entre autres choses un groupe de personnages japonais, hauts de 60 cent., dont M. Lippman a bien voulu nous faire cadeau et qui ont un grand cachet artistique.

Enfin, tout bien casé dans nos djin-rik-it-shas, ces messieurs venant nous conduire, la lune éclairant la campagne, le trajet se fit dans des conditions de gaieté et de bien-être que je n'oublierai jamais.

Maintenant, revenons à Nagasaki, où nous trouvons un temps superbe, une ville archipeuplée, agitée et commerçante, remplie de bibelots, de broderies, de laques et de porcelaines. Nous y faisons d'assez fortes acquisitions.

Puis, les points de vue sont si jolis, si délicieux, que nous faisons provision de photographies, mais qui seront bien loin de vous donner une idée de la réalité. Nous visitons un temple situé au haut de la montagne qui domine la ville. Arrivés au pied de cette montagne, nous nous trouvons en face d'un escalier de pierre de la largeur d'une grande route et déroulant devant nos yeux deux cent cinquante marches en droite ligne, au haut desquelles se trouve l'édifice. C'est dur, mais nous les gravissons tout de même. Une fois montés, nous nous remettons à admirer la nature, car le temple ne présente rien autre chose de curieux que son escalier. Mais quelle nature et quelle végétation sur ce sommet si élevé! des camphriers dont le tronc lisse et parfaitement uni s'élève à vingt mètres au-dessous des premières branches, et dont la flèche file vers le ciel sans qu'on puisse savoir où elle s'arrêtera. La terre est jonchée de fleurs de camélias rouges qui tombent comme des fruits mûrs. Ici, comme dans tout le Japon, les camélias atteignent la dimension de nos plus grands arbres, tels que nos tilleuls et nos platanes, et ils donnent des fleurs en prodigieuse quantité.

Du point culminant de cette montagne, on domine l'entrée de la baie, où se trouve un endroit escarpé et célèbre dans l'histoire du pays. C'est une espèce de rocher qui s'avance dans la mer; il s'appelle le Papemberg. C'est de là que furent précipités, sur les ordres du gouvernement, quatre mille Japonais qui s'étaient faits chrétiens. Cela se passait en 1568. Depuis, le christianisme n'a pas fait de grands progrès, et je crois que pour trouver aujourd'hui quatre mille chrétiens *japonais* dans l'île de Nagasaki, on serait peut-être un peu embarrassé.

Au Japon, la coutume est de brûler les morts ; en sorte que les cimetières tiennent très peu de place. C'est tout à fait le contraire de la Chine. Il semble qu'on veuille épargner aux yeux le souvenir des tristesses dernières. Les cendres sont recueillies dans de petites urnes qu'on enterre et sur lesquelles on plante une pierre sculptée ou gravée, représentant approximativement la personne qui n'est plus. On peut ainsi en réunir un grand nombre dans un très petit espace. Ces cimetières vous représentent de petits jardinets ombragés de grands arbres et vous inspirent des idées riantes plutôt qu'assombries.

Mais nous ne restons pas assez de temps dans ce pays, et nous le quittons sans avoir encore vu installé aux portes des maisons le baquet de famille qu'on y établit pour tout l'été et dans lequel chacun se baigne à son heure et à sa guise tout le long du jour. On y change l'eau souvent, car les Japonais sont très propres. Les baigneurs en sortent dans le costume du paradis terrestre (avant la pomme!) pour venir s'habiller dans la maison où ils ont laissé leurs habits. Les hommes, les enfants, les femmes, les jeunes filles, tout le monde a cette habitude, et personne autre que les Européens n'y fait attention. Mais leur curiosité est vite éveillée s'il prend fantaisie à un Européen de s'y plonger à son tour ; aussitôt il se trouve environné d'une foule compacte et moqueuse qui, généralement et y compris le beau sexe, ne prise pas beaucoup les charmes des Occidentaux.

Arrangez ces coutumes avec l'obligation où sont les femmes mariées de se laquer les dents en noir d'ébène, pour être moins jolies, je pense ; cette coutume n'est pas exclusivement propre aux habitants du Japon, puisqu'on la trouve déjà dans quelques provinces méridionales de la Russie, où on l'attribue à la jalousie des maris. Mais, dans l'un comme dans l'autre pays, elle commence à tomber en désuétude ; l'instinct féminin doit, naturellement, se révolter au contact de nos civilisations européennes, en présence d'une profanation aussi barbare. Il est vrai qu'elles mâchent du bétel et que le bétel rougit la salive et noircit les dents, mais il a aussi la propriété d'enlever toute espèce de mauvaise odeur.

Les Japonaises ont cependant la permission de se teindre les lèvres en rouge vif et de se plâtrer la peau avec une épaisseur fantastique de blanc et de rose ; mais cela ne peut leur rendre le charme d'un rire aux dents blanches ; et le trou noir qu'on voit s'ouvrir quand elles vous parlent leur enlève les trois quarts de leur beauté.

Il faut vous dire qu'un des signes caractéristiques de la Japonaise, c'est l'absence complète du sentiment de la pudeur : elle *ne sait pas* qu'on doive cacher aux yeux une partie de son corps plutôt qu'une autre, et s'habille seulement pour se parer et donner plus d'attraits à sa personne.

Tous ces usages sont fort étranges, et la vie de voyages est encore plus attrayante que je ne me l'étais imaginé. On ne mange pas toujours une cuisine à son goût ; mais c'est un accessoire : on en est quitte pour se rattraper quand l'occasion s'en présente. Je m'habituerais difficilement à la cuisine anglaise, pas du tout à l'américaine, et jamais, je pense, à la chinoise ; mais je ne mourrais de faim ni avec l'une ni avec l'autre.

Il est certain que l'aspect du Japon, de ses mers, de ses côtes, de ses paysages, a quelque chose de séduisant qui captive d'abord tous les voyageurs. La bonne grâce de ses habitants, leur gaîté intarissable, leur politesse bienveillante, leur assurent également la sympathie des étrangers. Enfin, l'Européen ne peut manquer d'être sensible aux efforts empressés qui se font, dans l'empire du Mikado, pour imiter et reproduire les institutions et les coutumes de l'Occident.

On ne peut non plus refuser au caractère historique de la civilisation japonaise un côté chevaleresque et poétique qui accompagnait une organisation féodale, semblable sous bien des rapports à celle de l'ancienne Europe.

Qu'y a-t-il au fond de tout cela ? Et qu'adviendra-t-il de cette contrée, renouvelée depuis quelques années à peine par des révolutions plus radicales que toutes celles auxquelles nous avons pu assister? Qu'en adviendra-t-il surtout en regard de son redoutable voisin, l'empire du Milieu?

Je me garderai d'émettre aucune opinion sur ces graves sujets. J'avoue que le Japon me plaît beaucoup, et que les Japonais ne me déplaisent pas trop. Max, lui, tient pour les Chinois. Il assure qu'ils sont plus sérieux et plus réfléchis. On verra bien.

J'omets de vous écrire une foule de choses que je vous raconterai et qui vous intéresseront. Peut-être reviendrai-je dans ce pays, mais alors ce sera par le Grand Pacifique. On dit le voyage beaucoup moins agréable que par l'Inde, où je suis vraiment bien aise de retourner. Je ne vous adresserai plus qu'une lettre qui partira par la malle prochaine; car notre départ est définitivement fixé au 31 mars, par conséquent notre arrivée réglementaire à Marseille sera le 14 mai.

Je vais arriver en France fort inquiète de la réception que me feront mes amis; je n'ai écrit autre chose que ma correspondance avec vous, il m'a été impossible de faire davantage. Tâchez, chacun de votre côté, de m'excuser auprès d'eux et de les engager à me réserver le bon accueil auquel je suis habituée de leur part.

J'espère rencontrer des lettres de vous sur notre passage. Nous verrons pour cela aux agences de Saïgon, Singapore, Pointe-de-Galles, Aden, Port-Saïd, Naples et Marseille.

LETTRE VINGT-CINQUIÈME

Les derniers jours passés à Shànghaï. — Bal à bord de la frégate américaine *le Kearsage* — Incendie dans un quartier chinois. — Un petit pied. — Les ongles des Chinois. — Le premier chemin de fer en Chine. — Dîner au restaurant de Tien-tsin. — Le menu. — Départ pour l'Europe.

C'est seulement aujourd'hui que nous recevons le paquet de vos lettres que M. P... nous avait envoyé et qui a couru après nous au Japon sans nous être parvenu.

Nous n'en recevrons plus ; car déjà vous nous croyez partis. Nous avons retardé d'une malle ; c'est si difficile de se quitter à une aussi grande distance ! et pourtant ce n'est pas un bien long adieu que nous faisons à nos enfants, puisqu'ils doivent venir en France l'hiver prochain. N'importe, l'éloignement qu'on va mettre entre soi et les siens impressionne toujours davantage. Nous commençons nos emballages. C'est horriblement triste, et les quinze jours qui nous restent vont être heureusement bourrés de choses à faire, qui nous empêcheront de nous appesantir sur la situation.

Cette semaine a encore été laborieusement employée en courses, visites d'adieu et acquisitions dernières. Nous rentrons en ce moment d'une promenade en panier à Bubbling Well : si vous voulez vous représenter Bubbling Well, pensez à l'avenue de l'Impératrice à Paris, et vous en aurez une idée ; seulement la foule y est beaucoup moins grande. Il fait un temps superbe, et le printemps est enfin arrivé ; les feuilles des saules sont à leur développement ; tout le monde ici commence à prévoir avec effroi l'arrivée des grandes chaleurs ; moi, je quitte le pays en regrettant de n'en pas faire l'essai. Il est vrai que je serai dédommagée en les rencontrant sur mon chemin, car à cette époque elles sont bien grandes à Singapore.

Je vous ai dit que les incendies sont très fréquents en Chine, et cependant je n'avais encore jamais eu l'occasion d'en voir un. Mais, avant-hier au soir, j'ai pu enfin satisfaire pleinement ma curiosité à ce sujet. Nous avions passé la journée au bal, sur le vaisseau amiral américain, en rade dans le port, où la fête avait été splendide. C'était *le Kearsage,* bien connu pour son duel avec *l'Alabama* en vue de nos côtes de France.

Les toilettes étaient d'une grande élégance, les officiers d'une prévenance, d'une courtoisie et d'un entrain qu'on est toujours sûr de rencontrer chez messieurs les marins. Il est vrai de dire qu'ils étaient guidés en cela par l'amiral et madame Reynolds, dont nous recevions l'accueil le plus affable. On avait commencé à danser à deux heures de l'après-midi, et le bal s'était terminé à six heures par une magnifique collation composée, à profusion, des choses les plus recherchées en mets de toutes sortes, en bonbons, gâteaux, et surtout en vins des meilleures provenances ; inutile de dire que le champagne y était prodigué. Vers sept heures, nous donnions le signal de la retraite, et nous prenions l'embarcation qui devait nous ramener au rivage.

Revenus chez nous, enchantés de notre journée, mais un peu fatigués, nous avions, comme à l'ordinaire, fait nos trois parties de billard, et notre lit nous paraissait devoir couronner agréablement les travaux du jour, lorsque, au moment d'y monter, nous entendons la grosse cloche d'alarme, c'était un incendie; informations prises, le feu se trouvait assez loin de l'autre côté de l'eau sur la concession américaine. Aussitôt Max et moi nous remettons nos bas et le reste, puis nous voilà montant en djin-rik-it-sha et nous faisant conduire sur le lieu du sinistre.

La nuit était superbe, et les flammes s'élevaient à une hauteur prodigieuse. Cinquante maisons ont brûlé, parmi lesquelles il y avait des magasins de blé, ce qui produit un effet d'étincelles tout particulier. Chacun s'employait de son mieux à puiser de l'eau dans la *creek* (nom qu'on donne aux petites rivières du pays); mais, malgré la multitude énorme de Chinois qui se trouvaient assemblés, on ne fût pas parvenu à grand'chose sans l'arrivée des pompes européennes, gouvernées par les gentlemen des concessions. Lorsqu'il fut deux heures de la nuit, on était maître du feu ; l'intérêt diminuait. Nous jugeâmes opportun de reprendre la direction de notre *home*, et une fois là, le sommeil ne tarda pas à s'emparer de nous jusque bien avant dans la matinée du lendemain.

Mais, aussitôt levé, Max retourna pour voir les désastres, et il revint stupéfait de la tranquillité du caractère des Chinois. Il les vit en grand nombre, ramassant chacun les épaves qui lui restaient, refaisant les enclos de palissades, etc., etc., et pas une expression de regret ou de tristesse ne se trahissait sur les physionomies. Il est vrai que le Chinois ne rit presque jamais ; en conséquence, il ne pleure pas non plus, puisque pour leurs enterrements ils prennent des pleureuses qu'ils habillent en blanc et qui sanglotent pour toute la famille ! Bref, la reconstruction marche vite, et dans très peu de jours il n'y paraîtra plus.

Je quitte la Chine, emportant de ce pays des notions bien superficielles, mais cependant assez intéressantes encore pour alimenter souvent nos causeries de famille. De la bouche de votre mère, bien des choses vous amuseront, que je n'ai pas trouvé le loisir de vous raconter dans mes lettres. Seulement je veux vous dire encore que j'ai vu un pied de Chinoise, ce qui est une des choses les plus difficiles à voir dans ce pays. Si les Japonaises n'ont pas le sentiment de la pudeur, les Chinoises donnent à ce sens un tout petit asile, elles le font se réfugier dans leur pied. Elles vous montreront leur corps tout entier, sans jamais consentir à vous en laisser voir cette extrémité.

Je ne voulais pas cependant être venue à Canton, Hong-Kong, Shanghaï, sans avoir vu, à nu, un pied de Chinoise. Pour cela, je m'adressai à tous les médecins européens de ma connaissance, et tous me faisaient la même réponse : Nous n'en voyons pas nous-mêmes ! Alors j'eus recours à la supérieure de l'hôpital général, qui est tenu par l'ordre de Saint-Vincent-de-Paul ; elle commença par me dire : C'est impossible ! mais, sur mon insistance, elle se ravisa : elle venait de penser à une jeune femme dont la conversion récente lui assurait un certain ascendant sur elle et sur toute la famille ; mais il fallait du temps pour arriver au succès de l'entreprise.

J'en avais heureusement parlé avant mon départ pour le Japon, en sorte que les négociations purent se faire pendant mon voyage, et en arrivant je trouvai les choses préparées. Rendez-vous fut pris. Régine et moi, nous n'avions garde d'y manquer (bien entendu, les hommes étaient exclus). En arrivant, nous trouvons dans le parloir de l'hôpital toute une famille chinoise, composée de la jeune femme en question, sa mère, deux sœurs, trois petits enfants, et le mari qui venait, lui, pour donner son consentement. Les douze religieuses, curieuses de prendre part à la cérémonie, en paraissaient tout heureuses. L'une d'elles, parlant le chinois, nous servit d'interprète pour échanger les premiers compliments ; le mari dit quelques mots courtois, je pense, et se retira discrètement (les maris ne voient jamais non plus le pied de leurs femmes, et je crois qu'ils ont raison). Alors commença la mise en œuvre de l'opération.

La dame avança son petit pied chaussé d'un

soulier de soie brodée et dont j'admirai le travail ; puis je la priai de vouloir bien l'ôter, ce qui parut l'étonner un peu ; elle le fit cependant, sur un mot de la religieuse, puis me le présenta pour me le faire examiner de plus près, ce à quoi je me prêtai de très bonne grâce, pour avoir le droit de lui demander d'ôter son bas. C'est à ce moment que commencèrent les difficultés. Elle parut vouloir s'y refuser ; mais sa mère, comprenant sans doute la valeur d'une parole donnée à la supérieure, l'engagea elle-même à quitter ce bas. Nous vîmes alors une jambe entourée de bandes de toile qui en faisaient jusqu'au bout un moignon ne conservant aucune apparence de pied. Je priai la sœur de faire enlever la bande ; mais je m'attaquais à un préjugé trop enraciné pour ne pas soulever une révolte amère ; la dame pleura, implora la clémence de la supérieure ! peine inutile, elle dut s'exécuter.

La première bande enlevée, nous n'étions pas plus avancées, il y en avait une seconde. Je demandais à voir le pied, il fallait aller jusqu'au bout ; mais, à ce moment, la mère et les sœurs se récrièrent à leur tour ; la volubilité de leurs paroles, accompagnant une pantomime excessive, nous faisait comprendre que nous allions échouer : les enfants pleuraient ; la jeune femme sanglotait ; que faire ? Je repris courage, et j'insistai. La supérieure employa les ressources de son autorité morale. La seconde bande fut enlevée. Quant à la troisième, qui restait encore, on l'ôta comme de parti désespéré ! Nous eûmes alors sous les yeux, à ce qu'il paraît, le plus joli pied de Chinoise qu'on puisse voir, et ce n'est pas beau, je vous assure ! Des médecins peuvent se rendre compte de la déformation qu'on opère à force de massage et de compression ; moi, je ne vis qu'une affreuse difformité, qui m'inspira la plus grande compassion pour les malheureuses créatures qu'on voue à ce genre de supplice.

Le pied ainsi déformé n'a plus aucune analogie avec la forme du soulier sur lequel il repose ; les bandes qui l'enserrent ne laissent pour point d'appui à la femme que les phalanges des orteils repliés sur eux-mêmes, et le soulier est attaché avec des cothurnes plus ou moins riches qui sont tournés autour de la jambe.

Le plus souvent il s'établit, sous la plante, une suppuration due à la compression permanente où l'on tient ce pauvre pied et qui répand une odeur fort désagréable. Mais celui-là ne suppurait guère et ne sentait pas très mauvais.

On raconte que, durant la dernière guerre, un de nos généraux, voulant absolument voir un pied de grande dame, ne trouva d'autre moyen que celui de fondre, l'arme au poing, accompagné de ses aides de camp, sur le cortège d'une femme de mandarin : tout l'équipage fut vite en déroute, abandonnant la malheureuse dans sa chaise fermée. Alors le galant officier descendit de cheval, ouvrit la portière, et aussi poliment que possible fit comprendre à la dame l'objet de son espièglerie. Force fut à la pauvre femme de montrer son pied; mais à cet aspect le général reprit son cheval, le mit au galop, et ne s'arrêta qu'à une distance qui le mettait entièrement à l'abri des effluves qui lui étaient montées, lors de l'imprudente exhibition qu'il avait ainsi provoquée.

J'oubliais de vous dire que la fin de notre séance se termina dans les meilleurs termes. La jeune femme me fit cadeau de ses souliers, et nous nous quittâmes très bonnes amies.

Je remerciai vivement la supérieure, dont les capacités éminentes font de l'hôpital de Shanghaï un des établissements les mieux tenus et les mieux installés qu'on puisse rencontrer en pays étranger.

Il s'est formé une société parmi les Chinois convertis pour abolir entre eux la coutume des petits pieds; ils conviennent de marier leurs enfants ensemble et de s'affranchir ainsi de cet usage barbare. Malheureusement, je vous l'ai dit plus haut, il y a peu de chrétiens dans les hautes classes de la société.

Si les Chinois ont eu la barbarie d'établir, à l'état d'existence normale pour leurs femmes, une infirmité qui doit être un supplice de tous les instants, ils ont aussi imaginé pour eux-mêmes une petite incommodité qui doit être parfois très gênante : c'est de laisser pousser leurs ongles d'une façon exagérée, afin qu'il soit bien constaté qu'ils ne font usage de leurs mains pour aucun travail. C'est pour les hommes la même marque d'aristocratie que les petits pieds pour les femmes. Leurs ongles de la main droite ressemblent à de longs ergots, mais ils sont maintenus à une dimension qui permet encore de faire beaucoup de choses. Le pouce et l'index de la main gauche sont aussi entretenus à une longueur possible ; mais les autres doigts de cette même main restent affligés de leur appendice, dans toute l'extension que peut produire la sève d'une vie entière.

J'ai vu la main gauche d'un mandarin dont les ongles atteignaient vingt-cinq et trente centimètres. Arrivés à cette longueur, ils sont ordinairement terminés en espèce de pinceau, c'est-à-dire que, les tissus de l'ongle se désagrégeant, il n'en reste que les principaux filaments, qui poussent séparément et ressemblent à des crins. Aussi avait-il, pour les préserver, de longs tubes en argent dans lesquels ses doigts étaient à l'abri de toute espèce de choc. Ils portent souvent des tubes de bambous; c'est aussi incommode, mais moins lourd. En passant à Saïgon, j'avais déjà constaté cette coutume absurde chez les riches Annamites; seulement ceux-ci ont le bon sens de laisser leurs femmes jouir des facultés personnelles qu'elles ont reçues de la nature et ne leur infligent aucune mutilation.

Nous trouvons, à notre retour du Japon, les travaux du chemin de fer à peu près achevés, en sorte que nous avons pu faire partie de l'inauguration. Déjà, depuis une quinzaine de jours, on voit s'amonceler aux environs de la gare une population tout entière de restaurants, d'acrobates, de marchands, etc., etc. C'est une foire qui commence. Et comme ces messieurs de la compagnie ne voulaient pas nous laisser partir sans que nous pussions dire avoir voyagé sur un chemin de fer en Chine, ils nous avaient donné rendez-vous pour jeudi dernier. C'était une inauguration particulière et provisoire, qui avait cependant été annoncée; mais, les wagons n'étant pas encore arrivés et les travaux à peine achevés, on ne pouvait rien faire d'officiel. Les wagons à ballast avaient été préparés pour les messieurs, et, nous autres dames, nous occupions les banquettes du tender, en compagnie du mécanicien anglais, qui attisait le foyer d'une toute petite locomotive.

Lorsqu'il y a, en Chine, la moindre indication de fête ou de solennité, les gens sortent, littéralement, de dessous terre ; on croirait qu'ils en surgissent spontanément. Aussi, une fois montés sur nos wagons, nous dominions l'immense plaine qui entoure Shanghaï. Il y avait là des hectares de Chinois serrés les uns contre les autres, le long de la voie, et s'entassant à distance sur les tumulus funéraires, tous à la physionomie paisible, souriante, et paraissant s'intéresser sérieusement à l'issue de l'entreprise ; ce qui prouve que l'hostilité du gouvernement n'est pas du tout partagée par la majorité de la nation et que, dans peu d'années, ce genre de progrès lui sera forcément imposé : car, en supposant qu'il persiste à se défendre contre les installations que nous voudrions faire dans le pays, les Chinois en reconnaîtront les bons côtés et arriveront à vouloir les établir eux-mêmes.

Enfin, j'emporte le souvenir d'être montée sur le premier train qui ait manœuvré en Chine. C'est une date [1].

Nous étions accompagnés par le commandant Rieunier, un des officiers les plus distingués de la flotte ; il commande en ce moment la station militaire des mers de la Chine, depuis le départ de l'amiral Krantz. Son bâtiment, *la Clochetterie*, est en rade de Shanghaï, et il nous y a offert à déjeuner ces jours derniers. Je vous ai donné des détails sur le vaisseau-amiral, le *Montcalm* : celui-ci en est la reproduction, dans des proportions un peu moindres ; mais on est toujours émerveillé de l'ingénieuse installation

---

[1]. Le chemin de fer de Woosung fut inauguré définitivement quelques jours après notre départ, à la grande satisfaction des résidents européens et aussi de la population indigène, qui encombrait les trains et les trouvait toujours insuffisants. Mais l'autorité chinoise ne put prendre son parti d'une entreprise qui lui déplaisait et dont elle n'avait pu entraver l'exécution. Suivant ses habitudes traditionnelles, elle fomenta des émeutes, trouva des gens disposés à se faire écraser par la locomotive, et quatre mois n'étaient pas écoulés que, pour éviter de plus grandes complications, le ministre anglais consentait (Traité de Footchow) au rachat du railway par le gouvernement chinois, qui s'empressa de le détruire.

de ces magnifiques navires, et du génie qui gouverne et domine ces mondes flottants. C'est une bien belle situation que celle de capitaine de vaisseau, et je comprends combien il doit être difficile à un homme, ayant occupé une semblable position, de se restreindre à la monotomie de nos existences *terrestres.*

A Shanghaï, comme dans tout l'extrême Orient, à partir d'Aden, nous retrouvons les Parsis; c'est une secte qui est à la religion indienne ce que sont les Juifs à la nôtre. Les Parsis ont la spécialité des affaires d'argent; presque tous sont banquiers et riches. On les reconnaît à leur costume, qui est en partie celui des riches Hindous. Ils ont des bottes fines et vernies dans lesquelles sont pris leurs larges pantalons, une veste longue en cachemire ou en soie, sous laquelle passe, de quelques centimètres, une robe en gaze blanche de manille, ce qui produit un effet singulier. Le chapeau est plus bizarre encore. Imaginez-vous un cylindre en cuir bouilli, noir, haut d'environ trente ou quarante centimètres, qui est échancré de façon à encadrer la nuque pour être placé horizontalement sur la tête et retenu sous le menton par de petites bricoles en cuir. Cela ressemble absolument aux petits seaux à charbon de terre dont nous nous servons dans les appartements.

Leur religion est une des mille variétés du bouddhisme ; mais leur manière de comprendre la sépulture m'a semblé ce qu'il y a de plus étrange. Ils ont dans les principales villes de l'Inde (la plus célèbre est à Bombay) une tour appelée *tour du silence*, dont le sommet est couvert d'un treillage en fer à larges claires-voies. Lorsqu'un des leurs vient à mourir, on le porte sur ce treillage : aussitôt les vautours viennent manger les chairs, et, à mesure qu'ils nettoient les os, ceux-ci tombent dans la tour à travers les barreaux. Alors les parents reviennent au bout de quelque temps, ramassent ces os et les brûlent ou les conservent.

C'est, de toutes les manières qu'ont trouvées les hommes de se débarrasser des restes humains, celle qui me paraît la plus déplaisante. Du reste, ces gens ne sont nulle part en grand nombre, mais on en rencontre dans toute l'Asie.

La ville de Shanghaï est dotée d'une jolie église bâtie par les Jésuites. Les offices y sont célébrés en grande pompe. Il y a à droite et à gauche du chœur deux grands compartiments réservés à la colonie européenne. Le milieu de la nef et le reste de l'église sont occupés par les Chinois. Nous y avons assisté à la messe de minuit, qui s'est dite avec beaucoup de cérémonial.

Le clergé a cru nécessaire, pour apprivoiser les populations, d'introduire un peu du costume chinois, y compris la longue queue, dans les habits sacerdotaux. Je ne sais si cela a eu un résultat, mais je ne trouve pas l'idée heureuse.

Tout le monde connaît dans Shanghaï le Père de Jacques, vicaire de la paroisse, un excellent homme; mon grand plaisir était de l'entendre prêcher en chinois; il manie cette langue avec une facilité amusante. Il alterne ses sermons : un dimanche, c'est en français, l'autre dimanche en anglais, et le troisième en chinois; je ne manque jamais ce jour-là.

Parlons un peu maintenant des environs, qui offrent peu de pittoresque : il faut aller à quelques lieues de distance pour rencontrer des accidents de terrain. Mais cela nécessite toujours une absence de vingt-quatre heures, au moins.

L'excursion de la *Pagode*, où l'on peut aller déjeuner, est la plus rapprochée, et par conséquent celle qu'on fait le plus fréquemment. Il y a ensuite celle des *Collines*, qui exige plusieurs jours et qui est fort intéressante.

A six kilomètres de Shanghaï se trouve le village de Sikawei, que l'on peut rejoindre par deux belles routes macadamisées. Là s'élève le magnifique établissement des Jésuites, qui n'ont aujourd'hui la permission de résider que dans cette province et dans une étroite enclave de la province du Chili, non loin de Pékin.

Ces Jésuites, tous hommes instruits et intelligents, ont pour supérieur un homme du premier mérite, le Père Basuiau. Ils ont fondé à Sikawei une station météorologique importante, la première qui ait existé et, je crois, la seule qui existe encore dans les contrées de l'Indo-Chine.

Nous avons trouvé là un orphelinat de jeunes garçons, auxquels on assure, dans une suite d'ateliers de menuiserie, de dessin, de typographie, de cordonnerie, etc., etc., une éducation tout industrielle. Les ateliers de Sikawei fournissent le matériel du culte à toutes les églises de l'Indo-Chine.

A côté sont les religieuses *Auxiliatrices du Purgatoire*, qui tiennent également une maison d'éducation et un orphelinat de petites filles, qu'on vient de leur donner ou leur vendre, et où l'on voit, non sans émotion, allaités par des nourrices, de petits enfants nouveau-nés, bien installés et bien soignés dans leurs berceaux, puis, plus loin, des petites filles apprenant le catéchisme, et exercées ensuite à des métiers appropriés à leur âge. Les jeunes filles sont élevées suivant les obligations futures de leur existence, les unes devant rentrer dans le monde chinois, les autres devant servir comme domestiques.

A peu de distance est un monastère de Carmélites, dont la claustration absolue à laquelle elles sont condamnées paraît ici un non-sens. On nous a assuré que quatre ou cinq jeunes Chinoises y ont prononcé des vœux éternels. Nous avons visité la chapelle, et nous en sommes sortis avec le frisson ; l'aspect en est glacial.

Une institution plus intéressante et plus pratique est une sorte de séminaire, vaste bâtiment construit à l'européenne, contenant une très belle bibliothèque, où l'on fait l'éducation de jeunes Chinois destinés à la prêtrise et où les Pères de toute la mission viennent en retraite ou se reposer du ministère militant. C'est un beau séjour, où l'on cultive la science, où l'on respire en paix, et qui contraste étrangement avec l'activité fiévreuse de la ville européenne et le fourmillement tumultueux de la cité chinoise.

La campagne est belle par sa verdure, mais un peu uniforme ; le sol est très fertile. On y récolte le blé, le riz, le coton ; les implantations de nos contrées y prospèrent en général, à l'exception des pommiers et des poiriers, qu'on n'a pas encore réussi à y acclimater.

Les fruits du pays y sont abondants et très

savoureux, les fraises exquises. Les jardins maraichers qui entourent la ville sont bien entretenus et produisent à profusion de beaux et bons légumes. L'horticulture y est également très développée : les Chinois sont de véritables amateurs, et les Européens de Shanghaï en profitent ; toutes nos fleurs y sont cultivées, plus celles du pays, qui sont d'une grande beauté. Mais ils n'ont pas de lilas ; peut-être n'ont-ils pas essayé d'en planter. Pourtant on m'a dit qu'il y en a un pied chez les Jésuites à Sikawei. Chose curieuse, l'oranger y vit en pleine terre, malgré la rigueur souvent considérable des hivers.

L'excellent chasselas violet qu'on mange à Shanghaï pendant tout l'hiver vient de Tientsin, qui, bien que très au nord, est, pour cette culture, le Fontainebleau de la Chine.

Toutes les denrées sont à très bon marché sur la place ; mais il faut, pour se les procurer, passer par l'intermédiaire des boys chinois, qui ne manquent pas, à l'égal de nos cuisinières, de vous compter les choses environ le double de ce qu'elles leur ont coûté, en sorte qu'une volaille ou un faisan acheté de vingt-cinq à soixante centimes vous revient tout de suite chez vous au double. Il en est de même pour les lièvres, perdreaux, chevreuils, dont les prix ne s'élèvent proportionnellement pas davantage. En somme, la vie n'y est pas chère, les loyers seuls atteignent un prix assez élevé; mais les maisons y sont confortables, l'existence y est large et aisée : et je vous assure que, si je n'avais pas en France des attaches, je m'arrangerais très bien d'une existence dans cette partie civilisée du Céleste Empire.

Je termine ma lettre par le récit d'un dîner au grand restaurant chinois, dit de Tien-tsin, auquel nous avait convié un de nos nouveaux et bien gracieux amis, M. Little, à qui j'avais témoigné le désir de savoir comment se traitent les habitués *à queue* du café de Shanghaï. Le dîner fut commandé la veille. M. Little et son frère le docteur vinrent nous prendre à six heures, et nous nous rendîmes en voiture au lieu indiqué. Les abords en étaient obstrués par une foule compacte qui s'ouvrit aussitôt pour nous livrer passage.

Notre entrée fut un événement, car les femmes européennes en franchissent rarement le seuil. Le maître de l'établissement nous attendait et nous reçut avec les démonstrations les plus obséquieuses, pour nous conduire au salon qu'il nous avait réservé. Une légère vapeur odorante était répandue dans l'air ; la table, couverte de porcelaines dont nous sommes dans l'usage de meubler nos étagères, fut, pour nous, un objet de curiosité. Voici ce qu'on nous y servit :

MENU DU 23 MARS

PREMIER SERVICE, HORS-D'OEUVRE

Graines de pastèques grillées.
Noix au sucre.
Cannes à sucre.
Oranges.
Coquillages au gingembre.
Poisson séché.
Sauces diverses.
Crevettes macérées.
Jambon.
Peach curls (amandes de pêche séchées et salées).

DEUXIÈME SERVICE

Potage aux nids d'hirondelles.
Ailerons de requins.

Champignons des arbres.
Hulu (côtelettes de poisson, sur de la confiture).
Petites crêpes.
Canard laqué.
Petits pains chauds.
Sulfur (purée d'œufs, à la viande de canard
avec poudre de jambon).
Côtelettes de volaille aux pousses de bambou.
Champignons de Mongolie aux tranches de bambou.
Pudding de riz et de boules aquatiques.
Awabi, anémone ou poulpe, au bouillon de canard
et de poulet, avec jambon et jeunes pousses
de bambou.

TROISIÈME SERVICE

Friture, espèce de beignets.
Boutons de nénuphar, bouillis à l'eau.
Potage, fleurs de riz à l'amande.
Hachis de homard à l'ail, entre deux pâtes frites
et feuilletées.
Marmelade de melon.
Hachis de viande au gingembre, dans de petits sacs
de pâte bouillis dans l'eau,
avec addition de sauce Soyo.

QUATRIÈME SERVICE

Potage aux tranches de jeunes bambous.
Potage au sang de poulet et de canard,
avec d'autres ingrédients.
Grande jatte de riz en grains cuit à l'eau.
Thé.

Vins chinois, Samshu.

M. Little avait fait apporter quelques bouteilles de champagne, ce qui nous a aidés à avaler bien des choses qui n'auraient pas pu passer.

Voilà, mes enfants, l'aperçu d'un dîner *fin* chinois, réduit à peu près de moitié, car, dans ce cas, on ne doit pas compter moins de soixante plats. Mais nos hôtes, jugeant que la patience française n'irait pas jusqu'à supporter un tel défilé, avaient intelligemment réduit le menu de moitié, et vous voyez qu'il y avait encore de quoi rester longtemps à table ; mais les Chinois y passent volontiers des nuits entières.

Au lieu d'assiettes, on a des bols de différentes dimensions, et, pour manger, on doit se servir des bâtonnets traditionnels ; mais on y ajoute des cuillers en porcelaine et de petites fourches en métal. Cependant nous arrivions à nous servir assez adroitement de nos petites baguettes ; c'est une habitude à prendre. Le dîner se complique aussi de l'usage des pipes. Plusieurs boys sont préposés à cet emploi, et, debout derrière vos chaises, ils vous présentent à intervalles réguliers le bout d'une pipe, dont vous tirez seulement deux bouffées, puis vous reprenez le cours de vos opérations gastronomiques. Encore une autre diversion, moins absurde qu'on ne le pense au premier abord, c'est de vous présenter deux ou trois fois pendant la durée du dîner une serviette, de la dimension de nos serviettes à thé, trempée dans de l'eau extrêmement chaude. Vous vous l'appliquez sur la figure : cela vous produit l'effet de nos sorbets avant le rôti ; on se trouve rafraîchi, l'appétit se rouvre, et on se sent capable de manger pendant beaucoup plus longtemps. J'ai fait, pour ma part, honneur au dîner, et j'y ai trouvé d'assez bonnes choses ; mais Max, pendant que nous mangions, prenait des notes et inscrivait le menu que vous venez de lire, car ni lui ni Régine n'ont pu se décider à goûter qu'à un très petit nombre de ces mets très recherchés. Cependant il paraît qu'on avait rassemblé ce qu'il y a de plus délicat, et que le cuisinier s'était surpassé.

Il y a toujours, dans les cabinets particuliers des restaurants, un lit pour fumer l'opium ; mais nos messieurs n'ont pas jugé à propos de se livrer à cet exercice,

En sortant, nous passions devant le Grand Théâtre, où nous avions déjà été un soir, en société du consul de Belgique, M. Morel, homme fort distingué, et de sa famille, avec qui nous avons eu, pendant notre séjour, les relations les plus charmantes. Nous y sommes entrés une dernière fois pour y terminer la soirée; nous y avons passé une heure à regarder gambader les acteurs, et nous sommes rentrés, ayant besoin de la nuit pour nous reposer des fatigues de notre dîner.

Que vous dirai-je maintenant ? L'heure du départ va bientôt sonner : j'oublie le bonheur que j'aurai à vous revoir, en pensant au chagrin que je vais laisser derrière moi.

FIN

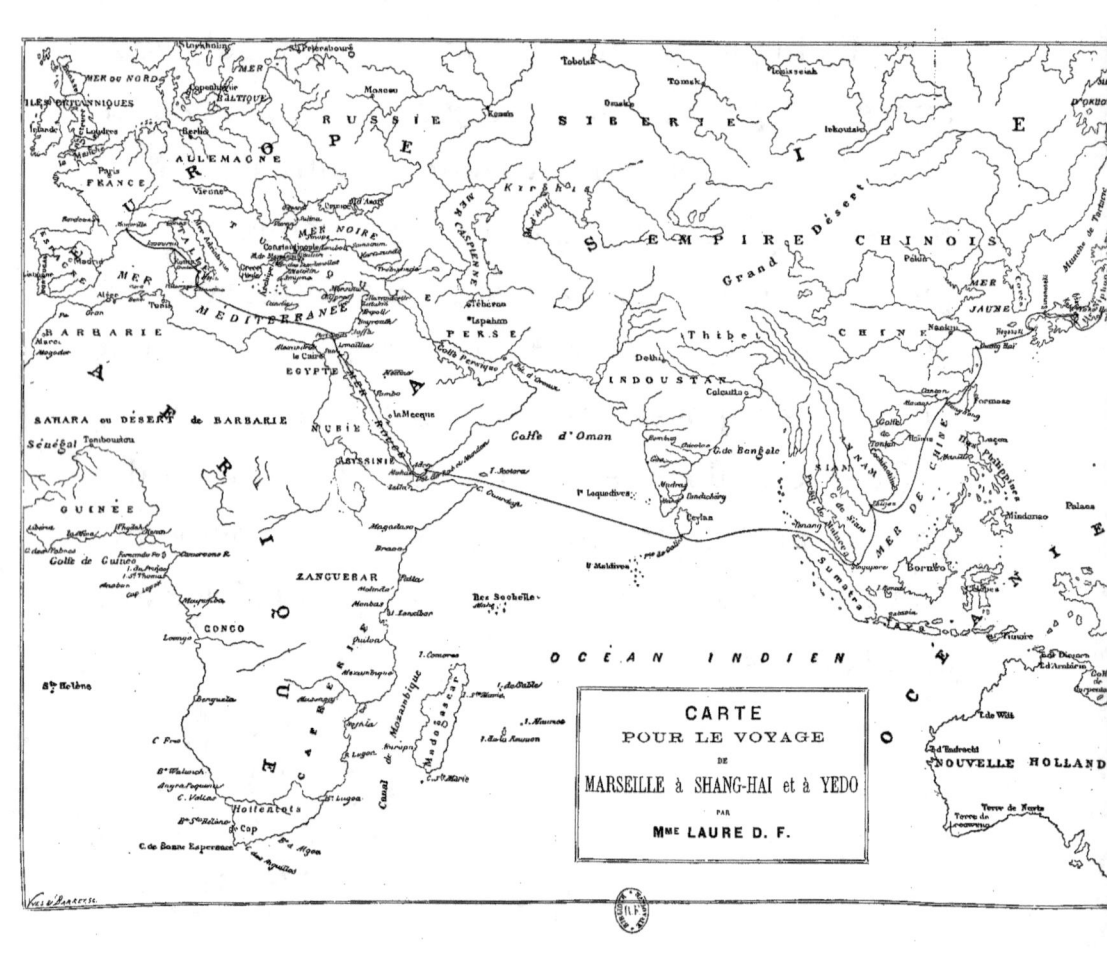

TABLE DES MATIÈRES

Lettre première. — Marseille. — Préparatifs de voyage et dernières acquisitions. — L'*Hoogly*. — Les adieux et le départ. — Premières émotions.................... 1

Lettre II. — En mer. — L'installation à bord. — Naples. — Visite aux églises. — La Chiaïa et la grotte du Pausilippe. — Les femmes du peuple et le marché. — Santa Lucia.. 9

Lettre III. — Les côtes de Sicile et d'Italie. — Le Stromboli. — Charybde et Scylla. — Port-Saïd (2 octobre). — La ville arabe et le désert. — La ville nouvelle. — M. de Lesseps.. 25

Lettre IV. — Le canal de Suez et les lacs salés. — Les passagers de l'*Hoogly*. — Les Pankahs. — La mer Rouge : le passage des Israélites (du 4 au 8 octobre)....... 41

Lettre V. — Aden (3 octobre). — Steamer-Point. — La vie anglaise aux portes du désert. — Les citernes de Salomon. — Les Saumalis. — La mer des Indes. — Poisson volant.. 53

Lettre VI. — Pointe-de-Galles (18 octobre). — L'hôtel de l'Univers. — La montagne de Wackwella. — Les noix de coco. — Temple de Bouddah. — Déjeuner à Honfleur. 75

Lettre VII. — Détroit de Malacca. — Singapore (25 octobre). — Quartiers chinois. — Les Malabars. — Une institution de jeunes filles. — Le jardin public. — Le jardin de Wampoo. — Le cap Saint-Jacques à l'entrée de la rivière de Saïgon (30 octobre)............................ 99

Lettre VIII. — La rivière de Saïgon. — Arrivée à Saïgon. — Terre française. — Hôtel, cafés, théâtre. — Le marché et les boutiques. — Le cours des sapèques. — Les environs de Saïgon. — Les sépultures annamites. — Départ. — Mer phosphorescente. — La queue d'un typhon. — Arrivée à Hong-Kong (6 novembre)... 125

Lettre IX. — Hong-Kong. — L'amiral Krantz. — Dîner à bord du *Montcalm*. — Les pirates. — Massacre du Spark. — Théâtre chinois. — Champ de courses. — Les chaises à porteurs. — Départ pour Canton. — La rivière aux Perles. — Préparatifs de défense. — Entrée à Canton (11 novembre)............................ 143

Lettre X. — Canton. — La concession française et la cathédrale. — L'évêque de Canton. — Temples des Horreurs, des cinq cents Génies, de Kouanine, d'Onam. — La pagode aux cinq étages. — La prison. — Le palais des Examens. — La rivière aux Perles. — Bateaux de fleurs. — Un accident dans la rue............... 161

Lettre XI. — Suite de notre séjour à Canton. — Les enterrements. — Les aveugles. — Cité des morts. — Un intérieur chinois. — Les petits pieds. — Les temples. — Les monts-de-piété............................ 187

Lettre XII. — A Shanghaï (2 décembre)............ 231

Lettre XIII. — Le retour de Canton à Hong-Kong. — Une tête de Chinois. — Acquisitions. — Ascension au Pic. — A bord de l'*Iraouaddy*. — Détroit de Formose. — La rivière de Shanghaï. — Installation. — Les domestiques, le blanchissage et les voitures de place (7 décembre). 233

Lettre XIV. — La vie qu'on mène à Shanghaï. — Le paper-hunt. — Les gens de la campagne (14 décembre)... 253

Lettre XV. — Aspect de Shanghaï à l'arrivée. — Les environs. — Tombeaux, cercueils et enterrements. — Baby's wells. — Les Chinois couturières. — Visite au temple de Confucius et au temple de Koen-ti. — La police à Shanghaï (23 décembre)........................... 259

Lettre XVI. — Les House-Boats. — Promenades dans la cité. — L'église de Tonkadoo. — Familiarité avec les marchands chinois. — Les incendies et les voleurs (30 décembre).. 275

Lettre XVII. — La bastonnade et la cangue. — Le bal des francs-maçons (6 janvier)................................ 283

Lettre XVIII. — Le tsin-tsin d'un mandarin au temple de Bouddah. — La maison de thé. — L'école dans la rue. — Le jour de l'an chinois. — Saturnales et pétards (29 janvier).. 291

Lettre XIX. — Chacun observe à sa manière. — Théâtre chinois. — La salle. — Les dames chinoises au théâtre. — Une pièce militaire (3 février)....................... 301

Lettre XX. — Un bal costumé au Comptoir d'escompte. — Le chemin de fer de Shanghaï. — Mauvaise humeur des autorités chinoises à ce sujet........................... 307

Lettre XXI. — Voyage au Japon (16 février). — Nagasaki. — Les débardeurs japonais. — Une course folle dans la ville. — Coutumes japonaises. — Kobé. — Chemin de fer. — Osaka. — La citadelle. — Un champ de foire. — La vie intérieure. — Nouvelle phosphorescence de la mer. — Simonosaki. — Les Daïmios et les Samouraïs. — Arrivée à Yokohama................................. 315

Lettre XXII. — Promenade à Yedo. — Les rues et les maisons. — Le temple de Shiba, sépulture des impératrices. — Magnifique végétation. — Le temple d'Assakoussa. — Les idoles et les amusements populaires. 341

Lettre XXIII. — Seconde promenade à Yedo. — Un Samouraï, homme à deux sabres. — Amagoten, palais d'été. — Intérieur japonais. — Quartier officiel. — Siro, palais d'hiver. — Les traces d'un incendie. — Splendeurs du parc de Siro. — Les corbeaux. — Les collections de M. Boissonnade. — Les théâtres japonais. — La scène et les coulisses. — Excursion dans les environs d'Yokohama. — La belle Espagnole.................... 351

Lettre XXIV. — Achats à Yokohama. — Gaieté de la douane japonaise. — Retour à la foire d'Osaka et à Nagasaki. — Quelques coutumes au Japon........ 384

Lettre XXV. — Les derniers jours passés à Shanghaï. — Bal à bord de la frégate américaine le *Kearsage*. — Incendie dans un quartier chinois. — Un petit pied. — Les ongles des Chinois. — Le premier chemin de fer en Chine. — Dîner au restaurant de Tien-tsin. — Le menu. — Départ pour l'Europe................. 397

Coulommiers. — Imp. Paul BRODARD.

Librairie HACHETTE et Cⁱᵉ, boulevard Saint-Germain, 7, à Paris

BIBLIOTHÈQUE VARIÉE, FORMAT IN-18 JÉSUS, A 3 FR. 50 LE VOL.

About (Edmond). L'Alsace. 1 vol. — Causeries. 2 vol. — La Grèce contemporaine. 1 vol. — Le progrès. 1 vol. — Le turco. 1 vol. — Madelon. 1 vol. — Théâtre impossible. 1 vol. — A B C du travailleur. 1 vol. — Les mariages de province. 1 vol. — Le mari imprévu. 1 vol. — Les vacances de la comtesse. 1 vol. — Le marquis de Lanrose. 1 vol. — Le fellah. 1 vol. — L'infâme. 1 vol. — Salons de 1864 et de 1866. 2 vol.
Albert (Paul). Chefs-d'œuvre de tous les temps et de tous les pays: la poésie. 1 vol.; la prose, 1 vol. — La littérature française des origines à la fin du XVIIIᵉ siècle. 3 vol. — Variétés littéraires. 1 vol.
Barrau. Histoire de la Révolution française. 1 vol.
Baudrillart. Économie politique populaire. 1 vol.
Berger. Histoire de l'éloquence latine. 2 vol.
Bersot. Mesmer et le magnétisme animal. 1 vol. — Études et discours (1868-1878). 1 vol.
Boissier. Cicéron. 1 vol. — La religion romaine. 2 vol. — Promenades archéologiques. 1 vol.
Bréal. Quelques mots sur l'instruction. 1 vol.
Byron (Lord). Œuvres. Trad. B. Laroche. 4 vol.
Caro. Études morales. 2 vol. — L'idée de Dieu. 1 vol. — Le matérialisme et la science. 1 vol. — Les jours d'épreuve. 1 vol. — Le pessimisme. 1 vol. La philosophie de Gœthe 1 vol.
Cervantès. Don Quichotte, trad. Viardot. 2 vol.
Chateaubriand. Le génie du christianisme. 1 vol. — Les martyrs et le dernier des Abencerrages. 1 vol. — Atala, René, les Natchez. 1 vol.
Cherbuliez (Victor). Le comte Kostia. 1 v. — Paule Méré. 1 vol. — Roman d'une honnête femme. 1 vol. — Prosper Randoce. 1 vol. — L'aventure de Ladislas Bolski. 1 vol. — La revanche de Joseph Noirel. 1 vol. — Meta Holdenis. 1 vol. — Miss Rovel. 1 vol. — Le fiancé de Mˡˡᵉ Saint-Maur. 1 vol. Samuel Brohl et Cⁱᵉ. 1 vol. — L'idée de Jean Téterol. 1 vol. — Amours fragiles. 1 vol. — Études de littérature et d'art. 1 vol. — Le grand œuvre. 1 vol. — L'Espagne politique. 1 vol.
Dante. La divine comédie, trad. Fiorentino. 1 vol.
Deschanel (Em.). Études sur Aristophane. 1 vol.
Despois (D.). Le théâtre sous Louis XIV. 1 vol.
Du Camp (Maxime). Paris, ses organes, ses fonctions, sa vie. 6 vol. — Souvenirs de l'année 1848. 1 vol. — Histoire et critique. 1 vol.
Duruy. Introduction à l'histoire de France. 1 vol.
Duval (Jules). Notre planète. 1 vol.
Ferry (Gabriel). Le coureur des bois. 2 vol. — Costal l'Indien. 1 vol.
Figuier (Louis). Histoire du merveilleux. 4 vol. — L'alchimie. 1 vol. — L'année scientifique (1856-1880). 25 vol. — Le lendemain de la mort. 1 vol. — Savants illustres de l'antiquité. 2 vol.
Flammarion (C.). Contemplations scientifiques. 1 v.
Fléchier. Les grands jours d'Auvergne. 1 vol.
Fouillée. L'idée moderne du droit en France. 1 vol.
Fustel de Coulanges. La cité antique. 1 vol.
Garnier (Ad.). Traité des facultés de l'âme. 3 vol.
Garnier (Ch.). A travers les arts. 1 vol.
Girard (J.). Études sur l'éloquence attique. 1 v.
Gréard. De la morale de Plutarque. 1 vol.
Guizot (P.). Un projet de mariage royal. 1 vol. — Le duc de Broglie. 1 vol.
Hauréau (B.). Bernard Délicieux. 1 vol.
Hillern (Mme de). La Fille au Vautour. 1 vol.
Hugo (Victor). Odes et ballades. 1 vol. — Orientales, Feuilles d'automne, Chants du crépuscule. 1 vol. — Les voix intérieures, les rayons et les ombres. 1 vol. — Les contemplations. 2 vol. — Légende des siècles. 1 vol. — L'année terrible. 1 vol. — Les chansons des rues et des bois. 1 vol. — Théâtre. 4 vol. — Notre-Dame de Paris. 2 vol. — Bug-Jargal. 1 vol. — Han d'Islande. 2 vol. — Les misérables. 5 vol. — Les travailleurs de la mer. 2 vol. — Le Rhin. 3 vol. — Littérature et philosophie. 2 vol. — William Shakespeare. 1 vol.
Ideville (d'). Journal d'un diplomate. 3 vol.

Jacqmin. Les chemins de fer en 1870-71. 1 v.
Jouffroy. Cours de droit naturel. 2 vol. — C. d'esthétique. 1 vol. — Mélanges philosophiques. — Nouveaux mélanges philosophiques. 1 vol.
Jurien de la Gravière (L'amiral). Souvenirs d'un amiral. 2 vol. — La marine d'autrefois. 1 vol. — La marine d'aujourd'hui. 1 vol.
Lamartine (A. de). Méditations poétiques. 2 vol. — Harmonies poétiques. 1 vol. — Recueillements poétiques. 1 vol. — Jocelyn. 1 vol. — La chute d'un ange. 1 vol. — Voyage en Orient. 2 vol. — Confidences. 1 vol. — Nouvelles confidences. 1 vol. — Lectures pour tous. 1 vol. — Souvenirs et portraits. 3 vol. — Le manuscrit de ma mère. 1 vol. — Histoire des Girondins. 6 vol. — Histoire de la Restauration. 8 vol.
Laugel. Discours et écrits politiques. 1 vol. — L'Angleterre politique et sociale. 1 vol.
Laveleye. Études et essais. 1 vol. — La Prusse. 2 vol.
Lee Childe. Le général Lee. 1 vol.
Lehugeur. La chanson de Roland. 1 vol.
Lenient. La satire en France. 2 vol.
Malherbe. Œuvres poétiques. 1 vol.
Marmier (Xavier). Gazida. 1 vol. — Hélène et Suzanne. 1 vol. — Histoire d'un pauvre musicien. 1 vol. — Roman d'un héritier. 1 vol. — Les fiancés du Spitzberg. 1 vol. — Mémoires d'un orphelin. 1 vol. — Sous les sapins. 1 vol. — La recherche de l'idéal. 1 vol. — Les hasards de la vie. 1 vol. — En Alsace. 1 v. — Robert Bruce. 1 vol. — Les âmes en peine. 1 v. — Voyage. 4 v.
Martha. Les moralistes sous l'empire romain. 1 vol. — Le poème de Lucrèce. 1 vol.
Maunoir et Duveyrier. L'Année géographique (1876-1879). 3 vol.
Michelet. L'insecte. 1 vol. — L'oiseau. 1 vol.
Montégut. Tableaux de la France: Bourgogne, Bourbonnais, Forez et Auvergne. 3 vol.
Nisard. Les poètes latins de la décadence. 2 vol.
Ossian. Poèmes gaéliques. 1 vol.
Patin. Études sur les tragiques grecs. 4 vol. — Études sur la poésie latine. 2 vol.
Prévost-Paradol. Études sur les moralistes français. 1 vol. — Essai sur l'histoire universelle.
Saint-Simon. Mémoires et Table. 21 vol.
Sainte-Beuve. Port-Royal. 7 vol.
Saintine (X.-B.). Le chemin des écoliers. 1 vol. Picciola. 1 vol. — Seul! 1 vol.
Sévigné (Mme de). Lettres. 8 vol.
Shakespeare. Œuvres, traduction Montégut.
Simon (Jules). La liberté politique. 1 vol. — La liberté civile. 1 vol. — La liberté de conscience. — La religion naturelle. 1 vol. — Le devoir. 1 vol. — L'ouvrière. 1 vol. — L'école. 1 vol. — La forme de l'enseignement. 1 vol.
Simonin. Le monde américain. 1 vol. — Les grands ports de commerce de la France. 1 vol.
Taine (H.). Essai sur Tite Live. 1 vol. — Essai critique et d'histoire. 1 vol. — Nouveaux 1 vol. — Histoire de la littérature anglaise. 5 vol. La Fontaine et ses fables. 1 vol. — Les philosophes français au XIXᵉ siècle. 1 vol. — Voyage aux Pyrénées. 1 v. — M. Graindorge. 1 vol. — Notes sur l'Angleterre. 1 vol. — Un séjour en France 1792 à 1795. 1 vol. — Voyage en Italie. 2 vol.
Tœpffer (R.). Nouvelles genevoises. 1 vol. — et Gertrude. 1 vol. — Le presbytère. 1 vol.
Traductions des chefs-d'œuvre des littératures grecque et latine. 37 vol.
Villehardouin. Conquête de Constantinople. 1 v.
Vivien de Saint-Martin. L'année géographique 14 années (1863-1875). 13 vol.
Wallon. Vie de N.-S. Jésus-Christ. 1 vol. — Sainte Bible. 2 vol. — La Terreur. 2 vol. — Jeanne d'Arc. 2 vol.
Wey (Francis). Dick Moon. 1 vol. — Les chez eux. 1 vol. — Petits romans. 1 vol. Chronique du siège de Paris. 1 vol.

Coulommiers. — Imp. Paul BRODARD

www.ingramcontent.com/pod-product-compliance
Lightning Source LLC
Chambersburg PA
CBHW070306240426
43666CB00042BA/1733